KB263305

# 금서의 귀환, 논어

금서의 귀환, 논어

금서의 귀환, 논어:
시대에 분노하고 세상에 저항하다

초판 1쇄. 2026년 1월 5일

번역 및 해설. 김기창
펴낸이. 주일우
편집. 배노필
디자인. 워크룸프레스
펴낸곳. 이음

출판등록. 제2005-000137호 (2005년 6월 27일)
주소. 서울시 마포구 토정로 222 한국출판콘텐츠센터 210호 (04091)
전화. 02-3141-6126
팩스. 02-6455-4207
전자우편. editor@eumbooks.com
홈페이지. www.eumbooks.com
인스타그램. eum_books

ISBN 979-11-94172-20-8
값 25,000원

# 금서의 귀환, 논어

## 시대에 분노하고 세상에 저항하다

김기창

새 번역과 해설

eúm

# 필자 소개

김기창

고려대학교 법학전문대학원 교수. 경북 예안에서 태어났다. 서울대학교 법과대학을 졸업하고 미국 시카고대학교 로스쿨에서 법학 석사 학위를 받았다. 귀국하여 변호사(연수원 19기)로 일하다가 영국으로 유학을 떠나 캠브리지대학교에서 법학 박사 학위를 받았다. 13세기와 14세기 영국의 법률 문헌을 대상으로 연구한 학위 논문은 캠브리지대학교 법과 대학의 우수논문상(Yorke Prize)을 받았고 학위 논문을 수정 증보한 학술 단행본은 캠브리지대학교 출판부에서 『Aliens in Medieval Law』라는 제목으로 출간되었다.

30년 가까이 학생들에게 〈동양의 법과 사상〉을 가르치면서 늘 〈논어〉를 곁에 두었다. 〈논어〉가 다루는 예법(禮)은 예식 예법, 제사 예법을 넘어 윤리 규범을 아우른다. 법이 언제나 윤리적이지는 않다. 심지어 윤리에 반하는 공권력 행사도 국법에 기대어 이루어진다. 예법은 바로 이런 패륜적인 국법과 공권력에 저항하고 투쟁하는 근거가 된다. 공자가 힘주어 강조했던 예법은, 예의 범절을 점잖게 지키고 예식 예법이나 챙기라는 뜻이 아니라 국법과 예법이 충돌하는 험악한 상황에서 목숨을 걸고 올바르고 강건한 윤리적 선택을 해야하는 절박한 실천의 문제라는 깨달음에서 이 책을 쓰기 시작했다.

지은 책으로 『Aliens in Medieval Law』, 『새롭게 만나는 공자』, 옮긴 책으로 『법의 지배』, 『유럽 역사에서 본 로마법』 등이 있다.

목차

새로운 논어 번역을 제시하며

여기 제시된 논어 번역과 해설은 동양 철학이나 고전에 대한 전문 지식 없이 누구나 읽어볼 수 있도록 마련된 것이다. 2000년도 더 된 옛 문헌에 적힌 내용을 논란의 여지 없이 해석하고 번역하기는 어렵다. 하지만 오늘의 독자가 나름의 일관된 시각으로 그 문헌을 이해하고, 그렇게 이해한 내용이 자신에게 큰 영감과 감동을 준다면 그것 자체가 이미 소중한 것이다.

논어 연구는 오랫동안 학자들의 시각에서 이루어져 왔다. 문헌 연구를 직업으로 하는 해석자들은 공자가 강조한 '배움(學)'을 해석자 자신에게 익숙한 배움, 즉, 독서와 학문을 통한 지식 습득이라고 오해하는 경향이 있다. 공자가 독서와 학문의 즐거움을 추구하고 예찬했다는 해석이 강고하게 뿌리내렸던 이유도 해석자들 스스로가 그런 즐거움을 늘 추구하는 자들이고 이들이 자신의 삶을 원전 텍스트에 투영하여 해석했기 때문이기도 하다.

그러나 공자가 말한 배움은 말과 행동이 올바르고 적절하게 되도록 자신을 가다듬고 편견과 고루함에서 벗어나고자 노력하는 것에 중점이 놓여있다. 정해진 어떤 스승으로부터 지식을 전수받는 사제 관계를 전제로 하는 것도 아니다. 누구든지 남으로부터 자신을 향상시키는 계기를 찾을 수 있다. 그런 계기를 통해 더 나은 사람, 올바른 사람이 되고자 노력하는 과정이 배움이다. 그리고 이렇게 배워 깨달은 것을 적절한 때(時)에 실천(習)하는 기쁨은 실천에 필요한 용기와 윤리적 결기가 있다면 누구나 누릴 수 있다. 공자는 누구나 경험할 수 있는 자기 개선과 시의적절한 실천의 기쁨을 강조한 것이지, 지식 계급이 두뇌 활동으로 맛볼 수 있는 학문의 즐거움을 자랑한 것이 아니다.

공자와 제자들 간에 오간 말을 수록한 논어는 공권력에 의해 가혹하게 탄압되어 금서로 지정되기도 했고(기원전 3세기 진나라 정부의 '분서갱유'), 그와는 반대로 공권력이 적극 발굴하여 예찬하고 널리 퍼트리려 노력하기도 했었다(기원전 2세기 한나라 정부의 '유학 진흥책'). 정부의 탄압을 받았던 기간은 짧았으나, 정부가 후

원하는 공인된 교리로서 제도적 권위를 누려온 기간은 매우 길었다.

집권자의 승인 하에 정부의 급여를 받는 전문 인력이 한나라 전역에 전파한 논어 해석은 피지배자의 용기 있는 저항이나 투쟁의 가능성을 봉쇄하는 데 유용한 지배자의 이데올로기였다. 수신제가와 충효 사상을 강조하며, 공손과 겸양을 예찬하고, 분노하거나 저항하지 않는 온순 화목한 마음가짐을 '인(仁)'이라고 추켜세운 것도 모두 그런 이유에서다.

싸우지 않고 화내지 않으며 온화하고 평화로운 것이 仁이라는 체제 순응적인 해석은 한 무제 때에 본격적으로 등장하여 우리에게 익숙하게 된 것이다. 하지만 이런 해석은 논어에 나타나는 공자의 가르침과는 거리가 멀다. 공자가 강조한 인(仁)은 맹렬한 분노, 죽음을 두려워하지 않는 용맹함, 목숨을 바쳐 윤리적 결기를 완성하는 단호함과 강인함에 가까운 것이다. 인(仁)이 그저 온화하고 너그러운 사랑이 아니라, 강철보다 강인한 윤리적 결기를 뜻한다는 점은 다음 구절에서 분명해진다(15.8):

> "의지가 굳은 선비, 윤리적 결기(仁)가 있는 사람은
> 목숨을 부지하려고 윤리적 결기를 훼손하지 않아.
> 오히려 목숨을 바쳐서 윤리적 결기를 완성하지."

옳은 도리는 죽음을 무릅쓰고 지키라, 위기가 닥치면 기꺼이 목숨을 바치라는 힘찬 가르침은 논어에 거듭 나타난다. 화내지 않고 싸우지 않는 것이 仁이라는 오래된 기존 해석은 이 모든 구절들과 정면으로 충돌한다. 화내지도 싸우지도 않는 것을 목표로 삼는 사람은 자기 목숨을 부지하려는 것이지 목숨을 바칠 각오를 하고 맹렬한 분노와 결기로 투쟁에 나서는 자가 아니다.

인(仁)은 정부와 공권력에 비판적인 세력이 목숨을 걸고 저항하고 투쟁하는 원동력이 될 수 있다. 그러나 정부가 주도한 관학(官學) 전통에 영향받은 해설자들은 인(仁)을 분노하지 않고 투쟁

하지 않는 화목 유순한 마음가짐으로 둔갑시켰다. 타인이나 공권력에 대한 비판과 공격, 증오와 투쟁의 가능성이 제거된 것이다. 분노한 백성들이 성난 파도같이 일어나 정부를 전복하고 지배층을 응징하는 사태를 두려워하는 관변 학자들은 분노(怒)를 위험하고 불온한 에너지로 파악한다. 따라서 이들은 분노를 어떻게든 피해가는 해석을 선호하게 된다. 화를 내지 않는 온순한 마음가짐이 仁이라는 해석은 이렇게 탄생한 것이다.

인(仁)을 어질다, 인자하다거나 '인간적인 사랑' 또는 '궁극적 미덕'이라고 얼버무림으로써 인(仁)으로부터 맹렬한 분노와 단호한 용맹함을 꼼꼼히 제거해 온 지금까지의 해석은, 비유하자면 폭약의 뇌관을 제거하는 작업과 같았다. 그 결과, 인(仁)에 관한 논어 구절들에 담겨 있는 윤리적 치열함은 가려 덮이게 되었다. 그 대신 그 자리에는 성인 군자들의 초월적 사랑과 인품에 대한 막연한 경배와 찬양이 무성한 잡초처럼 우거지게 되었다. 맹렬한 분노와 날카로운 비판 정신은 금기시되는 한편, 앞다투어 양보하고 물러서는 소극적 온순함이 궁극의 미덕으로 칭송받게 되었다. 이 책이 제시하는 새로운 번역이 이러한 상황을 교정할 수 있기를 바란다.

나의 번역은 정부가 옹호하는 통치 이데올로기로 변질되기 전, 원래의 논어가 어떤 내용이었는지 드러내고자 노력한 결과를 담은 것이다. 공자의 가르침이 어떤 내용이었길래 진나라 정부는 그것을 불온하고 위험하다고 여겼고, 급기야는 금서로 지정하고 소지자를 처벌하고 탄압하기까지 이르렀는지에 대한 궁금증도 어느 정도는 해소될 수 있기를 희망한다.

새로운 번역을 제시하면서 나는 공자가 특히 강조한 예법(禮)이 무슨 뜻인지 이해하는 데 필요한 해설을 법률가의 관점에서 풀어내고자 노력했다. 예법(윤리 규범)과 국법(법 규범)의 관계는 순조롭지 않을 수 있다. 예법에 맞는 용감하고 정직한 행위는 사안에 따라서는 오히려 국법을 정면으로 어기는 것일 수 있다. 비겁한 판사의 판결은 법의 이름으로 국법에 따라 내려진 것일지라도 윤리 규범, 즉, 예법에는 어긋나는 무도(無道)한 행패일 수 있다. 저열한 권력자는 그런 판사들과 국법을 동원하여 올곧은 이들을 탄압하는 패륜을 저지르기도 한다. 다음 구절에서 보듯이 예법 준수에 대한 공자의 입장은 단호하고 강경했다(12.1):

> "예법에 어긋나는 것은 보지도 말고, 듣지도 말고,
>
> 말하지도 말고, 움직이지도 말아."

공자가 여기서 말하는 예법은 법이 아니라, 윤리를 뜻한다. 윤리에 어긋나는 행동을 해서는 안 된다는 말이다. 예법에 구속돼야 한다는 공자의 단호한 입장은 법과 윤리가 일치하는 바람직한 상황에서는 문제될 것이 없다. 그 경우에는 국법을 지키는 것이 곧 예법을 지키는 것이 되기 때문이다. 그러나 국법과 예법이 충돌하고 공권력 행사가 윤리적 정당성을 잃게 되는 상황이 올 경우 우리는 국법과 공권력에 순응하고 복종할 것인지, 아니면 단호하게 거부하고 저항할 것인지 기로에 놓이게 된다.

예법에 구속되라는 (얼핏 보아 그리 불온할 것도 없어 보이는) 공자의 가르침은 법의 이름으로 부정의가 저질러지는 불행하고 무도한 상황에 마주했을 때, 감옥살이를 무릅쓰고 심지어는 죽음을 각오하고 국법과 공권력에 저항하고 투쟁하라(법에 구속되지 말고 윤리에 구속되라)는 매우 과감한 실천적 의미를 가지게 된다. 예법(禮)에 구속되라는 공자의 가르침이 맹렬하고 단호한 윤리적 결기(仁)와 만날 경우 폭발적 에너지를 가질 수 있다. 죽음을 두려워하지 않는 용맹한 자에게 국법은 구속력(즉, 사람의 행동을 제약하는 능력)을 가질 수 없다. 국법과 공권력이 총칼과 강제력을 총동원하고 아무리 무시무시한 형벌을 가할지라도 윤리적 결기가 있는 자라면 자신의 의지를 굽히지 않을 것이기 때문이다.

인류의 역사는 물론이고 우리가 생생히 기억하는 한국 현대사에는 죽음을 두려워하지 않는 용맹함으로 국법에 저항하고 투쟁한

13

사례, 즉, "예법으로 자신을 제약하는" 삶(또는 죽음)의 사례들이 여럿 존재한다. 인간 사회의 고매함은 이들의 결기와 희생으로 지탱되는 것이다. 인(仁)이 무엇인지 안회가 질문하자 "자신을 이겨내고 희생하여 예법을 지키는 것(克己復禮)이 인(仁)"이라고 공자가 대답한 것도 바로 이 뜻이다. 케케묵은 제사 예법 준수에 목숨을 걸라는 뜻이 아니다.

분노하지도, 저항하지도, 싸우지도 않는 온화한 마음가짐이 인(仁)이라는 오래된 오역과 노골적인 원전 왜곡은 이제 중단되어야 한다. 탱크가 몰려와도 양보하지 않고 목숨을 바쳐 용감하게 싸우는 결기와 윤리적 분노가 오히려 인(仁)에 가깝다. 해석자들이 온순하게 재구성한 인(仁) 개념은 공동체의 위기를 외면하는 비겁하고 이기적인 처신을 조장하기도 한다. 나라가 엉망이 되어도 분노하지 않고 싸우지 않으며 오로지 자기 내면의 평온을 찾아 오래 살고 보는 것이 제일이라는 현실도피성 주장을 내세우며("賢者辟世", "仁者壽"와 같은 구절에 대한 오래된 오역이 이런 주장을 담고 있다), 이것이 공자님 말씀이라고 믿는 사태는 윤리의 파산 상태에 다름 아니다.

예법에 구속되는 것이 옳다는 공자의 가르침은 우리 공동체의 윤리적 가치가 무너지고 법이 강자의 이익만을 대변하는 험악하고 어지러운 세상을 마주하게 될 때 더욱 절실하게 필요한 가르침과 용기를 줄 수 있다. 비열한 집권자가 법을 내세워 불의(不義)를 저지르는 상황에서 공자는 예의 범절이나 지키며 온순 화목하게 지내는 저렴한 처세술을 일러준 것이 아니다. 집권자가 권력을 함부로 행사하고 사법 제도마저 법 기술자들의 손아귀에서 흉기처럼 작동하는 위기 상황에 맞닥뜨렸을 때, 논어는 어지러운 세상을 피하여 문을 닫아 걸고 독서의 즐거움과 내면의 평온함을 찾아 장수하라는 비겁한 유혹을 하는 것이 아니다. 현실을 외면하지 않고 굳세게 그리고 현명하게 투쟁하고 개혁하는 데 필요한 용기와 영감을 논어는 우리에게 줄 수 있다. 법이 법 같지 않은 상황에서는 윤리(禮)에 구속되는 용맹한 선택을 단호하게 함으로써 패륜적인 국법과 공권력에 대항하여 목숨을 걸고 투쟁하는 강철 같은 결기(仁)가 있어야 한다는 치열한 가르침을 우리에게 남긴 사람이 공자였음을 깨달아야 한다.

　　나는 동양 사상을 전문적으로 연구한 사람이 아니다. 법학 교육을 받고 변호사로 근무하다가 영국 유학의 기회가 주어져서 중세 후기 영국의 법과 정치 사상을 연구 주제로 학위를 받고 영국에서 교편 생활을 시작했었다. 공자와 논어에 관심을 가지게 된 시기는 영국의 대학에서 영국 법제사와 로마법을 가르치던 때였다. 논어 해석에 대한 학술적 훈련을 체계적으로 받을 기회는 없었고, 나를 개인적으로 이끌어줄 스승이 있었던 것도 아니다. 아마도 이런 이유로 나의 논어 해석은 이 분야 연구자들이 오랫동안 당연하게 여겨 왔던 해석과는 상당히 다르게 된 것 같다. 권위 있는 기존의 학술적 견해에 전혀 영향을 받지 않고 내 스스로 보기에 타당한 해석을 모색해 가는 과정은 권위에 대한 도전이 아니라, 별다른 사전 지식 없이 원전 텍스트에 집중하여 '해석의 일관성'을 추구하는 과정이었을 뿐이다.

　　텍스트를 해석하는 일은 법률가에게 낯설지 않은 작업이다. 계약 문언을 해석하는 일, 법 조문을 해석하는 일은 법률가들이 언제나 하는 일이다. 물론, 현행 법률이나 당면한 분쟁에 적용되는 계약 조항을 해석하는 일과 2000년 이상 된 문언을 해석하는 일 간에는 중요한 차이가 있긴 하다. 하지만 한가지 공통점이 있다면 일관성을 추구한다는 점이다. 기존 해석은 내가 보기에 일관성이 부족한 부분이 적지 않다. 예를 들어, 인(仁)한 사람은 목숨을 부지하려고 인(仁)을 손상하기보다는 오히려 목숨을 바쳐 인(仁)을 완성한다는 논어 구절(15.8)은 이미 소개했다. 그렇다면 인(仁)한 자가 장수할 가능성은 상대적으로 낮을 수밖에 없다. 그럼에도 다른 구절에서 "仁者壽"라는 표현이 나왔을 때(6.21) "인(仁)한 자는 장수한다"는 번역을 채택한다면 앞뒤가 안 맞고 일관성이 없는 것이다. 壽

15

(수)라는 글자에는 장수한다는 뜻도 물론 있지만, 몸은 비록 일찍 죽더라도 사람들의 마음 속에 잊혀지지 않고 오래 살아남아 있으면 그것도 壽라는 설명이 비슷한 시대의 문헌에 이미 존재한다(死而不亡者壽). 따라서 나는 "仁한 자는 장수한다"는 해묵은 기존 해석을 거부하고, 仁한 자는 (죽음을 겁내지 않는 용맹함이 있고, 그래서 일찍 죽더라도) 사람들의 마음 속에 잊혀지지 않고 오랫동안 남아 있다는 새로운 해석을 제시하는 것이다.

죽음을 무릅쓰고 용맹하게 싸우기보다는 안전한 곳으로 피신하여 화내지 않고 평온하게 사는 데 집중하는 자는 아마도 오래 살수 있을지는 모르겠다. 이것이 기존 해석자들이 상상해 왔던 "仁者壽"인 듯도 하다. 하지만 공자가 과연 이런 삶을 예찬했을까? 그럴 요량이었다면, 인(仁)한 자는 반드시 용맹함(勇)이 있다면서 죽음을 두려워 않는 용기를 높이 추켜세울 이유도 없었을 것이고, 죽음을 무릅쓰고 올바른 도리를 지키라는 (장수에 방해가 되는) 소리를 거듭할 이유도 없었을 것이다.

해석의 일관성을 달성하는 또 다른 방법은 불분명한 개념을 명확하게 구별하는 것이다. 예를 들면, 예법(禮)에 관한 논어 구절들은 언뜻 일관성이 없어 보인다. 어떤 구절은 예법을 철저히 지키지 않아도 된다는 입장을 담고 있다. 형편에 맞지 않게 돈을 써가며 예법을 지키려는 것은 '사치(奢)'라는 구절(3.4), 예법은 우선 순위가 덜한 '나중 일'에 불과하다는 구절(3.8) 등이 그러하다. 반면에, 어떤 구절은 예법을 철저히 지키라는 입장을 담고 있다. 예법에 어긋나는 것은 보지도 듣지도 말하지도 움직이지도 말라는 구절(12.1)이 그러하다. 기존 해석은 이러한 일관성 결여를 해소하려는 노력을 기울이지 않는다.

그러나 나는 윤리와 무관한 예법(제사 예법, 예식 예법, 의전 예법)과 윤리 규범으로서의 예법을 분명히 구별해야 한다는 입장이다. 공자가 강조한 예법은 윤리 규범으로서의 예법이지 격식과 장식을 위한 예법이 아니다. 공자는 이렇게 말하기도 했다(17.11):

"예법, 예법 그러는데, 내가 옥이나 비단 이야기하는 줄 아니?"

"옥이나 비단 이야기"는 격식과 품위를 갖추기 위한 예법을 말한다. 이런 예법은 '나중 일'에 불과하다. 예법에 구속되라는 공자의 가르침을 제사상 차림, 의전 절차, 옷차림 등 격식과 장식을 위한 예법 준수에 목숨을 걸어야 한다는 뜻이라고 오해할 경우, 공자의 가르침에 담긴 윤리적 의미는 실종된다. 그 대신, 고루한 예법 절차와 까다로운 격식에 관한 첨예한 논쟁이 시작된다. 긴 세월 동안 누적된 문헌 고증을 둘러싼 엄청나게 유식한 논의가 끝도 없이 계속될 수도 있다. 이른바 '예송 논쟁'은 이런 이유로 벌어지는 일이다. 삼베가 옳으니 비단이 옳으니, 장남인지 차남인지 서열과 항렬을 끝까지 따져 보자는 - 윤리와는 무관한 - 고지식한 예법론이 창궐할수록 윤리 규범으로서의 예법은 가려 덮여 보이지 않게 된다.

기존 해석은 서열과 격식과 장식을 위한 예법에 치중한 나머지 정작 공자가 강조하려 했던 윤리 규범으로서의 예법, 정의롭지 못한 '국법'에 저항하고 투쟁하는 원동력인 '예법'에 대한 이해는 소홀했었다고 생각한다. 단호하고 용맹한 윤리적 결기(仁)로 목숨을 걸고 지켜야 하는 예법(禮)이 고작 옥이나 비단, 격식과 서열에 관한 예법이라고 오해한다면 공자의 가르침은 쓸모도 의미도 없게 된다. 오히려 해악을 끼칠 수도 있다. 이 책이 제시하는 새로운 번역은 바로 이런 오해를 제거함으로써 공자가 남긴 가르침의 진면목을 되살리고자 하는 것이다.

이 책의 편집 과정에서 유용한 지적과 제안을 해주신 배노필 선생께 감사를 표한다. 2021년에 출간된 『새롭게 만나는 공자』에 이어 이 책의 출간도 흔쾌히 수락해 주신 주일우 대표께도 감사를 표한다. 주 대표는 지난 30년 가까이 계속된 공자와 논어에 대한 나의 여정을 옆에서 지켜보며 격려해 준 인연이 각별하다.

이 책 집필과 편집의 전 과정에서 큰 도움을 준 사랑하는 내 아내에게 깊이 감사한다.

1.  많은 경우 논어 구절은 "선생님이 이렇게 말했다"는 뜻을 가진
    "子曰"이라는 두 글자로 시작한다. 반복되는 이 표현은 우리말
    번역에서는 생략했다. 하지만, "孔子曰" 또는 "孔子對曰" 등의
    표현이 사용된 경우에는 "공자가 이렇게 말했다", "공자가
    이렇게 대답했다"고 번역했다. 제후와 대화하는 상황 등
    일정한 경우에는 '선생님(子)'이 아니라, '공자(孔子)'라는
    표현을 사용한 논어 편찬자들의 의도를 살리기 위함이다.

2.  공자와 제자들 간에 오간 말은 구어체 표현으로 번역했다.
    종래의 번역은 "… 했노라", "… 없을진저" 등 요즘 독자에게는
    낯선 표현을 사용하거나, "… 하였다", "… 않았다"와 같이 글로
    적을 때에나 사용하는 문어체 표현을 채택했었다. 그러나
    이러한 종결 어미는 공자가 문어체로 대화를 하는 비현실적인
    인물이었던 것 같은 그릇된 인상을 준다. 공자가 제자들에게
    한 말은 친근한 자에게 건네는 생생한 말이었다. 오랫동안
    같이 지내며 죽을 고비를 함께 넘기기도 한 공자와 제자들
    간의 각별한 유대감이 살아날 수 있도록 우리말 표현을
    가다듬으려 노력했다. 예를 들면(6.17),

    > "사람은 정직하게 살아야 해. 거짓되게 살면 기껏 운이
    > 좋아봤자 들키는 것을 면할 뿐이지."

    그러나 제자 외의 다른 사람에게 공자가 건네는 말은 다음과
    같이 높임말 어미를 채택하여 번역했다(6.2):

    > 노나라 군주 애공(哀公)이 공자에게

<blockquote>
"제자 중 누가 배우기를 좋아하는가?"라고 묻자
공자가 이렇게 대답했다. "안회라는 자가 배우기를
좋아했습니다."
</blockquote>

반면에, 제자의 말이 수록된 구절은 공자의 말과는 다른
분위기로 제시되도록 했다. 이런 구절들은 제자가 공자에게
한 말인지, 제자가 자기 제자들에게 또는 다른 사람에게 한
말인지 가려낼 수 없기 때문에 평어체 종결 어미를 채택했다.
예를 들어(19.13),

<blockquote>
자하(子夏)가 이렇게 말했다. "맡은 일을 잘하려면 배워야
하고, 잘 배우려면 일을 맡아 해야 한다."
</blockquote>

3.  논어 각 편의 명칭은 전통적으로는 해당 편 처음 두세 글자를
    따서 '학이(學而)'(제1편), '공야장(公冶長)'(제5편) 등으로
    불러 왔었다. 이러한 지칭 방법은 과거의 독자들에게는
    유용했을지 몰라도 이제 더 이상의 효용은 없고, 오히려
    오해를 불러일으킬 수도 있어 이 책에서는 채용하지 않았다.
    논어의 장구(章句) 구분은 주희의 《논어집주(論語集注)》에
    따랐다.

4.  논어의 한문 원문은 수록하지 않았다. 번역된 우리말 표현
    자체로 원문의 의미가 충분히 전달되도록 하려고 노력했다.

1.

배움과 실천

1.1　　　"배우고, 그걸 적절한 때에 실천하면 기쁘지 않겠나. 친구가 멀리서
　　　　찾아오면 즐겁지 않겠나. 남들이 몰라주더라도 개의치 않으면
　　　　군자 아니겠나!"


1.2　　　유자(有子)가 이렇게 말했다. "효심과 우애가 있는 자가
　　　　윗사람에게 함부로 하기 좋아하는 경우는 드물다. 윗사람에게
　　　　함부로 하기를 좋아하지 않는 자가 반란을 일으키기 좋아한
　　　　경우는 여태껏 없었다. 군자는 근본에 충실하려 노력한다. 근본이
　　　　확립되면 올바른 길이 살아날 것이다. 효심과 우애야말로 윤리적
　　　　결기의 근본이 아닐까?"


1.3　　　"다정하게 꾸며낸 말과 온화하게 지어낸 태도에는 윤리적 결기가
　　　　거의 없어."


1.4　　　증자(曾子)가 이렇게 말했다. "나는 매일 세 가지에 관해 내
　　　　스스로를 돌아본다. 남을 위해 일을 도모할 때 충심을 다하는지,
　　　　친구들과 교류할 때 신의를 지키는지, 내가 가르치는 내용을
　　　　실천하는지?"


1.5　　　"나라를 이끌어 가려면 조심스럽게 일 처리를 해서 믿음을 얻고,
　　　　물자는 절도 있게 사용하고 사람들은 사랑으로 대하며, 백성을
　　　　동원해 일을 시키는 것은 적절한 때를 봐야 해."


1.6　　　"너희들 말이야, 집에서는 효도하고 밖에서는 우애로 사람을
　　　　대해야 해. 매사에 최선을 다하고 신의를 지켜야지. 모든 이를
　　　　두루 사랑하되, 친밀한 관계일수록 윤리적 결기에 유념해야 해.
　　　　이렇게 하고도 힘이 남으면 그때는 문헌과 문물도 배우도록 해."

자하(子夏)가 이렇게 말했다. "학식과 재주를 넘어서고, 유혹을 물리치며, 온 힘을 다해 부모를 모시고 온 몸을 바쳐 임금을 섬기며, 친구와의 관계에서 그 언사가 믿음직스럽다면, 비록 남들은 그를 못 배운 사람이라고 해도 나는 반드시 그자를 배운 사람이라고 하겠다."

1.7

"군자가 가볍게 굴면 위엄이 서질 않아. 배우면 고루하지 않게 되지. 충심과 신의를 으뜸으로 삼아야 해. 자기만 못한 자를 친구로 삼지 말고, 잘못이 있으면 주저 없이 고쳐야 해."

1.8

증자가 이렇게 말했다. "삼가는 마음으로 장례를 치르고, 오래도록 고인을 추모한다면 사람들의 미덕도 두터워질 것이다."

1.9

자금(子禽)이 자공(子貢)에게 "우리 선생님은 어느 나라에 가도 그 나라 정세를 알고 계시던데, 조사해서 그런 건가요 아니면 저쪽이 알려줘서 그런 건가요?"라고 묻자 자공이 이렇게 대답했다. "우리 선생님은 온유하고, 선량하고, 공손하고, 검소하시잖아. 그래서 사양하시면서도 원하는 것을 얻지. 우리 선생님이 정세를 알아내는 방법은 보통 사람들과는 다르지 않겠나."

1.10

"아버지가 살아 계실 때는 그 뜻을 살피고, 돌아가신 후에는 생전의 행적을 살펴봐야 해. 아버지가 채택한 제도를 삼 년간 변함없이 유지한다면 효심이 있다고 할 만하지."

1.11

유자가 이렇게 말했다. "예법의 용도 중에는 사람들이 모이고 화합하게 하는 것이 소중하다. 선왕들의 제도는 이것을 아름다운 경지로 승화해서 작고 큰 것이 모두 여기서 비롯된다. 그러나 하지 말아야 할 것도 있다. 화합이 전부인 줄 알고 예법으로 맺고 끊지 않는다면 그 역시 해서는 안 되는 것이다."

1.12

1.13　유자가 이렇게 말했다. "약속 내용이 의로우면 약속대로 이행할 수 있고, 공손함이 예법에 부합하면 치욕을 멀리할 수 있다. 그렇게 하고도 친밀한 관계를 잃지 않으면 우두머리가 될 수도 있다."

1.14　"군자는 배불리 먹으려 하지 않고 편안히 지내려 하지 않아. 일 처리는 기민하게, 말은 신중히 가려하며 올바른 길을 택해 나아간다면 배우기를 좋아한다고 할 만하지."

1.15　"가난해도 비굴하지 않고 부유해도 교만하지 않다면, 어떤가요?"라고 자공이 물었다.
선생님: "그럴 수 있겠지. 하지만 가난해도 즐겁고, 부유하면서 예법도 기꺼이 지키는 것만은 못하지."
자공: "시(詩)에 보면, '잘라내고, 깍아내고, 갈아내고, 광을 내고'라는 노래가 있는데, 그게 이 말이군요."[1]
선생님: "사(賜, 자공)야, 이제 너랑 시(詩)를 이야기할 수 있겠구나. 지난 일을 일러주면 앞일을 아는구나."

1.16　"남이 나를 몰라준다고 고민하지 말고, 내가 남을 이해 못하는 게 아닌지 고민해 봐."

공자가 말하는 배움은 독서나 학문을 위주로 하는 것이 아니다. 배움(學)과 학문(學文)은 다르다. 학문은 문헌과 문물을 배우는 것이다. 예를 들어, 예법(禮)을 배운다거나, 시(詩)를 배우거나, 과거 훌륭한 군주들의 모범적인 행적과 역사를 배우거나, 이런 내용이 담겨 있는 문헌을 연구하는 것이 '學文'이다. 그러나 학문이 배움의 핵심은 아니다. 다른 더 시급히 배워야 할 것을 우선 배우고 "힘이 남아돌면" 그때 하면 되는 덜 중요한 배움이 학문이다(1.6).

독서가 배움의 수단이라고 생각할 수도 있겠지만, 공자의 제자 자로는 "꼭 책을 읽어야만 배웠다고 할 수 있는가?"라는 정당한 의문을 제기했고(11.24), 제자 자하는 충심과 사랑으로 가족 관계와 인간 관계를 진실되게 유지하고 그 언행이 믿음직하다면 비록 독서로 지식을 쌓을 여건과 형편이 못 되어 "남들은 그를 못 배운 자라고 해도 나는 반드시 그자를 배운 사람이라 하겠다"고 단언했다. 독서나 지식 축적이 배움의 유일한 수단이라거나 주된 목표가 아님을 강조한 것이다(1.7).

견문을 넓혀서 말과 행동이 올바르게 되도록 하고 편견과 고루함에서 벗어나기 위해 노력하는 과정이 배움이다. 공자는 무엇보다도 고루함(固)을 질색한 사람이다(14.34). 고루함을 벗어나려면 배워야 한다는 것이 공자의 생각이며(1.8), 제자들도 공자가 꽉 막힌 고루한 사람이 아니었다고 기록한다(9.4). '안다(知)'는 것도 지식을 많이 쌓는다, 즉, '많이 안다'는 뜻이 아니라 내가 아는 것이 무엇이고 모르는 것이 무엇인지를 분간함으로써 자신의 한계를 알아차린다는 뜻이다(2.17).

'배우기를 좋아한다(好學)'는 말도 논어에 여러 번 나오는데, 그 또한 책읽기를 좋아한다거나 지식 추구에 재미를 느끼고 탐닉한다는 뜻이 아니다. 마음가짐과 말과 행동이 올바르고 적절하게 되도록 자신을 가다듬고 자기 개선을 위해 노력한다는 뜻이다. 탐

욕스럽게 배불리 먹으려 하지 않고, 물질적으로 호사스런 삶에 집
착하지 않는 경지에 도달하도록 절제하고(1.14), 자신이 저지른 실
수를 깨닫고 같은 실수를 되풀이하지 않도록 노력하며(6.2), 강직
하고, 용기 있고, 정직하고, 믿음직하며, 지혜롭고, 윤리적으로 올
바른 삶을 산다는 것이 무엇인지를 깨닫고 실천하기 위해 부단히
노력하는 것(17.8), 이것이 공자가 말하는 배움의 핵심이다.

　　많이 듣고(多聞) 의심스러운 것을 가려낸 후 남는 것을 신중하
게 말하면 실수가 적을 것이고, 많이 겪어보고(多見) 위태로운 것
을 가려낸 후 남는 것을 신중하게 행하면 후회가 적을 것이라는 공
자의 설명은 배움의 방법을 요약한 것이다(2.18, 7.27). 공자가 말하
는 배움은 책 지식을 늘리자는 것이 아니다. 책 속에 파묻혀 지내며
현실 세계나 실천과는 거리가 먼 삶을 살면서 '지식인' 행세를 하려
는 자, 탐욕스럽고 무절제한 삶을 살면서 자기 스스로에 대한 반성
조차 없는 자, 자신의 말과 행동에 대한 윤리적 각성이 없는 자는
공자가 말한 배움과는 거리가 먼, '못 배운' 자일 따름이다.


## 적절한 때에 실천하라


배워 깨달았으면 "그걸 적절한 때에 실천하라(時習之)"는 공자의
말이 논어 첫머리에 배치되어 있다는 사실은 의미가 크다. 시(時)
는 '시간이 있을 때'라는 뜻이 아니다. '때때로' 또는 '언제나'라는
뜻도 아니다. 오히려 정반대다. 아무 때나 함부로 실천하려 덤벼서
는 안 된다. 시(時)는 "적절한 때에"라는 뜻이다. 습(習)은 배운 것
을 머리 속에 되뇌어 익힌다는 뜻이 아니다. 배워서 알게 된 것을
"몸소 행한다", "실천에 옮긴다"는 의미다.[2] '시습지(時習之)'는 배워
깨달은 것을 적절한 때에 실천하라는 말이다.

　　고대나 중세의 논어 주석가들은 '時'와 '習'이 논어의 다른 여
러 구절에서 어떤 뜻으로 사용되는지를 전혀 고려하지 않은 채, 시

습(時習)을 반복하여 익힌다(重習), 익히지 않는 때가 없다(無時而
不習)는 뜻으로 해석했다. 이런 해석은 배움에 대한 오해에서 비롯
된 것이다. 언행이 올바른 사람이 되도록 노력하는 것이 아니라, 독
서와 학문으로 지식을 습득하고 머리로 되뇌어 심화하는 것이 배
움이라고 잘못 생각하여 생긴 오역이다. '時習'을 학기별, 계절별
학습 커리큘럼이라고 오해하여, "봄에는 시를 암송하고, 여름에는
악기를 연주하며, 가을에는 예법을 배우고, 겨울에는 옛 문헌을 읽
는다"는 식으로 해석하는 학자들도 있었다. 이 또한 공자가 말하는
배움이 학교를 중심으로 이루어지는 학문(學文)이나 학문(學問)이
라고 착각하여 생겨난 오해다.

## 문, 행, 충, 신(文, 行, 忠, 信)을 가르친 공자

사실, 공자의 제자들은 공자가 네 가지를 가르쳤다고 정확하게 기
억한다(7.24):

> 선생님은 네 가지를 가르치셨다: 문헌과 문물,
> 올바른 행동, 충직함, 믿음직함(文, 行, 忠, 信).

이 중 세 가지(行, 忠, 信)는 어떻게 처신하고 행동할지에 관한 것이
다. 공자가 강조한 것은 현실 세계와 유리된 글 공부가 아니라, 충
심(忠; 진실된 마음가짐)과 신의(信; 믿음직한 언행)에 기반한 올바
른 행동(行)이었다. 사람들과의 관계에서 충심과 신의로 올바르게
행동하는 데 주력하라(主忠信)는 공자의 가르침은 여러 번 반복된
다(1.8, 9.24, 12.10, 15.5). 배움에 관한 다음 구절에서도 어떻게 행동
하고 처신할지를 배우는 데 초점이 놓여 있을 뿐, 독서나 학문은 거
론조차 되지 않는다(1.14):

군자는 배불리 먹으려 하지 않고 편안히 지내려 하지 않아.
일 처리는 기민하게, 말은 신중히 가려하며 올바른 길을 택해
나아간다면 배우기를 좋아한다고 할 만하지.

그러나 후대 사람들은 문헌(文)을 섭렵하며 문물 제도에 대한 지식을 쌓는 학문(學文)이 마치 배움의 전부인 것처럼 오해했다. 공자가 죽은 후 약 200년 뒤에 활동했던 순자는 배움의 방법이 오로지 경전 암송과 독서라고만 오해하여 이렇게 적고 있다:

배움은 어디서 시작하여 어디서 끝이 나는가? 배움의 방법은
경전 암송에서 시작하여 예법에 관한 문헌을 읽는 것으로
마무리된다.[3]

공자가 죽은 후 350년쯤 뒤에 등장한 역사가 사마천도 공자가 가르친 내용 중, 공자가 특히 강조했던 행(行), 충(忠), 신(信)은 오히려 모두 누락시키고, 공자가 시(詩), 서(書), 예(禮), 악(樂)을 가르쳤다고만 기록한다.[4] 시, 서, 예, 악은 문(文)에 해당한다. 이것을 배우는 것은 학문(學文), 즉, 문헌과 문물에 대한 공부일 뿐이다. 문헌을 섭렵하고 과거와 현재의 문물 제도를 이해하고 배우는 學文은 오히려 가장 덜 중요한 배움이라는 점을 공자는 다음과 같이 분명히 했다(1.6):

너희들 말이야, 집에서는 효도하고 밖에서는 우애로 사람을
대해야 해. 매사에 최선을 다하고 신의를 지켜야지. 모든 이를
두루 사랑하되, 친밀한 관계일수록 윤리적 결기에 유념해야
해. 이렇게 하고도 힘이 남으면(行有餘力) 문헌과 문물도
배우도록(學文) 해.

집안과 집 밖에서 올바르게 판단하고 처신하는 것에 가장 역점을

뒤야 한다. 그렇게 하고도 "힘이 남아돌면", 책 지식은 그때 가서 쌓으면 된다는 공자의 말이 논어의 첫 편에 배치된 이유를 반추해 봐야 한다. 문헌 공부(學文)와 학술 연구(學問)를 직업으로 평생 수행해 온 무수한 학자들은 시(詩), 서(書), 예(禮), 악(樂)을 위주로 문헌과 문물 제도를 공부하는 것이 배움의 전부라는 잘못된 생각을 퍼뜨려왔다. 하지만, 공자가 힘주어 강조한 배움은 학문이 아니라 행(行), 충(忠), 신(信), 즉, 올바른 행동과 올바른 삶의 태도를 배우는 것이다.

## 여자를 좋아하듯 현자(賢者)를 흠모하라?

배움과 학문은 다르고, 학문을 통하지 않고도 배울 수 있다는 점은 공자의 제자 자하(子夏)의 말에서도 확인된다(1.7):

> 자하가 이렇게 말했다.
> "학식과 재주를 넘어서고(賢賢), 유혹을 물리치며(易色) 온 힘을
> 다해 부모를 모시고 온 몸을 바쳐 임금을 섬기며, 친구와의
> 관계에서 그 언사가 믿음직스럽다면, 비록 남들은 그를 못 배운
> 사람이라고 해도 나는 반드시 그자를 배운 사람이라고 하겠다."

이 구절은 배움에 관한 남들의 평가와 자하의 상반되는 평가를 대비시키고 있음에 우선 주목해야 한다. 공자가 말하는 배움이 당시 사람들이 흔히 생각하던 배움과는 사뭇 다르다는 점을 부각시키려는 것이다. 독서나 학문으로 지식과 교양을 쌓을 기회를 가지지 못했더라도 (그래서 남들은 그를 '못 배운' 사람이라고 평가할지라도), "온 힘을 다해 부모를 모시고 온 몸을 바쳐 임금을 섬기며 친구와의 관계에서 그 언사가 믿음직스럽다면" 나는 그 사람을 '배운' 사람이라고 하겠다는 자하의 말은 배움으로 도달해야 하는 궁극의

경지가 무엇인지를 보여준다.

이 구절 첫 부분에 나오는 현현역색(賢賢易色)이라는 네 글자는 지금껏 "여자를 좋아하는 마음으로 현자(賢者)를 좋아하고"라거나, "현자(賢者)를 숭상하고 좋아하기를 여자 좋아하듯하고"라고 해석되어 왔다. 그러나 이 오래된 번역은 잘못된 것이다. "賢賢"이라는 표현에서 첫 번째 '賢'은 '이기다, 승리하다, 더 낫다, 더 뛰어나다'는 뜻이다. 이런 뜻으로 賢이 사용되는 사례는 논어에도 쉽게 찾을 수 있다(11.15, 17.22, 19.23, 19.25).[5] 두 번째 '賢'은 학식과 재주가 많다는 뜻이다(多才也). 요컨대, 학식과 재주가 많은 것이 '賢'이고 그것을 이겨내고 넘어서는 것이 '賢賢'이다. 이 구절은 학식과 재주가 많은 사람(賢者)을 떠받들고 숭배하라는 뜻이 아니다. 오히려 학식과 재주를 넘어서고 극복하라는 뜻이다. 자신의 학식과 재능을 남들이 감탄하고 숭배하기를 바라며 오만하게 굴지 말고 그걸 진심으로 대수롭지 않게 여기고 겸손해지라는 뜻이기도 하고, 남의 학식과 재능·재주에 압도되거나 주눅들지 말라는 뜻이기도 하다. 상대방에게 학식이 많다고 그 권위에 굴복하여 복종과 숭배로 일관하거나, 상대방의 학식이나 학벌이 보잘것없다고 얕잡아볼 것이 아니라, 학식과 재능을 넘어서서 그 사람의 진정한 값어치를 올바로 평가하라는 뜻이다.

"易色"은 동사(易)+목적어(色)로 이루어진 표현이다. '易'은 풀이나 나무를 잘라내는 것을 말하고(易謂芟治草木), '色'은 여색(女色)을 포함한 일체의 감각적 자극과 유혹을 뜻한다. 따라서 "易色"은 무성하게 자라나 시야와 앞길을 가로막는 잡초를 자르고 쳐내듯이 일체의 감각적 자극과 유혹을 물리치라는 뜻이다.

학식과 재능을 넘어서고, 물질적 욕심과 감각적 욕망을 물리치는 것, 즉, 현현역색(賢賢易色)을 배움의 궁극 목표로 제시하는 자하의 이 구절(1.7)은 배우기 좋아하는 자는 "배불리 먹으려 하지 않고 편안히 지내려 하지 않는다"고 한 공자의 설명(1.14)과도 일맥상통한다.

　　부모와의 관계, 직장 상사와의 관계, 친구와의 관계에서 올바르지 못한 행동을 하게 되는 가장 흔한 이유는 무엇일까? 자신의 학식이나 재능에 대한 자만심에 사로잡히거나, 타인의 학식이나 재능을 시기하고 폄하하거나 그것에 압도되어 굴종하게 될 때, 그리고 물질적 욕심, 감각적 욕망 등에 휘둘릴 때 그릇된 행동을 하게 된다는 것이 자하(子夏)의 통찰이다. 자하가 이해하는 '배움'은 학식과 재능을 뛰어넘고, 물질적·감각적 유혹을 물리침으로써 부모, 상사, 친구와의 관계에서 올바르게 처신하라는 것이지, 학식과 재능을 가진 현자를 숭배하고 흠모하고 따르라는 것이 아니다.[6]

　　여색(女色)뿐 아니라, 일체의 물질적, 감각적 욕구, 권위와 평판에 대한 갈망 – 이 모든 것이 色이다 – 을 잡초 쳐내듯 쳐내라는 자하의 탁월한 가르침은 그동안 정반대로 해석되고 왜곡되어 왔다. "여자를 좋아하듯 현자(賢者)를 흠모하라"는 해묵은 오역에 기대어 이 구절은 독서와 학문으로 학식을 많이 쌓은 '현자'들이 스스로 가지는 군림 욕망과 인정 욕구(남들보다 더 큰 권위를 누리고 존경받고 싶은 욕구)를 더욱 부추기는 구절로 맹위를 떨쳐왔다. "남이 몰라주더라도 개의치 말라(人不知而不慍)"는 공자의 가르침(1.1)과는 정반대로, 그저 남의 존경을 받고 남들이 흠모하는 대상이 되고 싶어 안달하는 심정이 고스란히 반영된 기존 번역은 옳지 않다. 이 구절은 잘못된 번역이 원전의 의미를 어떻게 왜곡하는지를 보여주는 대표적 사례라고 생각한다.


## 배움의 핵심: 분노와 자기성찰


공자의 수제자로 일컬어지는 안회에 관한 다음 구절 역시 '배움'은 올바른 행동과 실천의 문제라는 점을 보여준다(6.2). 독서나 학문, 학식이나 재능은 아예 언급도 되지 않는다.



실<br>천
배<br>움<br>과
제<br>1<br>편

노나라 군주 애공(哀公)이 공자에게 "제자 중 누가 배우기를 좋아하는가?"라고 묻자 공자가 이렇게 대답했다. "안회라는 자가 배우기를 좋아했습니다. 노여움을 누그러뜨리지 않았고(不遷怒), 잘못을 되풀이하지 않았습니다(不貳過). 불행히도 일찍 죽었습니다. 지금은 배우기를 좋아하는 자가 있다는 소리를 들어보지 못했습니다."

안회가 "배우기를 좋아했다(好學)"면서 공자가 그를 칭찬하는 첫 번째 이유로 제시된 것은 '분노'에 관한 것이다. 이 구절에 나오는 "불천노(不遷怒)"라는 표현은 안회가 분노를 남에게 옮기지 않는다, 즉, 애꿎은 사람에게 화풀이를 하지 않고 스스로 삭인다는 뜻으로 해석되어 왔다. 안회가 화를 내지 않는 온순한 사람이라서 공자의 총애를 받았다는 이런 해석은 분노를 좋지 않게 보는 입장을 바탕에 깔고 있다. 하지만 엉뚱한 사람이나 대상에게 노여움을 표시하지 않았다는 것이 무슨 대단한 칭찬거리가 되는지는 의문이다. 공자의 다른 제자들은 애꿎은 사람에게 엉뚱한 화풀이나 해대는 수준이었다는 말인가?

　기존 해석과는 정반대의 해석도 가능하다. 천(遷)은 옮기거나 변경한다는 것이므로 "불천노(不遷怒)"는 노여움을 움직이지 않고 변함없이 유지했다는 뜻이 된다. 분노의 대상을 정확히 파악했다는 뜻도 물론 당연히 전제되어 있다. 요컨대, 안회는 부당한 일에 대한 분노가 냄비처럼 파르르 끓어 올랐다가 금방 사그라지고 마는 그런 사람이 아니었다는 말이다. 이 주제는 뒤에 인(仁)이 무슨 뜻인지 설명하는 기회에 좀 더 살펴본다. 사실, 인(仁)과 분노는 밀접한 관련이 있다. 분노를 거북해하며 피해가려는 해석은 논어를 올바로 이해하는 데 도움이 되지는 않는다. 공자는 자기 스스로를 묘사하기를 "분노하면 식사하는 것도 잊어버리는(發憤忘食)" 사람이라고 했음을 기억할 필요도 있다(7.18).

　공자가 말하는 배움은 평온한 마음으로 독서나 학문에 탐닉하여 지식을 쌓는 정신 작업의 즐거움이나 맛보자는 것이 아니다. 배움은 오히려 분노와 관련이 있다. 불의와 부당함에 분노하고 자신의 잘못을 뼈저리게 깨닫고 분발하여 더 나은 사람이 되는 것이 배움이기 때문이다. 분노 없이는 깨달을 수 없고, 이를 악물지 않고서는 발전이 없다는 다음 구절은 공자가 말하는 '배움'이 무엇인지를 가장 직접적으로 말해 준다(7.8):

> 분노하지 않고서는 깨달을 수 없고(不憤不啓), 이를 악물지
> 않고서는 발전이 없어(不悱不發). 내가 한 구석을 드는데,
> 너희들이 나머지 세 구석을 들지 않는다면 나는 다시 되풀이하지
> 않아.

잘못을 저지르지 않는 사람이 어디 있겠는가? 그러나 자신의 잘못을 누가 지적해 주면(한 구석을 들어주면), 과오를 깨닫고 철저히 그리고 완전히 개선하라(나머지 세 구석을 들어올리라)는 것이 바로 공자가 말하는 '배움'의 핵심이다. 잘못을 깨닫는 즉시 주저 말고 개선하라(過則勿憚改)는 구절(1.8)이 배움에 관한 논어 제1편에 배치되어 있는 이유를 생각해 보라. 잘못을 깨닫고 개선하는 것이야말로 배움이기 때문이다. 안회가 "배우기를 좋아했다"면서 공자가 그를 칭찬하는 또 다른 이유도 "잘못을 되풀이하지 않는(不貳過)" 치열한 자기성찰의 자세가 있었다는 것이다.

　이것이 공자가 말하는 배움이다. 한가로이 책갈피나 뒤적이며 '공자왈, 맹자왈'하는 것은 공자가 말한 배움과는 거리가 있다.

### 균형 감각과 판단 능력을 기르기 위한 배움

논어 제1편에는 제자 자공이 화려한 수사와 입담으로 공자를 칭송하는 내용이 있다. 선생님은 "온유하고(溫), 선량하고(良), 공손하

고(恭), 검소하기(儉) 때문에” 사양하시면서도 원하는 것을 얻는다는 구절이다(1.10). 물론 이 구절은 배운 사람이 결과적으로 어떤 훌륭한 모습을 갖추게 되는지를 말해주는 것이지만, 다른 한편으로는 미사여구를 좋아하는 자공의 스타일을 드러내 보이는 구절이기도 하다. 공자가 자공의 허영심이나 경쟁심, 과도한 입담을 꾸짖거나 비꼬거나 타이르는 광경은 논어에 여러 번 나타난다(2.13, 5.3, 5.11, 14.31).

자공은 온유, 선량, 공손, 검소 등 일견 훌륭한 가치들을 나열하며 공자를 예찬하고 있지만, 사실 이런 가치들이 그리 간단한 주제는 아니다. 논어 제1편에는 신의(信)와 공손(恭)이 복잡 미묘한 한계와 어려움을 내포하고 있다는 점을 지적하는 유자(有子)의 말이 수록되어 있다(1.13).

> 유자가 이렇게 말했다. “약속 내용(信)이 의로우면 약속대로
> 이행할 수 있고, 공손함(恭)이 예법에 부합하면 치욕을 멀리할 수
> 있다. 그렇게 하고도 친밀한 관계를 잃지 않으면 우두머리가 될
> 수도 있다.”

약속을 지키는 것에만 골몰하고 자기 행동의 옳고 그름을 제대로 판단하지 않으면 신의를 지킨다는 미명 하에 나쁜 짓을 저지를 위험도 생기게 된다. 약속을 지켜야 한다는 윤리적 당위와 옳지 않은 일을 해서는 안 된다는 윤리적 금지가 충돌할 경우 어떻게 처신해야 하는지는 간단한 문제가 아니다. 자기가 한 약속을 “옳지 않다”는 이유를 내세우며 어길 경우, 약속이 지켜질 것으로 믿고 기대했던 상대방에게는 실망과 배신감을 안겨주게 될 것이다. 그렇지만 상대방과의 약속과 신의를 지키는 데에만 급급하여 옳고 그름을 따지지 않고 약속을 이행할 경우 범죄자로 전락할 위험도 있다. 신의(信)라는 가치가 안고 있는 이런 위험과 어려움을 제대로 깨닫고 적절히 처신하는 것을 배우는 것이 바로 공자가 말하는 배움이다.

공자도 "신의만 좋아하고 배우기를 좋아하지 않으면 도적이 되는 폐해가 있다"고 경계한 바 있다(17.8).

공손(恭) 또한 쉽지 않은 문제다. 아무에게나 무조건 공손하게 구는 것은 비굴한 짓이고 치욕을 자초하는 일이다. 공자도 공손함이 내포하는 이런 위험을 지적한 바 있다(5.24):



> 다정하게 꾸며낸 말과 온화하게 지어낸 태도로 남을 대하고,
>
> 아주 공손하게 행동하는 것을 좌구명(左丘明)은 부끄러워했어.
>
> 나도 그래. 원한을 감추고 친구처럼 좋게 대하는 짓을 좌구명은
>
> 부끄러워했어. 나도 그래.[7]

공손하지 않은 태도를 흔히 '예의가 없다', '무례(無禮)'하다고 한다. 그러나 공자는 무턱대고 공손하게 구는 것이야말로 수치스러운 일이라고 보았다. 공손한 마음가짐이 곧 예법이라는 생각은 맹자의 그릇된 설명(恭敬之心 , 禮也) 때문에 생긴 오해다.[8] 공자의 제자 유자가 말한 내용은 원칙과 기준도 없이 공손하게 구는 것은 치욕스러운 일이고, 상황을 제대로 판단하여 예법에 부합하는 한도 내에서 공손함을 유지해야 치욕을 멀리할 수 있다는 것이다. 공자도 "공손하기만 하고 예법을 따르지 않으면 고되기만 할 뿐"이라면서 함부로 굽신거리고 공손하게 구는 태도를 경계한 바 있다(8.2).

그러나, 예법의 원칙과 기준에 따라 공손해야 할 때와 그렇지 않을 때를 가려서 행동할 경우 치욕을 면할 수는 있겠지만, 사람들은 이런 태도를 불손하고 오만하다고 여길 수도 있으니 오히려 자신이 고립될 위험도 커진다. 게다가 자기가 약속한 내용을 "옳지 않다"는 이유로 어길 경우, 상대방과의 사이가 멀어지거나 적대적인 관계로 될 가능성도 많다.

유자가 말한 경지는 매우 높은 수준의 섬세한 판단력과 정치력을 필요로 한다. 신의도 소중하지만 옳고 그름에 대한 판단이 흐려서는 안 되고, 공손함도 물론 필요하지만 예법에 어긋나게 굽신

거려서도 안 된다. 신의(信), 공손(恭), 옳음(義), 예법(禮), 친밀함(親) 등은 서로 충돌하기도 하고 서로 긴장 관계에 놓이기도 한다.

이처럼 복잡하게 얽힌 가치들과 행동 규범들 간에 적절하고 절묘한 균형 감각을 키우고, 자신이 그때그때 처하게 되는 사태와 상황을 정확히 판단하여, 궁극적으로는 늘 옳음을 유지하고 예법을 준수하면서도 원만하게 상대방과의 친밀함을 잃지 않도록(不失其親) 처신하고 행동하는 것을 배우라(學)는 것이 유자의 가르침이다. 바로 이런 이유로 유자의 이 말이 배움에 관한 논어 제1편에 제시되는 것이다. 남을 이끄는 우두머리(宗)가 되려면 이 정도의 판단력과 균형 감각이 있어야 한다.

공자도 배움이 왜 중요한지를 이렇게 설명한다(17.8):

> 윤리적 결기(仁)를 좋아하되 배우기를 좋아하지 않으면 우매한 짓을 하게 되고, 지식(知)을 좋아하되 배우기를 좋아하지 않으면 방탕하게 되고, 신의(信)를 좋아하되 배우기를 좋아하지 않으면 도적질을 하게 되고, 정직(直)을 좋아하되 배우기를 좋아하지 않으면 올가미에 옥죄이게 되고, 용기(勇)를 좋아하되 배우기를 좋아하지 않으면 반란을 일으키게 되고, 강인함(剛)을 좋아하되 배우기를 좋아하지 않으면 함부로 행동하게 돼.

배움(學)의 궁극적 목표는 신의, 공손, 신중, 용기, 정직, 강인함 등과 같은 행동 원칙의 한계를 깨닫고 적절한 균형 감각과 판단 능력을 길러서 현명하고 올바르게 살아가는 데 필요한 안목과 역량을 기르는 것이다. 책을 읽고 지식이나 쌓자는 것이 아니다.

## 실천의 기쁨

공자의 가르침은 문헌과 문물에 관한 것도 물론 있지만, 충심(忠),

신의(信) 그리고 정직함, 신중함, 겸손함, 용기 등 올바른 행동(行)과 실천에 관한 것이었다. 그러나 그동안 논어의 첫 구절(學而時習之 不亦說乎)은 "배우고 때로 익히면 즐겁지 아니한가"라고 잘못 번역되어 왔기 때문에 독서와 사색에 몰입하여 정신 작용의 즐거움이나 맛보는 유식한 자들의 고상한 취미를 찬양하는 구절인 양 오해되어 왔다. '배움'을 지식의 축적이라고 좁게 규정하고, 문헌과 문물에 대한 풍부한 지식을 구비한 자가 곧 '배운 자'라고 잘못 생각하는 지식인들은 이러한 오역에 힘입어 현인(賢人) 숭배 분위기를 조성해왔다. 학식과 재주를 넘어서고(賢賢) 욕망을 물리치라(易色)는 자하의 예리한 가르침은 오히려 정반대로 왜곡되어 학식과 재주가 많은 현자를 숭배하고 흠모하도록 유도하는 구절로 오역되어 왔다. 지식인 계급의 문화 권력을 공고하게 만드는 용도로 논어가 악용되어온 것이다.

공자가 죽은 뒤 그 제자들이 편집한 논어의 제일 첫머리에 배치된 구절은 지식인 계급이 익숙하게 여기는 독서와 사색의 즐거움을 예찬하는 내용이 아니다. 아예 학교 갈 형편도 못 되는 사람까지도 포함해서 모든 사람은 살아가며 보고 듣고 배우는 것을 통하여 더 나은 사람이 되도록 스스로 노력할 수 있고, 그렇게 배운(學) 것을 적절한 때(時)에 실천(習)하는 기쁨(說)을 누릴 수 있다. 공자는 누구나 경험할 수 있는 자기 개선과 시의적절한 실천의 기쁨을 예찬한다. 학식과 재주가 많은 현자(賢者)라 한들, 시의적절한 실천에 필요한 용기나 강단이 없다면 존경이 아니라 비난을 받아 마땅하다. 논어는 올바른 행동과 실천과 사회 참여를 강력히 촉구하는 공자의 힘찬 메시지로 시작하는 것이다.



실천 | 배움과 | 제1편

금서의

귀환

논어

2.

덕(德)으로 하는 정치

2.1     “덕(德)으로 하는 정치는 북극성에 비유할 수 있어. 자신은 그 자리에 머물고 무수한 별들이 경배하며 함께 움직이지.”

2.2     “시(詩)에 수록된 옛 노래 300여 편을 한마디로 요약하면, ‘못된 마음을 먹지 말라’는 것이지.”

2.3     “정략으로 통치하고 형벌로 다스리면 사람들이 요리조리 빠져나가고 부끄러움도 모르게 되지만, 덕으로 통치하고 예법으로 다스리면 부끄러움을 알게 되고 모든 게 제자리를 찾게 되지.”

2.4     “내 나이 열다섯에 배움에 뜻을 두었고, 서른에 입지를 마련했으며, 마흔에는 의혹이 없어졌어. 오십이 되어서는 하늘의 명이 뭔지를 알게 되었고, 육십이 되니 남의 말을 순순히 받아들이게 되었고, 칠십이 되어서는 원하는 대로 해도 선을 넘지 않게 되더군.”

2.5     노나라 대부 맹의자(孟懿子)가 효가 뭔지 묻자 선생님이 “어기지 않는 것입니다”라고 답했다. 번지(樊遲)가 마차를 몰고 가는 중에 선생님이 이렇게 말했다. “맹(孟)씨가 효에 대해 묻길래, ‘어기지 않는 것’이라고 대답했지.”

번지: “그게 무슨 말인가요?”

선생님: “살아 계신 동안 예법에 따라 모시고, 돌아가시면 예법에 따라 장례를 치르고, 제사도 예법에 따르라는 것이지.”

2.6     맹무백(孟武伯, 맹의자의 아들)이 효가 뭔지 묻자 선생님이 이렇게 말했다. “부모님은 오직 자식이 병들까 염려할 따름이지요.”

자유(子游)가 효가 뭔지 묻자 선생님이 이렇게 말했다. "요즘 말하는 효는 부모님을 잘 돌본다는 것인데, 사실 개나 말도 잘 돌보기는 마찬가지 아닌가? 존경의 마음이 없다면 무슨 차이가 있겠나?"

2.7

자하(子夏)가 효가 뭔지 묻자 선생님이 이렇게 말했다. "겉으로 보이는 것만으로 알기는 어려워. 궂은 일은 애들 시키고 술과 음식이 생기면 어른부터 챙긴다고 해서 그게 과연 효를 행하는 것이겠나?"

2.8

"내가 안회와 하루 종일 이야기를 한 적이 있는데 바보처럼 아무 반론도 제기하지 않더군. 나중에 그가 하는 일을 살펴보니 아주 나아져 있었어. 안회는 바보가 아냐."

2.9

"사람을 파악하려면 그 사람이 어떤 수단에 의존하는지, 어떤 이유로 그러는지, 뭘 편하게 여기는지를 잘 살펴봐. 그러면 다 드러나게 돼 있어. 다 드러난다고."

2.10

"옛 것을 되살려내어 새로운 것을 이해한다면 스승이 될 만하지."

2.11

"군자는 아무거나 담아도 되는 그릇처럼 굴면 안 돼."

2.12

자공(子貢)이 군자에 대해 질문하자 선생님이 이렇게 말했다. "행동이 앞서고 말은 나중에 하는 사람이지."

2.13

"군자는 공평하여 치우침이 없지만, 소인배는 치우쳐 있어 공평하지 못해."

2.14

2.15    "배우기만 하고 생각이 없으면 그릇된 견해를 가지게 되고,
생각만 하고 배우지 않으면 위태롭게 되지."

2.16    "이례적이고 극단적인 견해로 치닫게 되면 해로울 뿐이야."

2.17    "유(由, 자로)야, 안다는 게 뭔지 가르쳐줄까? 아는 건 안다고,
모르는 건 모른다고 파악하는 것, 이게 아는 거야."

2.18    자장(子張)이 일자리를 구할 생각으로 배우고자 했다. 선생님이
이렇게 말했다. "여러 가지를 많이 듣고 의심스러운 것을 가려낸
나머지를 신중히 말하면 허물이 적을 것이고, 여러 가지를 많이
겪어보고 위태로운 것을 가려낸 나머지를 신중히 행하면 후회가
적을 것이야. 언사에 허물이 줄어들고 행동에 후회할 바가
적어지면 일자리가 생길 수도 있어."

2.19    노나라 군주 애공(哀公)이 "어떻게 해야 사람들이 복종하게
되는가?"라고 묻자 공자가 이렇게 대답했다. "올바른 사람을
기용하여 올바르지 않은 자들을 쳐내면 사람들이 복종할
것입니다. 올바르지 않은 자를 기용하여 올바른 사람들을 쳐내면
사람들이 복종하지 않을 것입니다."

2.20    노나라 대부 계강자(季康子)가 "백성들이 경건하고 충성스러운
마음으로 열심히 일하게 하려면 어떻게 해야 하는가요?"라고 묻자
선생님이 이렇게 말했다. "장중(莊重)한 모습으로 백성을 대하면
경건하게 되고, 효심과 자비심을 베풀면 충심을 다하게 되고,
뛰어난 사람들을 기용하여 능력이 모자라는 이들을 가르치면
열심히 하게 될 것입니다."

누가 공자에게 "선생님은 왜 정치를 하지 않습니까?"라고 묻자
선생님이 이렇게 말했다. "옛 문헌에 보면, '부모와 자식 간의 사랑,
형제 간의 우애를 베풀어 정치를 하라'고 되어 있지요. 이런 것도
정치입니다. 정치가 뭐 별건가요?"

2.21

"사람이 믿을 만하지 않으면 뭘 할 수 있는지 모르겠어.
소달구지에 소를 묶어 맬 끌채가 없고, 말이 끄는 수레에 말을
묶어 맬 멍에대가 없으면 그런 달구지나 수레를 어떻게 몰고 갈 수
있겠니?"

2.22

자장(子張)이 "열 번이나 왕조가 바뀐 후의 일을 알 수
있겠습니까?"라고 묻자 선생님이 이렇게 말했다. "은(殷)나라는
하(夏)나라 예법을 기반으로 추가되거나 폐지된 부분이 있음을 알
수가 있어. 주(周)나라는 은(殷)나라 예법을 기반으로 추가되거나
폐지된 부분이 있음을 알 수가 있지. 주(周)나라를 누가 이어가건,
백 번이나 왕조가 바뀌어도 이 점은 마찬가지야."

2.23

"귀신답지도 않은 것에게 제사를 지내는 것은 아첨하는 거야.
무엇이 옳은지 알면서 행동하지 않는 것은 용기가 없는 거지."

2.24

정치 지도자에게 덕(德)이 있어야 하고 올바른 정치는 덕으로 다스리는 것이라는 생각은 공자가 새롭게 내세웠던 것이 아니다. 이런 생각은 공자가 태어나기 훨씬 전부터 모두가 당연하게 여겼던 것이다.

주나라의 봉건 제도가 시작되던 시점(기원전 11세기경)의 문헌인 〈강고(康誥)〉에도 통치자는 선왕들의 덕을 받들고, 자기 스스로의 덕을 돌아봐야 하며, 덕 없이 형벌을 함부로 사용해서는 안 된다는 충고가 담겨 있다. 덕은 훌륭한 자질, 품성, 능력을 뜻하는 말이므로 "덕으로 정치를 한다"는 것은 훌륭한 자질과 능력으로 정치를 제대로 한다는 뜻이다.

덕으로 하는 정치는 별빛이 찬란한 밤하늘의 장엄한 모습을 연상하게 한다는 공자의 말(2.1)은 정치를 제대로 하면 나라의 구성원들이 모두 제자리를 찾고, 제 할 일을 하면서 사회 전체가 질서정연하게 굴러가게 된다는 점을 호소력 있게 묘사한 것이다. 부덕한 자가 권력을 틀어쥐고 법을 흉기처럼 휘둘러 무고한 사람들이 처벌되고 정작 처벌받아야 할 자들은 법망을 빠져나가는 불행한 현실 상황과, 덕을 갖춘 훌륭한 정치 지도자가 중심을 잡고 나라를 제대로 다스리는 이상적인 모습을 대비하여 묘사한 다음 구절은 유명하다(2.3):

정략으로 통치하고 형벌로 다스리면 사람들이 요리조리
빠져나가고 부끄러움도 모르게 되지만, 덕으로 통치하고
예법으로 다스리면 부끄러움을 알게 되고 모든 게 제자리를 찾게
되지(**有恥且格**).

정치가 제대로 되면 모든 것이 제자리를 찾아 품격 있는 상태(格)로 된다는 공자의 말은 다음 구절에 나오는 "군군 신신 부부 자자

(君君 臣臣 父父 子子)”라는 설명과도 일맥상통한다(12.11):



제(齊)나라 군주 경공(景公)이 공자에게 정치에 대해 물었다.
공자: “임금은 임금답고, 신하는 신하답고, 아버지는 아버지답고,
아들은 아들답게 하는 것이지요(君君 臣臣 父父 子子).”
경공: “그렇군요! 임금이 임금 같지 않고, 신하가 신하 같지
않고, 아버지가 아버지 같지 않고, 아들이 아들 같지 않으면 비록
곡식이 있다 한들 내가 그걸 먹을 수 있겠습니까?”

“君君 臣臣 父父 子子”라는 표현은 밤하늘의 크고 작은 별들이 각
자 제자리를 찾아 흐트러짐 없이 자기 갈 길을 가는 질서 정연한 올
바른(正) 모습을 연상하게 한다. 반면에 저열한 자가 권력을 잡고
함부로 휘두르는 판이 되면, 모든 것이 뒤죽박죽 엉클어져서 불안
한 형국에 놓인다. 그런 상황에선 비록 군주가 되어본들 언제 제거
될지 모르니 ‘밥이라도 제대로 먹을 수 있겠는가’라고 제나라 경공
이 화답한 것이다.

## 정치는 바로잡는 것

정치는 “바로잡는 것”(政者, 正也)이라는 공자의 말도 논어에 수록
되어 있다(12.17). “명칭부터 바로잡겠다”는 공자의 정명(正名)론
또한 올바른 정치가 무엇인지를 설명하는 과정에서 나온 말이다
(13.3):

“위(衛)나라 군주가 선생님을 대우하여 정치를 맡기면 선생님은
먼저 뭐부터 하실 건가요?”라고 자로가 물었다.
선생님: “반드시 명칭부터 바로잡아야지(必也正名乎)! (…)
명칭과 실질이 서로 들어맞지 않으면 말이 꼬이고, 말이

꼬이면 되는 일이 없고, 되는 일이 없으면 예법과 음악(禮樂)이 흥하지 못하고, 예법과 음악이 흥하지 않으면, 형벌이 빗나가고(刑罰不中), 형벌이 빗나가면 백성들이 어디에 손발을 둬야 할지 모르게 되지.”

능력도 안목도 없는 자가 ‘장관’이니, ‘법관’이니 하는 높은 자리를 차지하고 막중한 권한을 함부로 행사하면 결국 그 고매한 명칭을 더럽히는 꼴이 된다. 이렇게 되면 사람들이 정부의 권위를 우습게 알며 냉소적으로 될 것이다. 제대로 된 정치는 제대로 된 인재를 적재적소에 기용하는 데서 출발해야 한다는 것이 ‘정명론’의 현실적 의미라고 볼 수 있다.

## 정치는 올바른 인재를 쓰는 것

올바른 사람을 기용하여 올바르지 않은 자들을 쳐내면 사람들이 복종하고, 올바르지 않은 자를 기용하여 올바른 사람을 쳐내면 사람들이 복종하지 않을 것이라는 공자의 말(2.19, 12.22)은 제대로 된 인재를 기용하는 것이야말로 올바른 정치의 핵심이라는 점을 보여준다.

논어 제2편에는 인재를 기용하려는 자와 인재로 기용되기를 바라는 자가 모두 참고해야 할 구절들이 모여있다. 목표 달성을 위해 어떤 수단을 동원하는지, 어떤 이유로 그렇게 행동하는지, 뭘 편하게 여기는지를 잘 살펴보면 그 사람됨을 파악할 수 있다는 구절(2.10), 군자는 공평하여 치우침이 없지만, 소인배는 치우쳐 있어 공평하게 처사하지 않는다는 구절(2.14), 얼핏 보면 바보처럼 별 반응을 보이지 않는 사람일지도 그 사람의 실세 행동을 잘 관찰해 볼 필요가 있다는 구절(2.9) 등은 사람을 기용하는 처지에 있는 자가 특히 관심을 가져야 할 구절들이다.

한편, 군자는 아무거나 담아도 되는 그릇처럼 굴면 안 된다는 구절(2.12), 말부터 늘어놓을 것이 아니라 행동과 실천을 우선시해야 한다는 구절(2.13), 배움과 생각을 병행해야 그릇된 견해나 위태로운 입장을 피할 수 있고, 이례적이고 극단적인 견해는 해로운 뿐이라는 구절(2.15, 2.16), 많이 듣고 보고 배워서 말과 행동이 신중하게 되면 발탁될 기회가 생길 수 있다는 구절(2.18), 사람됨이 믿음직하지 않으면 누구도 기용하지 않을 것이라는 구절(2.22) 등은 인재로 쓰여지기를 희망하는 자들이 명심해야 한다.

## 종법 봉건 제도에서 효(孝)가 가지는 정치적 의미

정치와 관련된 구절들이 주로 수록된 제2편에는 효(孝)에 관한 구절이 많이 등장한다.[9] 공자의 사상 체계에서 효는 정치와 밀접한 관련이 있었음을 짐작하게 한다.

고대 주나라 왕실은 혈족들에게 제후의 작위를 수여하고 이들로 하여금 제후국을 통치하도록 했고, 제후들은 다시 자신의 혈족들을 경대부(卿大夫)로 대우하고 영지를 나누어 주고 통치하도록 했다. 혈족들 간의 서열을 규정한 것이 종법(宗法)이었다. 종법으로 정해진 혈족들 간의 위계질서에 기반한 주나라 종법 봉건 제도 하에서 주왕실과 봉건 제후들은 가족 관계, 혈연 관계로 연결된 사이였다. 제후국 내 고위 귀족들과 제후 간의 관계 역시 계약이나 친분 관계가 아니라 혈연 관계와 가족 관계에 바탕을 두고 있었다. 공자는 이러한 종법 봉건적 통치 질서가 아직 사라지지 않고 남아 있던 시절에 살았던 사람이다.

당시 최상층 지배 계층 내에서 부자 간의 불효나 형제 간의 반목은 가족 내부의 사적인 문제에 그치는 것이 아니라 제후국 상호 간 또는 제후국과 주나라 왕실 간의 외교적, 군사적 갈등과 무력 충돌로 직결되는 문제였음을 이해할 필요가 있다. 제후국 내 고위 귀족들과 제후 간의 갈등과 무력 충돌 역시 혈족 간의 갈등일 수밖에 없었던 시절이었다. 지배계층의 가족 질서와 국가의 통치 질서는 분리 불가능했다는 뜻이다. 효심과 우애가 없어지면 반란이 일어나고(作亂) 하극상(犯上)이 벌어진다는 유자(有子)의 설명(1.2)은 혈연으로 얽힌 당시의 통치 구조를 염두에 두어야 제대로 이해할 수 있다. 유자는 권력의 정당성과 통치 질서가 혈연 관계와 가족 질서로 지탱되던 종법 봉건 제도 최상부 구성원들이 당연하게 받아들였던 가족 윤리와 통치 질서의 밀접한 상관 관계를 한치의 과장도 없이 정확하게 말한 것이었다. 혈연 관계, 가족 관계와 무관한 정치적, 군사적 반란이나 외교적 갈등은 있을 수가 없던 시대였다는 점을 기억할 필요가 있다.

이런 시대적 상황에서 거론되는 효(孝)와 제(弟)는 가족 윤리임과 동시에 정치 질서와 통치 권력의 정당성을 뒷받침하는 것이었다. 특히, 다음 구절에서 보듯이 아버지의 '사망 후'에까지 거론되는 孝는 일반인들의 사적(私的) 윤리에 관한 문제가 아니라 통치권을 상속받아 계승한 새 통치자가 자기 권력의 정당성을 종전 통치자(아버지)에 대한 '孝'를 기반으로 삼아 인정받는 (公과 私가 결합된) 가족 정치적 문제임을 보여준다(1.11):

> "아버지가 살아 계실 때는 그 뜻을 살피고, 돌아가신 후에는
> 생전의 행적을 살펴봐야 해. 아버지가 채택한 제도를 삼 년간
> 변함없이 유지한다면(三年無改於父之道) 효심이 있다고 할
> 만하지."[10]

논어의 또 다른 구절에는 아버지가 채택한 제도를 바꾸지 않는다라는 말이 무슨 뜻인지 더 상세히 설명되어 있는데, "아버지가 거느리던 신하들을 교체하지 않고, 아버지가 채택한 정책을 변경하지 않는다(不改父之臣與父之政)"는 뜻임을 알 수 있다(19.18). 논어에는 우(禹) 임금이 귀신에게도 효성이 지극했다(致孝乎鬼神)는 구

절도 있는데(8.21), 이 또한 돌아가신 선왕들에 대한 효(孝)로써 우임금이 행사하는 통치권의 정당성이 확보된다는 뜻이다.

　　전임 통치자가 사망하고 후손이 통치권을 상속하는 정권 교체기는 반란이나 혼란의 위험이 특히 높은 기간이다. 새롭게 권력을 거머쥐게 된 후손은 이 기간 동안에는 업무 파악에 집중하고 기존 정책과 제도를 유지 계승하는 데 주력하는 것이 옳다. 스스로의 통치 경험이 축적되지도 않았고, 자신의 통치 기반이나 인적 네트워크가 공고하게 확보되지도 않은 시점에서 성급히 개혁과 변화를 시도하면 위험해질 수 있다. 통치권 상속 과정에 불만과 논란이 있었던 경우라면 더더욱 그러하다. 논어에 수록된 또 다른 구절은 이 점을 더욱 상세히 다음과 같이 설명한다(14.43):

자장이 "옛 문헌(書)에 보면, '고종(高宗)이 상을 당했을 때 삼 년간 말을 하지 않았다(高宗諒陰 三年不言)'는 구절이 있는데, 이게 무슨 뜻인가요?"라고 하자 선생님이 이렇게 말했다. "하필 고종뿐이겠느냐? 옛날의 통치자들은 모두 그랬지. 군주가 사망하면 모든 관료들은 재상에게 업무를 보고하고 그의 지시에 따라 업무를 수행하게 되는데 이 기간이 삼 년이라는 것이지."[11]

군주의 사망으로 새롭게 즉위하게 된 후손이 당장 정사에 직접 개입하는 것이 아니라, 선친을 보좌하던 재상으로 하여금 3년간 통치를 대행하게 함으로써 통치 스타일이나 정책의 계속성을 유지해야 한다는 것이다. 새로 즉위한 군주는 그러한 정권 이양 기간을 거친 뒤 통치의 전면에 등장하는 것이 원칙적으로 옳다는 말이다.

　　물론, 예외도 있을 것이다. 아버지가 거느리던 신하들이 사악하고, 아버지의 정책이 옳지 못한 경우에도 통치권을 물려받은 후손은 '효심을 발휘하여' 3년 동안은 아버지의 신하와 아버지의 정책을 그대로 유지해야 할까? 위(魏)나라의 하안(何晏; 195-249)은 《논어집해(論語集解)》에서 "아버지의 삼년상 중에는 아버지의 신하나 아버지의 정책이 비록 잘못된 것일지라도 차마 그것을 개정하지 못한다”고 설명했고, 《논어주소(論語注疏)》는 이 설명을 그대로 반복한다. 주희는 한술 더 떠서 3년 안에 아버지의 정책이나 제도를 바꾸면 “비록 새로이 바꾼 정책이나 제도가 좋더라도 孝라고 할 수는 없다”고까지 해석한다.

효자 노릇을 하려면 못돼 먹은 신하와 나쁜 제도를 3년 동안은 억지로라도 유지해야 한다는 식으로 이 구절을 해석하는 태도는 효에 절대적 가치를 부여한 나머지 어떠한 희생이라도 감수해야 한다는 도그마에 사로잡히는 것이다. 선친 사망 후 즉위한 지 얼마 안 된 후임자가 기득권 세력의 강고한 저항을 이겨내고 인적 청산과 제도 개혁을 이루어내는 데 성공할 수 있을지 여부는 고도의 정치적 판단과 사태 파악 능력이 요구되는 실천적 문제다. 이런 문제에 대하여 3년 내에 개혁하면 ‘불효’, 3년 동안 개혁하지 않고 그대로 두면 ‘효도’라는 단순한 공식에 따라 준비된 정답이 있다고 보기는 어려울 것이다. “잘못이 있으면 주저 없이 개선하라(過則勿憚改)”는 구절이 논어에 두 번이나(1.8, 9.24) 반복되고 있다는 사실은 무시한 채, 孝가 모든 것의 근본(本)이라면서 孝 앞에는 다른 모든 가치들이 침묵하고 양보해야 한다고 믿는 ‘孝 근본주의’ 또는 ‘孝 절대주의’에 사로잡힌 논어 해석은 옳지 않다.

다행히 다산 정약용은 죽은 아버지의 정책이나 제도가 천하에 화를 끼치고 종묘를 위태롭게 한 것이라면 “물에 빠진 이를 건져 올리고 불 속에 있는 이를 구해내듯 [시급히] 고쳐야 하는 것이지, 어찌 孝를 생각하여 답습하겠는가”라는 반론을 제시하긴 했다.[12]


## 효제(孝弟)와 예법

물론 논어에는 사적(私的)인 윤리로서 효를 언급한 구절들도 있다. 이 구절들은 주로 존경과 사랑의 마음을 강조하는 데 초점이 맞춰져 있다. 부모님은 오로지 자식이 병들까 염려할 따름이라는 구절 (2.6), 물질적으로 부족함 없이 부모를 봉양하는 데 그칠 것이 아니라 존경과 사랑의 마음이 있어야 한다는 구절(2.7, 2.8) 등이 그런 예에 해당한다.

그러나 효(孝)와 제(弟)는 가족 중심의 배타적 윤리가 아니었다. 효심과 우애가 윤리적 결기의 근본 바탕이라는 제1편에 수록된 유자의 말(1.2)에 이어, 이 편에는 효심과 우애가 자기 부모, 자기 형제에만 국한된 사랑이 아니라는 점을 더욱 분명히 보여주는 구절들이 수록되어 있다. 노나라 대부 계강자가 백성들의 충심을 확보하는 방안에 대해 질문하자, 공자는 효심과 자애로움을 백성들에게 베풀면 백성들이 충심을 다하게 된다(孝慈則忠)고 설명한다(2.20). 효심과 우애를 가족 범위를 넘어서 널리 모든 사람들에게 베푸는 것이 정치라는 공자의 부연 설명도 바로 이어진다(2.21). 혈연에 구애되지 말고 온 세상 모든 올바른 사람들을 형제로 대하라 (四海之內 皆兄弟也)는 자하의 말도 논어에 수록되어 있다(12.5). 무엇보다도, "집에서는 효도하고 밖에서는 우애로 사람을 대하라 (入則孝 出則弟)"는 공자의 가르침(1.6)은 형제애가 혈연 관계로 연결된 가족 내부에서만 작동하는 편협한 개념이 아니라는 점을 보여준다. 가족뿐 아니라 모든 사람에게 우애를 베풀고 온 세상 사람들을 형제로 대우하고, 백성에게 효심과 자애로움을 두루 베풀어야 한다는 공자와 그 제자의 말은 '효제(孝弟)'가 편협한 가족의 울타리를 넘어서야 하는 보편적 가치라는 점을 웅변한다. 모든 백성을 사랑으로 대하는 것을 효(孝)라고 여기는 어법은 전국시대 저술에도 발견된다.[13]

그리고 가족 구성원 간의 사랑과 존경도 예법에 따라야 하는 것이다. 효는 윤리의 진공 상태에 놓여 있거나 예법을 초월한 절대적 가치가 아니다. 이 점은 공자가 분명히 설명한 바 있다. 노나라의 권세가 맹의자(孟懿子)가 효에 대해 묻자 공자는 "어기지 않는 것(無違)"이라고 짧게 답했다(2.5). 맹의자는 당시 정치 실세들 편에 서서 노나라 군주 소공(昭公)을 공격하는 데 가세한 자였다.[14] 효(孝)는 "어기지 않는 것"이라는 공자의 퉁명스러운 대답은 맹의자의 행적이 예법에 어긋남을 비판한 것이라고 볼 수 있다. 맹씨는 당시 노나라의 정치 실권을 장악한 세 권세 가문(계손, 숙손, 맹손)의 하나로서, 이들 세 가문의 윗대 조상들은 모두 노나라 선대 군주의 형제들이거나, 조카들이거나, 숙부들이었다. 효심과 우애의 촘촘한 그물망에서 벗어나 있는 정권 실세란 존재할 수가 없던 시절이었다.

"어기지 않는 것"이 효라는 짧은 대답을 공자는 나중에 풀어 설명하면서, 부모님이 "살아 계신 동안 예법에 따라 모시고, 돌아가시면 예법에 따라 장례를 치르고, 제사도 예법에 따르라는 것(生事之以禮 死葬之以禮 祭之以禮)"이라고 한다(2.5). 효가 무엇인지에 대한 공자의 대답은 요컨대, 예법을 어겨서는 안 된다는 것이다. 이 구절에 세 번 등장하는 예법(禮)이 모두 같은 뜻인지 다른 뜻인지는 뒤에서 좀 더 살펴보겠지만, 적어도 효(孝)가 예법을 초월한 절대적 가치가 아니라는 점은 분명하다. '효' 역시도 예법에 따라 행동해야 하는 윤리 규범이며, '효'가 예법을 벗어난 무조건적인 순종이나 가족 감싸기를 강요하는 핑계가 되어서는 안 된다는 점은 분명하다. 이 점은 제13편에서 섭공(葉公)과 공자 간에 오간 유명한 대화(13.18)를 설명하는 기회에 좀 더 논의한다.

# 3.

제사, 예식, 의전 행사의 예법

3.1 공자가 노나라 권세가 계씨(季平子)에 대해 이렇게 말했다.
"팔일무(八佾舞)를 자기 정원에서 추게 하다니. 이런 짓을 할 수
있다면 못할 게 뭐가 있겠니?"

3.2 노나라의 세 권세가에서는 제사를 마치고 제기를 치울 때
옹(雍)이라는 노래를 불렀다. 선생님이 이렇게 말했다. "'제후들이
보좌하니 천자께서 돌보이시네'라는 대목이 있는 노래를 어찌 세
권세가의 집에서 함부로 부를 수 있지?"

3.3 "사람이 돼먹지 않으면 예법은 어떻게 되겠니? 사람이 돼먹지
않으면 음악은 또 어떻게 되겠니?"

3.4 임방(林放)이 예법의 근본에 대하여 묻자 선생님이 이렇게 말했다.
"대단한 질문이군! 예법은 사치스럽기보다는 검소해야 하고,
상(喪)을 당해서는 묘 단장에 골몰하기보다는 숙연한 슬픔이
있어야 해."

3.5 "오랑캐들에게는 임금이라도 있지만, 중국의 여러 제후국에는
임금도 없어."

3.6 노나라 권세가 계씨가 여(旅) 제사를 태산에 가서 거행했다.
선생님이 염유(冉有)에게 "네가 말릴 수 없었니?"라고 했다.
염유: "할 수 없었습니다."
선생님: "아, 정말로 태산이 임방보다도 못하단 말인가?"

3.7 "군자는 다툴 일이 없겠지만 꼭 다퉈야 한다면 활쏘기하듯 해야
해. 공손히 양보하면서 사대에 오르고, 내려와서는 상대에게 술을
권하지. 이렇게 싸워야 군자답지."

"옛 노래에 보면 '애교스런 미소가 이쁜 그대, 아리따운 눈망울이 또렷한 그대, 순백에 나타나는 영롱한 무늬'라는 게 있는데 이게 뭔 말이에요?"라고 자하(子夏)가 물었다.

선생님: "흰색이 마련된 후에야 그림을 그린다는 거지."

자하: "예법(禮)은 나중 일이란 말이군요?"

선생님: "나를 일깨우는 자는 상(商, 자하)이로구나! 이제 너랑 옛 노래 이야기를 할 수 있겠구나."

"하(夏)나라의 예법에 대해서는 이야기할 수 있지만, 기(杞)나라의 경우는 증거가 부족해. 은(殷)나라의 예법에 대해서는 이야기할 수 있지만, 송(宋)나라의 경우는 증거가 부족해. 문헌이나 박식한 사람이 부족하기 때문이지. 그게 충분했다면 증거를 대며 이야기할 수 있겠지."

"체(禘) 제사에서 땅에 술을 따르는 단계 이후에 진행되는 내용은 보고 싶지가 않아."

체 제사에 대해서 누가 질문하자 선생님이 이렇게 말했다. "모르겠습니다. 그것을 설명해 줄 수 있는 사람은 온 천하를 이렇게 보여줄 수 있겠지요." 선생님이 자기 손바닥을 내보이면서 말했다.

제사는 존재감 있게 거행하는 것이다. 신에게 제사를 올릴 때는 신이 마치 있는 것처럼 해야 한다. 선생님이 이렇게 말했다. "내 마음이 제사와 함께하지 않으면 제사를 안 지낸 것과 같아."

3.8

3.9

3.10

3.11

3.12

3.13 　위(衛)나라 대부 왕손가(王孫賈)가 "깊숙한 안방 신에게 잘 보이는 것보다 가까운 부뚜막 신에게 잘 보이는 것이 낫다고 하던데, 무슨 말인가요?"라고 묻자 선생님이 이렇게 말했다. "그렇지 않습니다. 하늘에 죄를 지으면 빌 곳이 아예 없어져요."

3.14 　"주(周)나라는 그 전의 두 왕조(하, 은)를 거울로 삼았지. 문화가 아주 대단했지! 나야 주나라를 따를 뿐."

3.15 　선생님이 국가의 주요 제사를 모시는 태묘에 들어가 온갖 것을 일일이 물었다. 어떤 사람이 이렇게 말했다. "누가 저 사람이 예법을 잘 안다고 했지? 태묘에 들어가더니 온갖 것을 일일이 묻더군." 선생님이 이걸 듣고 이렇게 말했다. "이게 예법이야."

3.16 　"활쏘기는 과녁을 뚫는 것을 위주로 하지 않아. 힘쓰는 것으로 보자면 사람마다 결과에 차이가 있지. 옛날에는 그랬어."

3.17 　자공이 월초에 지내는 제사에 양(羊)을 쓰는 것을 그만하려 하자, 선생님이 이렇게 말했다: "사(賜, 자공)야, 너는 그 양을 사랑하는구나, 나는 그 예법을 사랑한다."

3.18 　"예법을 다해 임금을 모시면 사람들은 그걸 아첨이라고 여기지."

3.19 　노(魯)나라 군주 정공(定公)이 "임금이 신하를 부리는 방법, 신하가 임금을 섬기는 방법은 무엇인가?"라고 묻자 공자가 이렇게 대답했다. "임금은 신하를 예법에 따라 부려야 하고, 신하는 임금을 충심으로 섬겨야 합니다."

3.20 　"관서(關雎)라는 노래는 즐거움이 심하지도 않고, 애틋함이 과하지도 않아."

노나라 군주 애공(哀公)이 사(社) 제사에 대해서 재아(宰我)에게
물어보자 재아가 이렇게 대답했다. "하나라 사람들은 제사터
주위에 소나무를 심었고, 은나라 때에는 잣나무를 심었으며,
주나라 때에는 밤나무(栗)를 심었는데, 백성들이 덜덜 떨도록(戰栗)
하려고 그랬다고 합니다." 선생님이 이걸 듣고 이렇게 말했다.
"끝난 일에 대해 이러쿵저러쿵하지 말고, 다 된 일을 두고
이래라저래라하지 말고, 이미 지나간 과거를 헐뜯지 말아."

3.21

---

"관중(管仲)은 그릇이 작아"라고 선생님이 말하자 어떤 제자가
"관중이 검소했다는 뜻입니까?"라고 물었다.
선생님: "관씨는 집이 세 채나 있었고 집마다 직원과 하인들을
갖춰두고 있었는데 어떻게 검소했겠어?"
제자: "그렇다면 관중이 예법을 알았다는 뜻인지요?"
선생님: "나라의 임금만이 나무장식문을 둘 수 있는데 관씨도
나무장식문을 가지고 있었고, 나라의 임금들이 서로 접대할 때
사용하는 잔 받침대를 관씨도 쓰고 있었어. 관씨가 예법을 안다면
개나 소나 예법을 알게?"

3.22

---

선생님이 노나라의 음악 총감독과 대화하던 중 이렇게 말했다.
"음악은 좀 알 것 같아요. 시작이 되면 여러 구성 부분이 함께
일어나고, 그 뒤로 순수하게 이어지고, 환하게 밝아지다가, 길게
여운을 남기며 마무리가 되지요."

3.23

---

위나라 의(儀) 지방의 국경 관리가 공자를 만나겠다면서 이렇게
말했다. "훌륭한 인물이 이 지방에 왔는데 내가 만나보지 못한
적은 없었습니다." 수행원의 소개를 받아 공자를 만나고 나오면서
그 사람이 이렇게 말했다. "여러분들, 상황이 좋지 않아 망명길에
올랐다고 우울해 하지 마세요. 세상이 엉망이 된 지 오래지만,
하늘은 장차 선생님이 세상을 이끄는 목탁이 되도록 할 겁니다."

3.24



예법 · 의전 행사의 · 제사, 예식, · 제3편

3.25　소(韶)라는 노래에 대해서 선생님이 이렇게 말했다. "완전히 아름답고 완전히 좋군." 무(武)라는 노래에 대해서는 이렇게 말했다. "완전히 아름답긴 하나, 완전히 좋지는 않아."

3.26　"높은 자리를 차지하고 있으면서 관대하지 못하고, 짐짓 예법을 지킨다면서 불경스럽게 행동하고, 상을 당해서도 슬픔이 없는 것들을 내가 어떻게 눈뜨고 봐줄 수 있겠니?"

제사와 예식의 절차와 규칙을 예(禮)라고 불렀다는 점은 새로울 것이 없다. 옛 문헌에도 이런 뜻으로 禮가 언급되는 구절들이 발견된다. 순 임금이 예법(禮)을 정비하여 옥(玉)과 비단(帛), 살아 있는 희생물과 죽은 희생물을 바치는 격식과 절차를 가다듬었다는 구절, 소와 양을 잡아 제수를 마련하여 제사를 지내고 종(鍾)과 북(鼓)을 울려 조상신이 오고 가는 것을 알린다는 옛 노래 등이다. 이런 문헌들은 예법과 음악이 제사와 예식 절차의 핵심적 부분이었다는 점을 말해준다.[15]

제사는 국가 차원의 제사와 개인들이 지내는 제사로 나누어 볼 수 있다.

나라에 큰일이 있을 때 제후국 우두머리가 하늘에 계신 상제(上帝)에게 지내는 제사 또는 명산대천을 돌아다니며 산천에 지내는 제사를 여(旅) 제사라고 한다.[16] 노나라의 권세가 계씨가 (제후도 아닌 주제에) 태산에 가서 여(旅) 제사를 함부로 지내는 어지러운 세태를 한탄하는 구절은 종법 봉건 제도의 위계질서가 무너져 내린 시대상을 보여준다(3.6).

체(禘) 제사는 종묘에 지내는 봄철 제사를 말하는데, 공자가 살았던 시절에는 이미 그 정확한 의미를 이해하거나 설명하기 어려울 정도로 오랜 옛날부터 계속되어 왔던 전통적 제사였음을 알 수 있고(3.11), 당시의 체 제사는 예법 역사에 정통한 공자의 눈에는 지켜보기 거북할 정도로 변질된 형태로 거행되고 있었음을 짐작하게 하는 구절도 있다(3.10).

국가의 주요 제사가 행해지는 태묘에 와서 공자가 온갖 질문을 했던 사례(3.15) 역시, 아득히 오랜 옛날부터 전해오는 여러 제사 격식과 절차의 상세한 의미를 샅샅이 이해하는 것은 그 당시에도 이미 어려운 일이었다는 점을 보여주기도 한다(그 일을 업으로 하는 사람을 제외하고는).

사(社) 제사는 토지 신에게 바치는 제사이기도 하지만, 주나라 시대에는 인간을 죽여 제수로 사용하던 제사였다.[17] 하지만 공자가 살던 시대에는 인간 희생은 대부분 중단되었고, 몇 백 년 또는 천년 이상 지나간 과거 사람들이 어떤 이유로 인간을 죽여 제수로 사용했는지를 설명하거나 이해하기는 어려운 시절이 되었음을 보여주는 구절도 있다(3.21).

부모님이 돌아가신 후 장례와 제사를 예법에 따라 거행해야 한다는 구절(2.5), 성인식에 사용하는 모자를 무슨 재질로 만드는 것이 예법에 맞는지를 거론하는 구절(9.3)은 국가 차원의 제사뿐 아니라, 개인들이 삶의 여정에서 치르게 되는 각종 예식과 제사의 절차와 규칙 또한 예법의 일부였음을 보여준다.

## 의전 행사의 예법

제사나 예식뿐 아니라, 일정한 지위에 있는 자가 공식적 업무를 수행하는 상황에서 격식을 갖추어 상대를 맞이하거나 연회를 열거나 행사를 치르는 데 적용되는 의전(儀典)의 규칙과 절차 또한 예법(禮)에 해당한다. 예를 들어, 공자가 52세 때 노나라 제후 정공(定公)의 의전비서관(相禮)을 대행하는 지위에서 제(齊)나라 제후 경공(景公)과 노나라 제후 정공의 정상회담을 준비하고 보좌한 사례는 사마천이 《사기(史記)》 공자세가(孔子世家) 편에 상세히 기록하여 남겨두었다. 양 제후국 정상이 격식을 갖추어 상대방을 맞이하는 외교적 의전 절차를 사마천은 '회우지례(會遇之禮)', 즉, 정상이 만나는 예법이라고 적고 있다.

통치자가 백성을 대할 때 성대하고 위엄 있는 모습을 연출할 수 있도록 하는 것이 의전 예법이다. 의전 절차와 규칙은 정부의 권위와 존재감을 시각적, 직관적으로 사람들에게 각인시키는 기능을 수행한다. 의전 예법은 통치의 위계질서와 외교 선린 관계에서 당사국의 위상과 권한의 크고 작음을 상징적이고 극적으로 보여주도록 설계되는 것이다. 제후국 노나라의 대부(大夫)에 불과한 계씨(季平子)가 자기 집에서 연회를 열면서 무용수 64명이 여덟 줄로 서서 추는 팔일무(八佾舞)를 선보이며 오만방자하게 구는 상황에 대하여 공자가 "이런 짓을 할 수 있다면 못할 게 뭐가 있겠니"라면서 분통을 터뜨린 이유도, 계평자의 행위가 통치의 위계질서를 시각적, 직관적으로 연출하는 의전 예법의 중요한 기능을 손상시키기 때문이다(3.1). 올바른 의전 예법에 따르자면 천자(天子), 즉, 주나라의 왕실에서나 팔일무를 거행할 수 있고, 제후국 군주는 6열로 추는 6일무를, 계씨와 같은 대부는 4일무를 추도록 하는 것이 옳다는 설명은 여러 주석가들이 제시하고 있다.

　　제후국 군주의 공식 행사가 계씨와 같은 정권 실세의 사적 연회보다 초라하게 되는 사태(3.1), 대부나 재상의 사저가 최고 통치자인 제후의 관저에 버금가는 수준으로 화려하게 장식되는 사태(3.22, 5.17), 권세가들이 자기 집에서 지내는 제사에서 주나라 왕실 제사에 사용되는 노래를 함부로 부르는 사태(3.2)는 의전 예법의 파산을 의미한다. 이럴 경우 백성이 정부의 권위를 존중하지 않게 될 위험이 생긴다. 권세가들이 정부의 권위를 무시하고 통치의 위계질서를 망가뜨리는 당시 세태는 임금도 없는 무정부 상태와 다를 바 없다는 공자의 한탄(3.5)은 이런 맥락에서 이해될 수 있다.

　　공자의 제자 유자(有子)가 말한 다음 구절도 권한의 크고 작음, 지위의 높고 낮음을 직관적, 상징적으로 보여주는 의전 예법의 역할을 염두에 둔 것으로 보인다(1.12):

> 예법의 용도 중에는 사람들이 모이고 화합하도록 하는 것이 귀중하다. 선왕들의 제도는 이것을 아름다운 경지로 승화해서 작고 큰 것이 모두 여기서 비롯된다(小大由之).

다음 구절에 나오는 계강자(季康子)는 계평자(季平子)의 손자이

고, 기원전 492년부터 24년간 노나라의 정치에 상당한 영향력을 행
사했었다. 공자는 계평자에 대해서는 천자의 의전을 함부로 채용
하여 팔일무를 자기 집 정원에서 추게 한 무례하기 짝이 없는 정권
실세로 규정하고 분노했지만, 그의 손자 계강자와는 일정한 협력
관계를 유지했다(2.20).

> 노나라 대부 계강자(季康子)가 "백성들이 경건하고 충성스러운
> 마음으로 열심히 일하게 하려면 어떻게 해야 하는가요?"라고
> 묻자 선생님이 이렇게 말했다. "장중한 모습으로 백성을 대하면
> 경건하게 되고(臨之以莊則敬), 효심과 자비심을 베풀면 충심을
> 다하게 되고, 뛰어난 사람들을 기용하여 능력이 모자라는 이들을
> 가르치면 열심히 하게 될 것입니다."

논어의 다른 편에도 "장중하지 않은 모습으로 백성을 대하면 사람
들이 정부의 권위를 존중하지 않게 된다(不莊以涖之 則民不敬)"는
말이 반복된다(15.32). 장중하고 성대한 모습으로 백성을 대할 수
있게 하는 것이 바로 의전 예법이다.

## 예법과 돈: 공자의 검소함과 묵자의 극단

장례, 제례, 혼례 등 사람들이 살아가면서 거행하는 각종 예식을 격
식에 맞게 치르려면 돈이 든다. 예식 예법을 준수하고는 싶지만 돈
이 없어서 생기는 고민과 갈등은 공자가 가깝게 여겼던 제자 안연
의 장례식과 관련하여 이렇게 불거져 나왔다(11.7):

> 안연이 죽었다. 안연의 아버지 안로(顏路)가 신생님의 수레를
> 팔아 그 돈으로 겹관을 해달라고 부탁했다. 선생님이 이렇게
> 말했다. "재주가 있건 없건, 나도 내 아들 이야기를 할게요.

내 아들 리(鯉)가 죽었을 때 나는 겹관 없이 홑관으로 장례를
지냈어요. 내가 수레를 팔고 걸어 다니면서까지 겹관을 해주려
하지는 않았어요. 높은 사람들을 수행해야 하는 내가 걸어다닐
수는 없잖아요."

안연은 누구보다도 가난했고(6.9) 아들을 잃은 안연의 아버지 또
한 무일푼이었으므로 궁여지책으로 공자에게 수레를 팔아 그 돈
으로 아들 장례를 예법에 맞게 치르도록 도와줄 수 있는지 문의하
는 절박한 상황이 된 것이다. 가난과 예식 예법 간의 불가피한 충
돌 상황에서 공자는 가난한 사람들 편에 섰던 것은 분명하다. 제자
임방(林放)이 예법의 근본에 대해서 질문했을 때 공자는 자기 형편
에 안 맞는 과도한 지출을 해서라도 예법을 지키려는 시도를 '사치
(奢)'로 규정하며, 그런 외형적 사치에 골몰하기보다는 진정한 마
음이 더 중요하다는 입장을 분명히 한다(3.4). 겹관을 하네 마네 하
는 것도 경제적 여력이 없는 자에게는 사치일 뿐이다. 묘 단장에 필
요한 돈 마련에 골몰한 나머지 아들을 잃은 슬픔마저 제대로 느끼
지 못한다면, 그거야 말로 예법의 근본(本)을 놓치는 어리석은 일
이 될 것이다.
　　성인식에 관한 다음 구절도 비슷한 내용이다. 성인식에 사용
되는 모자(치포관; 緇布冠)는 삼베로 만드는 것이 예법이었지만,
공자가 살던 시대에는 비단이 더 저렴했던 모양이다. 그래서 성인
식에 사용하는 모자를 비단으로 만들어도 되는지 논란이 있었는데
이 문제에 대한 공자의 입장은 다음 구절에서 드러난다(9.3):

성인식에 사용하는 모자는 삼베로 만드는 것이 예법(禮)인데
요즘에는 비단으로 만들고 있지. 그게 검소하니 나도 많은
사람들이 하는 대로 따르겠어.

예법에 어긋나는 관행을 비판하거나 한탄하지 않고 선선히 받아들



예<br>법　｜　의<br>전<br>행<br>사<br>의　｜　제<br>사,<br>예<br>식,　｜　제<br>3<br>편

이는 공자의 태도를 보여주는 이런 구절, 사치하기보다는 검소한 것이 예법의 근본이라는 공자의 설명(3.4)만을 보면 공자가 허례허식을 배격하고 검소한 실용주의 입장을 취했다고 오해할 수도 있다. 공자가 죽은 후 얼마 안 가 등장한 묵자는 바로 이런 실용주의적 측면만을 극도로 강조한 나머지 성대한 장례 의식 따위는 필요 없고, 짐승이 사체를 뜯어먹지 않고 악취가 풍기지 않을 정도로만 관과 수의를 마련하여 묻으면 된다는 식의 극단적 입장을 취하기도 했다.[18] 묵자의 주장은 의전이나 예식에 돈과 시간과 인력을 허비하지 말고 실질적으로 사람들의 후생에 도움이 되는 생산 활동에 집중해야 한다는 것이다. 그러나 그런 사회는 물질적으로는 풍요로울지 모르겠으나 문화적으로는 초라함을 면하기 어려울 것이다. 동물의 세계에선 먹고사는 생존의 문제가 최대의 관심사이겠지만, 인간의 경우 먹고사는 데에만 골몰한다면 '인간답게' 제대로 사는 것이 아니다.

## 예법으로 장식되는 찬란한 문화

성대하게 치러지는 제사와 예식, 그리고 장중한 의전 절차는 그 나라의 문물과 문화를 찬란하게 만드는 장식적 역할을 수행한다. 공자는 실질(質)만을 강조한 것도 아니고, 화려하고 성대한 문화(文)만을 강조한 것도 아니다. 탄탄한 실질과 융성한 문화가 겸비되어야 인간답게 제대로 사는 것이라는 게 공자의 입장이다(6.16):

> 실질(質)을 앞세워 문(文)을 소홀히 하면 촌스럽게 되고,
> 문(文)을 앞세워 실질을 소홀히 하면 그저 고문서나 다루는
> 사관(史官)일 뿐이지. 문화뿐 아니라 실질까지 빠짐없이
> 갖춰져야 비로소 군자라 하겠지.

'문(文)'은 옛 문헌을 뜻하기도 하고, 문헌에 기록되어 전해지는 제사, 예식, 의전 예법과 음악 등을 모두 포함한 문화(文化)를 뜻하기도 한다. '문(文)'이 문헌이나 글월만을 뜻하는 것이 아니라, 세련된 문물 제도와 예법, 음악을 모두 포함한 문화를 뜻한다는 점은 다음 구절에서도 나타난다(3.14):

> 주나라는 그 전 두 왕조를 거울로 삼았어. 문화가 아주
> 찬란했지(郁郁乎文哉)! 나야 주나라를 따를 뿐.

주나라의 예법과 문물 제도는 하(夏)나라(기원전 2070-1600)와 은(殷)나라(기원전 1600-1046) 문물 제도의 장단점을 적절히 감안하여 더욱 발전된 것이라는 것이 공자의 인식이다(2.23, 3.14). 12세기의 유학자 주희는 예(禮)를 "하늘의 이치를 담은 문명 제도의 매듭이고, 인간이 행하는 의식(儀式)의 규칙"이라고 설명하는데, 이 설명도 제사, 예식, 의전 예법을 주로 염두에 둔 것이다.[19] 과거 왕조의 예법이 어떠했는지는 문헌이나 박식한 사람들의 증언을 토대로 설명이 가능하고(3.9), 매 왕조는 그 전 왕조의 예법을 기반으로 추가되거나 폐지되는 부분이 있다는 것이 공자의 생각이다(2.23). 이러한 공자의 인식은 문명과 문물 제도를 지탱하고 아름답게 장식하는 것이 예법이라는 문명사적 발상을 깔고 있다.

다양한 예식과 제사, 성대한 의전 절차 등이 인간 사회의 찬란한 문화를 이루는 것이기 때문에 공자는 형편이 넉넉한 사람은 성대하게 격식을 차려 예식과 제사를 제대로 거행해야 한다는 입장이다(1.15):

> "가난해도 비굴하지 않고 부유해도 교만하지 않다면,
> 어떤가요?"라고 자공(子貢)이 묻자 선생님이 이렇게 말했다.
> "그럴 수 있겠지. 하지만 가난해도 즐겁고, 부유하면서 예법도
> 기꺼이 지키는 것만은 못하지."



예법 │ 의전 행사의 │ 제사, 예식, │ 제3편

돈도 있고 형편도 돌아가는 자들이 지갑 열기가 싫어서 제사나 혼례 등 각종 예식과 행사를 간소하게 치름으로써 예법을 무시한다면, 그것은 야만이고 탐욕스러운 구두쇠 짓이다. 공자는 부유한 자가 인색하게 구는 것을 무엇보다 경멸했다(8.11):

주공(周公)처럼 훌륭한 재능이 있어본들, 교만하고 구두쇠처럼 인색하게(吝) 굴면 나머지는 봐줄 것도 없어.

## 예법과 음악의 또 다른 의미

많은 사람들이 참여하는 장중하고 아름다운 행사는 음악 없이는 완성될 수 없다. 음악은 제사, 예식, 의전 절차에 따라 거행되는 행사의 중요한 요소이다. 예법에 관한 구절을 주로 모아둔 이 편에는 음악에 관한 구절도 자주 등장한다. 관저(關雎)는 예로부터 전해 내려온 여러 지역의 민요와 궁중에서 연주된 노래 가사 등을 모아둔 시(詩)라는 문헌 - 나중에 이 문헌은 《시경(詩經)》이라 불리게 된다 - 의 첫머리에 수록된 노래 가사이다. 남녀 간의 사랑을 묘사하는 이 노래에 대해서 공자는 "즐거움이 심하지도 않고, 애틋함이 과하지도 않다(樂而不淫 哀而不傷)"고 평하고(3.20), 노나라의 음악 총감독 지(摯)의 지휘로 연주된 관저의 마지막 장이 "벅찬 감동으로 귓전을 맴돈다"면서 그 아름다움을 생생하게 묘사한다(8.15). 과거부터 전해 오는 악곡인 소(韶)에 대해서는 "완전히 아름답고 완전히 좋다(盡美矣 又盡善也)"며 극찬할 뿐 아니라(3.25), 제(齊)나라에 체류 중일 때 그곳 악사들이 연주하는 소(韶)를 듣고는 석 달간 고기 맛을 느끼지 못할 정도로 충격적인 감동을 받은 나머지 "음악이 이 경지에까지 이를 수 있을 줄은 미저 몰랐다"고 고백하기도 했다(7.13).

논어 제3편에는 제사, 예식, 의전 예법에 관한 구절과 그런 행사에 사용되는 음악에 관한 구절이 주로 수록되어 있다. 제사, 예식, 의전 행사는 사람들이 참석하여 지켜보는 가운데 거행되는 것이 보통이며, 예법과 음악은 이러한 행사가 품위 있고 아름답게 치러질 수 있도록 해주는 것이다. 그러나 이 편에 수록된 다음 구절은 이 같은 외형적, 장식적 기능을 수행하는 예법은 덜 시급한 '나중 일'에 불과하다는 점을 보여준다(3.8):

> "옛 노래에 보면 '애교스런 미소가 이쁜 그대, 아리따운 눈망울이 또렷한 그대, 순백에 나타나는 영롱한 무늬'라는 게 있는데 이게 뭔 말이에요?"라고 자하(子夏)가 물었다.
> 선생님: "흰색이 마련된 후에야 그림을 그린다는 거지."
> 자하: "예법(禮)은 나중 일이란 말이군요?"
> 선생님: "나를 일깨우는 자는 상(商, 자하)이로구나! 이제 너랑 옛 노래 이야기를 할 수 있겠구나."

제사, 예식, 의전 행사가 격식과 품위를 갖추어 치러지도록 하는 예법은 나라의 문물과 제도를 '아리땁고' '영롱하고' 찬란하게 만드는 것이다. 그러나 그보다 더 중요하고 우선적으로 갖추어야 할 것이 있다. 격식과 장식을 위한 예법은 우선 순위가 덜한 '나중 일'이라는 것이다. 각종 행사를 아름답게 장식하는 예법보다 더 중요하며 그보다 먼저 갖춰져야 하는 '바탕'에 해당하는 것이 무엇인지는 뒤로 갈수록 점차 분명해지겠지만, 이 편에도 이미 다음과 같은 설명이 제시되어 있다(3.3):

> 사람이 돼먹지 않으면 예법은 어떻게 되겠니? 사람이 돼먹지 않으면 음악은 또 어떻게 되겠니?
> (人而不仁 如禮何 人而不仁 如樂何)

제사, 예식, 의전 행사를 위한 예법이나 음악과는 다른 의미의 예법과 음악이 공자에게는 오히려 더 중요했다는 사실은 그 동안 논어 해석자들이 별로 주목하지 않았다. 그러나 공자가 역점을 두어 강조하는 예법(禮)과 윤리적 결기(仁)를 올바로 이해하기 위해서는 격식과 장식을 위한 예법과는 다른 차원의 예법이 있다는 점을 기억해야 한다. 공자는 이렇게 말했다(17.11):

> 예법, 예법 그러는데, 내가 옥이나 비단 이야기하는 줄 아니?
>
> 음악, 음악 그러는데, 내가 종이나 북 이야기하는 줄 아니?

"옥이나 비단 이야기"는 제사, 예식, 의전 행사를 품위 있고 아름답게 장식하는 예법을 말하고 "종이나 북 이야기"는 그런 행사에 사용되는 음악을 말한다. 위 구절은 '예법'이라는 말이 나오기만 하면 그저 제사 예법, 예식 예법, 의전 예법이라고만 생각하고 '음악'이라는 말이 나오면 그런 행사에 사용되는 음악이라고만 생각했던, 제자들의 거듭된 오해가 있었음을 짐작하게 한다. 공자는 이 대목에서 짜증까지 낼 정도였다. 공자가 진정 강조하고자 했던 예법과 음악은 제사, 예식, 의전 행사를 위한 예법과 음악이 결코 아니라는 점을 이 구절은 강력하게 암시한다.

제사, 예식, 의전 행사와는 상관 없이, 언제 어디서나 누구나 지켜야 하는 예법은 윤리적 행동 규범으로서의 예법이다. 이런 의미의 예법에 대해서는 제12편에서 자세히 설명한다.

4.

인(仁) ― 윤리적 결기

4.1     "윤리적 결기에 터잡는 것이야말로 아름답지. 윤리적 결기에
머물지 않기로 선택하는 게 지혜로운 건가?"

4.2     "윤리적 결기가 없는 자는 가난한 삶을 오래 견디지 못하고,
즐거움을 오래 누리지도 못해. 윤리적 결기가 있는 자는 윤리적
결기를 편안히 여기고, 지혜로운 자는 윤리적 결기로 이득을 얻지."

4.3     "남을 좋아하는 것도 미워하는 것도 윤리적 결기가 있는 자만이
제대로 할 수 있어."

4.4     "진심으로 윤리적 결기에 뜻을 둔다면 나쁜 짓을 하지는 않겠지."

4.5     "재산과 높은 지위는 누구나 원하지만 옳지 않게 획득한 것이라면
거기 머물면 안 돼. 가난과 천한 지위는 누구나 싫어하지만 옳지
않게 그리된 것이라면 그걸 피하려 〔무리한 짓을〕 해서는 안 돼.
군자가 윤리적 결기를 버리면 군자라고 부를 수 있겠나? 군자는
심지어 식사 중에도 윤리적 결기에 어긋남이 없고, 아무리 급하고,
아무리 위험해도 반드시 윤리적 결기에 따라 행동하지."

4.6     "윤리적 결기를 좋아하는 사람치고 윤리적 결기가 없는 자를
미워하는 것을 나는 아직 본 적이 없어. 윤리적 결기를 좋아하는
사람은 그걸 대단한 것으로 떠받들지 않아. 윤리적 결기가 없는
자를 미워하는 이는 그게 마치 윤리적 결기인 것처럼 행세하지.
윤리적 결기가 없는 자를 이용해서 자기 자신을 돋보이게 하려
하지 마. 누구라도 온 힘을 다하면 하루쯤은 윤리적 결기를 가질
수 있지 않겠니? 그럴 힘이 모자라는 사람은 아직 본 적이 없어.
그런 자가 실제로 있는지 몰라도 난 아직 본 적이 없어."

"사람이 저지르는 잘못은 자신이 어떤 집단에 속해 있는지에               4.7
달려있어. 잘못을 살펴보면 그 사람됨을 알 수 있지."

"아침에 깨달음을 얻으면, 저녁에 죽어도 괜찮아."               4.8

"옳은 길에 뜻을 둔 선비라면서 초라한 옷과 거친 음식을 부끄럽게               4.9
여긴다면 그런 자와는 말도 섞지 마."

"군자는 천하로 나아가야지. 꼭 이래야 한다는 것도 없고, 이러면               4.10
안 된다는 것도 없어. 옳음이 그와 함께할 거야."

"군자는 어떻게 하면 미덕(德)을 가질지를 늘 생각하고, 소인은               4.11
어떻게 하면 땅을 가질지를 늘 생각하지. 군자는 형벌을 늘 염두에
두고, 소인은 혜택을 늘 염두에 두게 마련이야."

"이득을 노리고 행동하면 원성을 많이 사게 돼."               4.12

"예법과 겸양으로 나라를 이끈다면 무슨 문제가 있겠니? 예법과               4.13
겸양으로 나라를 이끌지 못하면 예법은 어떻게 되겠니?"

"지위가 없다고 고민하지 말고, 일어설 기반을 어떻게 마련할지               4.14
고민해. 사람들이 몰라준다고 고민하지 말고, 알아줄 만하도록
노력해 봐."

선생님이 "삼(參, 증자)아, 내가 추구하는 길은 일관돼 있어"라고               4.15
하자, 증자가 "그렇습니다"라고 대답했다. 선생님이 나가자
제자들이 "그게 무슨 말이지?"하고 물었다. 증자가 "선생님이
추구하시는 길은 충직함과 남의 마음을 헤아리는 것이야"라고
했다.



제4편 | 인(仁) | 윤리적 결기

4.16   "군자는 옳은 게 뭔지 잘 알고, 소인은 이로운 게 뭔지 잘 알지."

4.17   "뛰어난 사람을 보면 그 사람과 나란히 되도록 노력하고, 못난
사람을 보면 〔자기도 그렇지 않은지〕 스스로 반성해야 해."

4.18   "부모님을 모실 때는 잘 살펴가며 자기 의견을 조심스럽게
말씀드려야 해. 네 말을 받아들이지 않을 뜻이 분명하면 그
의중을 존중하고 거스르려 하지 마. 열심히 노력하되 원망하지 마."

4.19   "부모님이 계신 중에는 멀리 여행하지 마. 여행할 때는 반드시
행선지를 말씀드려."

4.20   "아버지의 통치 방식을 삼 년 동안 바꾸지 않으면 효심이 있다고
할 수 있겠지."

4.21   "부모님 나이는 모를 수 없지. 한편 기쁘기도 하고 한편 두렵기도
하니까."

4.22   "옛 어른들이 말을 하지 않은 이유는 행동이 말에 못 미치는 것을
부끄러워했기 때문이지."

4.23   "말을 적게 해서 실수하는 경우는 드물어."

4.24   "군자는 말은 덜하되 행동은 기민하게 하려 해."

4.25   "미덕을 갖춘 자는 외롭지 않아. 반드시 동지가 있게 마련이야."

4.26   자유(子游)가 이렇게 말했다. "계산속으로 임금을 모시면
치욕스럽게 되고, 계산속으로 친구를 사귀면 멀어지게 된다."

공자 이전의 옛 문헌에 나오는 인(仁)이라는 글자는 사람의 겉모습을 뜻하는 말이었다.[20] 옛 노래 가사에도 仁은 훤칠한 외모를 뜻하는 말로 사용되었다. 그래서 仁은 아름다움을 뜻하는 미(美) 자와 밀접하게 연결되어 등장한다. 예를 들어, 사냥개를 앞세우고 사냥하러 가는 이의 늠름한 모습을 묘사하는 다음과 같은 옛 노래가 있다:

> 딸랑딸랑 사냥개가 앞서 가네.
> 　그 사람 훤칠한 모습이 아름답네(其人美且仁).
> 옥고리 한 쌍 단 사냥개가 앞서 가네.
> 　그 사람 단정한 머릿결이 아름답네(其人美且鬈).
> 목줄 찬 사냥개가 앞서 가네.
> 　그 사람 굳센 모습이 아름답네(其人美且偲).[21]

각 소절의 끝에 나오는 세 글자(仁, 鬈, 偲)는 같은 위상에 있는 말이다. 단정한 머릿결(鬈), 굳센 모습(偲)과 마찬가지로 인(仁)은 '겉모습'을 묘사하는 것이다. 머리를 단정히 빗어 넘겼다고 해서 속마음도 단정할 것이라고 짐작하거나, 겉보기에 굳세다고 해서 마음가짐도 굳셀 거라고 단정할 근거는 없다. 이 노래는 사냥개를 앞세우고 사냥 나가는 자의 겉모습이 멋들어지게 아름답다는 것이지, 그자의 내면을 평가한 것이 아니다.

　그러나, 공자는 진정한 아름다움은 외모에 있는 것이 아니라, 내면의 아름다움에서 찾아야 한다는 점을 강조한다. 얼굴이나 헤어스타일이나 복장이 아름다운 것보다는 '마음이 아름다워야 진정 아름다운 것 아니겠는가'라는 생각에서 공자는 겉모습을 가리키던 인(仁)이라는 글자를 내면의 반듯한 마음가짐을 뜻하는 말로 바꾸어 사용한다. 이 편 첫 구절에 수록된 공자의 말에 이런 생각이 담겨있다(4.1):

仁에 터잡는 것이야말로 아름답지.

仁에 머물지 않기로 선택하는 게 지혜로운 건가?

(里仁爲美 擇不處仁 焉得知)

'里仁'은 곧 이어 나오는 '處仁(仁에 머무른다)', '長處樂(행복한 상태에 오래 머무른다)' 등의 표현을 감안할 때, 仁에 둥지를 틀고 거처를 정한다는 뜻이므로 결국 반듯한 마음가짐으로 사는 것이다. "반듯한 마음가짐(仁)으로 사는 것이야말로 아름다운(美) 것이지"라는 공자의 말은 외모를 뜻했던 仁이라는 글자가 아름다움(美)과 밀접하게 연결되어 사용돼 왔었다는 점을 그대로 활용하여, 내면의 윤리적 강건함에 터잡은 삶이야말로 진정으로 아름다운 것이라는 점을 부각시킨다. 윤리와는 무관한 외모의 아름다움을 묘사하던 인(仁)이라는 글자에 공자는 이제 내면의 윤리적 아름다움이라는 새로운 의미를 부여한 것이다.


## 교언영색(巧言令色): 겉모습에 대한 경고

번듯한 겉모습을 지칭했던 과거의 仁과 공자가 새롭게 의미를 부여한 (내면의 아름다움을 뜻하는) 仁을 혼동해서는 안 된다는 점은 다음 구절에서 여실히 드러난다(1.3):

다정하게 꾸며낸 말과 온화하게 지어낸 태도에는 仁이 거의 없어. (巧言令色 鮮矣仁)

교언영색(巧言令色), 즉, 다정하게 꾸며낸 말과 온화하게 지어낸 태도는 겉모습이 아름다운 것이다. 겉보기에 훤칠하고 멋있는 것과 공자가 말하는 仁, 즉, 내면의 아름다움을 혼동해서는 안 된다는 뜻을 담은 이 구절은 논어에서 仁이라는 말이 처음 나오자마자

(1.2) 바로 그 다음에 배치되어 있다(1.3). 논어를 편찬한 이들은 당시 독자들이 仁이라는 표현을 겉으로 보이는 아름다운 모습이라고 오해할 가능성이 크다고 생각했던 것 같다. 그런 오해가 생기지 않도록 분명히 경고하고 안내하려는 편집상의 의도가 엿보인다.

온화하고 부드러운 표정과 언사로 상대방의 환심을 사려는 자는 사기꾼일 가능성이 크다는 점도 논어 구절의 배치 순서에서 드러난다. 논어 제17편에는 "옛날의 어리석은 이들은 우직하기라도 했지만, 요즘 어리석은 것들은 사기나 치고 있지"라는 공자의 말이 수록되어 있는데(17.16), 바로 이 '사기(詐)'라는 말에 이어서 "다정하게 꾸며낸 말과 온화하게 지어낸 태도에는 仁이 거의 없다"는 엄중한 경고가 또다시 배치되어 있다(17.17). 요즘 어리석은 것들은 번드르르한 말과 낯으로 상대방을 속이려 들고 있으니 조심하라는 말이다.

상대방의 비위를 극진히 맞추려는 태도, 상대방의 편의를 봐주고 상대방의 요청을 들어줌으로써 상대방의 환심을 사려는 태도를 공자가 경멸했다는 점은 다음 구절에서도 드러난다(5.23).

> 선생님이 이렇게 말했다. "누가 미생고(微生高)가 정직하다고 했지? 어떤 사람이 식초를 얻으러 오니, 이웃집에 가서 식초를 얻어다가 줬어."

미생고라는 사람에 대해서는 정직하다는 평판이 널리 퍼져 있었던 모양이다. 위 구절을 보면 그가 대단히 친절한 사람이라는 점이 두드러진다. 하지만 굳이 그렇게까지 해야 할까? "사실 나도 식초가 떨어졌으니 이웃집에 가보시라"고 솔직하게 말하지 않은 이유는 무엇일까? 상대방에게 극진한 친절을 베풂으로써 환심을 사려는 미생고의 태도는 비굴하고 부끄러운 것일 수 있다는 점은 바로 이어지는 다음 구절을 보면 알 수 있다(5.24).

다정하게 꾸며낸 말과 온화하게 지어낸 태도로 남을 대하고,
아주 공손하게 행동하는 것을 좌구명(左丘明)은 부끄러워했어.
나도 그래. 원한을 감추고 친구처럼 대하는 것을 좌구명은
부끄러워했어. 나도 그래.

겉보기에 흰칠하고 번듯한 것을 仁이라고 오해해서는 안 되며, 듣기 좋은 말과 보기 좋은 낯으로 상대방을 대하는 것을 仁이라고 착각하지 말라는 경고는 세 차례나 논어에 수록되어 있다(1.3, 5.24, 17.17). 그만큼 중요하다고 생각했던 것임이 분명하다.

## 인(仁): 맹렬한 분노, 윤리적 강건함

동서 고금의 해석자들은 인(仁)을 온순 화목한 마음가짐, 부드럽고 너그러운 '인간적인 사랑'이라고 설명해 왔다. 그러나 공자가 말하는 仁은 그것과는 다르다. 공자는 이렇게 설명한다(13.27):

강인함(剛), 맹렬한 분노(毅), 투박함(木), 어눌함(訥).
이게 仁에 가까워.

논어 해석자들은 이 구절에 등장하는 '의(毅)'라는 글자를 정면으로 마주하기를 피해왔다. 왜냐하면 이 글자는 단호하다는 뜻뿐만 아니라, 적을 반드시 죽이고야 말겠다는 결심, 앞뒤 물불을 가리지 않는 맹렬한 분노, 저돌적 노여움이라는 뜻이 있기 때문이다(毅는 멧돼지가 분노하여 온몸의 털이 쭈뼛 솟은 모습을 표현하는 글자다). 이런 거칠고 맹렬한 의미는 논어 해석자들이 오랫동안 칭송해 왔던 仁과는 너무 다르다. 그러나, 여러 저술에서 이 글자(毅)는 맹렬함(猛), 사나움(暴), 증오심(憎), 강력함(强), 용감함(勇), 과감함(敢), 강인함(剛)과 밀접하게 연결되어 등장한다.[22] 공자는 또한 仁

과 용기(勇)와의 긴밀한 관련을 이렇게 지적한다(14.5):



인(仁)한 자가 반드시 그리고 당연히 갖는 용기는 용맹함에 가까운 것이다. 죽음을 두려워하지 않는 용맹함, 과감함, 목숨을 바쳐 윤리적 결기를 완성하는 단호함과 강인함이 仁에 가깝다. 화내지 않고 싸우지 않는 온화한 마음이 아니라, 죽음을 무릅쓰고 맹렬히 싸우는 데 필요한 강인하고 단호한 '윤리적 결기'가 인(仁)이라는 점은 다음 구절에서 뚜렷이 드러난다(15.8):



죽음을 두려워하지 말고 용기 있게 올바른 윤리적 선택을 하라는 힘찬 가르침은 논어에 거듭 나타난다. 위기가 닥치면 목숨을 기꺼이 바친다(見危授命, 見危致命)는 말은 공자뿐 아니라 제자도 하고 있고(14.13, 19.1), 옳은 도리는 죽음을 무릅쓰고 지키라(守死善道)는 가르침도 논어에 수록되어 있다(8.13).

공자와 그 제자들이 거듭 강조한 용맹하고 강인한 仁은 정부와 공권력에 비판적인 세력이 목숨을 걸고 저항하고 투쟁하는 원동력이 될 수 있다. 목숨을 건 투쟁과 저항이 법 테두리 안에서만 이루어질 리는 없다. 폭압적 정부일수록 자신에 대한 비판을 '범죄'라고 규정하게 마련이다. 법가 사상가들이 득세한 진나라에서 유가 계열 인사들이 범법자로 비난 받으며 대대적으로 처형되고 유가의 주요 문헌들이 금서로 지정되고 폐기되었던 사건(분서갱유, 기원전 213년)은 바로 이런 맥락에서 벌어진 것으로 이해할 수 있다.

진나라는 얼마 못 가 멸망했고, 한나라 대에 와서는 세상이 바뀌어 정부가 앞장서서 유학 진흥책을 펼쳤다. 하지만 정부로부터 급여를 받을 뿐 아니라, 혹여라도 정부의 실정을 비판하는 글을 썼다가는 사형을 당할 처지에 있던 관변 학자들이 "횡포한 정부에 대해서는 목숨을 걸고 투쟁하라"는 불온한 가르침을 앞장서서 전파할 것으로 기대하는 것은 무리일 것이다. 한나라 정부가 지원한 관학(官學) 전통의 기틀을 마련한 동중서(董仲舒)는 공자가 죽은 후 약 300년 뒤에 태어난 사람이다. 그가 파악하는 仁에는 강인함, 용맹함, 맹렬한 분노, 목숨을 걸고 싸우는 투쟁 정신이 완전히 제거되어 있다. 정부에게 위협적이지 않은 순종적 소시민의 자기 수양과 자기 검열에 초점을 맞춰 새롭게 해석된 온순 화목한 仁 개념은 바로 이렇게 그 모습을 드러냈다. 동중서의 설명은 다음과 같다:

> 仁이란 무엇인가? 仁은 슬픈 심정으로 남들을 사랑하고,
> 조심하여 화합하는 심정으로 다투지 않고, 좋아함과 싫어함을
> 도리에 맞게 하며, 싫어하는 마음이 해를 끼치지 않도록 하며,
> 꺼리는 마음을 속에 품지 않으며, 질투하는 기운이 없고,
> 원망하는 욕심이 없고, 음험하고 교활한 처사가 없으며, 법규를
> 회피하거나 위반하는 행동을 안 하는 것이다. 그렇기 때문에 그
> 마음은 편안하고, 그 의지는 평화로우며, 그 기분은 온화하고,
> 그 욕망은 절제되어 있으며, 그 일 처리는 수월하고, 그 행동은
> 도리에 맞다. 그리하여 평온하고 수월하며 온화하고 이치에
> 맞는 상태를 유지할 수 있기 때문에 싸울 일이 없는 것이다.
> 이것이 仁이다.[23]

싸우지 않고 분노하지 않고 온화하며 평화로운 것이 仁이라는 새로운 해석과의 일관성을 유지하기 위해서는 논어의 다른 구절들도 그 의미가 왜곡되어야 한다. 맹렬한 분노와 仁과의 긴밀한 관계는 해석을 통해 제거되어야 한다.

예를 들어 다음 구절(6.2)에 대한 해석을 보자. 노나라 군주 애공이 공자에게 "제자 중 누가 배우기를 좋아하는가?"라고 묻자, 공자는 안회가 배우기를 좋아했다면서 그 첫 번째 이유로 "노여움을 움직이지 않았다(不遷怒)"는 점을 들고 있다.

공자는 안회가 윤리적 결기(仁)가 있었다고 평가했고(6.5), 맹렬한 분노와 윤리적 결기는 밀접한 관련이 있고(13.27), 천(遷)은 '위치를 이동한다, 바꾸다, 변화한다'는 뜻이므로 '불천노(不遷怒)'는 안회가 노여움을 변함없이 유지하고 굳건히 지속했다는 뜻이다. 분노의 대상을 정확하게 파악했다는 점은 당연히 전제되어 있다. 엉뚱한 대상에 대한 분노를 변함없이 유지했다고 칭찬할 이유는 없기 때문이다.

하지만, 仁을 온화하고 평화로운 것이라고 믿는 해석자들은 안회가 노여움을 변함없이 유지했다는 해석을 도저히 채택할 수 없게 된다. 그래서 안회가 분노를 '남에게' 옮기지 않는다, 즉, 애꿎은 사람에게 화풀이를 하지 않고 스스로 삭인다고 해석함으로써 안회가 싸우지 않고 화내지 않는 온순한 사람이라는 결론을 이끌어낸다.

터무니없는 대상에 대해 분노를 품지 않아야 함은 당연하다. 하지만 분노해 마땅한 대상에 대해서조차도 분노하지 않는 윤리적 무기력이 과연 "노여움을 옮기지 않는다(不遷怒)"는 말의 뜻일까? 노여움을 "옮기지 않는다(不遷)"는 말은 노여움을 아예 품지 않는다는 뜻으로 해석될 수는 없는 표현이다. 어느 누구에 대해서도, 심지어 천인공노(天人共怒)할 사악한 자에 대해서까지도 안회는 도무지 분노하지 않는 비정상적인 인물이었다는 뜻은 물론 아닐 것이다.

분노를 위험하고 불온한 에너지로 여기고 어떻게든 피해가려는 관변 학자들은 "不遷怒"라는 원전 글귀가 결국에는 (분노해 마땅한 대상에 대한) 분노를 움직이지 않고 유지했다는 뜻일 수밖에 없음에도 불구하고 이치(理)가 어떻느니, 도(道)가 어떻느니, 안회

79

가 분노를 자신의 혈기에 머물지 않도록 했다느니 하는 현란한 설명(不在血氣則不遷)을 총동원하여 안회가 "남에게 화를 내지 않았다"는 온순한 결론을 억지로라도 도출해보려는 시도를 해 왔다. 노여움을 '누그러뜨리지 않았다', '변함없이 유지했다'고 해석하면 무난할 "不遷怒"라는 표현에 대해 그동안 해석자들은 온갖 설명을 덧붙임으로써 안회가 노여움을 품지 않았다거나 노여움이 과하지 않았다는 왜곡된 번역을 내놓았던 것이다.

분노를 거북해하고, 화내지 않는 '어진' 심성을 추켜세우려는 기존 해석은 논어의 다른 구절과 조화되기는 어렵다. 공자는 자기 자신을 묘사하기를 "분노하면 식사하는 것도 잊어버리는(發憤忘食)" 사람이라고 했고(7.18), 제자들에게도 "분노하지 않고서는 깨달을 수 없고(不憤不啟), 이를 악물지 않고서는 발전이 없다(不悱不發)"고 훈계하기도 했다(7.8). 슬픔도 노여움도 없이 사는 사람이 공자의 수제자가 되기는 어려웠을 것이다.

仁을 맹렬한 분노와 투쟁의 원동력이 아니라, 온순 화목한 사랑과 포용이라고 오해한 해석자들은 용맹함(勇)에 관한 구절 또한 잘못 번역해왔다. 윤리적 결기가 있는 자는 죽음을 두려워하지 않는 용맹함이 있다는 점을 공자는 이렇게 생생하게 설명했다 (15.35):

> 윤리적 결기가 있다면
> 사단 병력(師)이 들이닥쳐도 물러서지 않겠지.
> (當仁不讓於師)

여기서 사(師)는 대규모 병력이라는 뜻이다. 군사 500명을 려(旅)라고 하고, 5려(旅)를 사(師)라고 한다. 사(師)와 려(旅)가 이런 뜻으로 사용된 사례는 논어의 다른 구절에서도 발견된다.[24] "당인(當仁)"이라는 표현에서 '당(當)'은 '… 하다면'이라는 뜻이다.[25] 총칼과 탱크가 들이닥쳐도 윤리적 결기가 있다면 정당한 분노로 뒷받침되는 강인한 의지와 용맹함이 있을 것이므로 물러서지 않는다는 말이다. 죽음을 두려워하지 않는 용맹한 자에게는 어떠한 물리적, 심리적 위협이나 압박도 통하지 않을 것이라는 점을 공자는 이렇게도 설명한다(9.25):

> 삼군(三軍, 나라의 군병력 전체)의 지휘관을 없앨 수는 있어도
> 필부의 의지를 없앨 수는 없어.

그러나, 동서 고금의 해석자들은 "當仁不讓於師"라는 구절을 "인을 행함에 있어서는 스승(師)에게도 양보하지 않는다"고 번역해 왔다. 그런 번역은 스승과 제자 간의 지배 복종 관계를 당연하게 여기는 번역이다. 제자는 스승을 받들어 모셔야 하고 늘 스승에게 양보해야 한다고 생각하는 해석자들이 허용하는 유일한 예외가 '인을 행하는 경우에는 스승에게 양보하지 않는다'는 것이다. 하지만 이런 해석자들이 상상하는 仁은 온화한 사랑과 너그러움일 뿐 맹렬한 분노와 용기로 물러서지 않고 투쟁하는 강건함이 아니다. 그들이 말하는 "仁을 행하는 경우"는 다툼을 포기하고 아예 다툴 일이 생기지 않도록 물러나고 양보하고 포용하는 상황이다. 따라서 기존 해석은 "양보하고 포용하는 행위를 할 때는 스승에게도 양보하지 않는다"는 괴상한 말장난으로 귀결된다. 요컨대, 제자가 스승보다 '한발 앞서' 너그럽고 어질게 양보하라는 것이다. 그런데, 어째서 물러서고 양보하는 일에서만 굳이 스승보다 한발 앞서라는 말인가?

싸우지 않는 것이 仁이라는 온순한 해석을 채택하는 자들이 생각하는 용기(勇)는 기껏해야 남보다 먼저 양보하고 뒤로 물러서는 데 필요한 '용기'에 불과하다. 그것을 과연 '용기'라고 부를 수 있는지조차도 의문스럽지만, 이들이 생각하는 仁은 맹렬한 분노와 강인한 용맹함과는 거리가 멀다. 스승의 눈치나 보다가 스승보다 '앞다투어' 온화하게 꼬리를 내리는 유순함일 뿐이다.



제 4 편　인(仁)　윤리적 결기

仁을 '어질다'거나, '훌륭한 인품'이라거나, '인간적인 사랑'이라고 얼버무려 온 불행한 해석 전통은 이처럼 노여움(怒)과 용맹함(勇)에 관한 논어 구절들을 정반대로 해석함으로써 유지되어 온 것이다. 이러한 잘못된 해석 전통과 번역 오류는 폐기되어야 한다. 분노해야 할 대상에 대해서 분노하는 것. 미워해야 할 자를 제대로 미워하는 것. 흐지부지 물러서지 않고 철저히 분노하고 강단(剛斷) 있게 대응하는 것. 바로 이것이 仁에 가까울 수 있다는 점은 다음 구절에서도 알 수 있다(4.3).



이런 구절을 눈앞에 두고도 해석자들은 미움과 분노, 용맹함과 강인함은 모두 제거하고 훈훈한 사랑으로만 채워진 반쪽짜리 인(仁), 온순하게 걸러진 인(仁)을 내세워 왔다. 그 결과 논어는 윤리적 치열함과 용맹한 비판 정신을 완전히 잃게 되었다. 척추가 제거되어 흐느적거리는 신세가 된 것이며, 날카로운 이빨이 제거되어 아무에게도 위협적이지 않게 된 것이다.

불의를 보고도 분노하지 않고 싸우지 않는 것이 仁일까? 그건 비겁한 짓이다. 불의에 동조하고 가세하는 것이다. 옳지 않은 일이 있으면 '참지 않고' 맞서는 용기, 떨쳐 일어나는 결기, 윤리적 단호함, 윤리적 강단이 바로 공자가 말하는 仁에 가깝다. 윤리적 결기는 인간에 대한 사랑을 바탕에 깔고 있어야 함은 물론이지만(12.22), 남을 좋아해야 할 때가 있고 미워해야 할 때가 분명히 있어야 한다. 그래서, 필요하다면, 맹렬한 분노로 죽음을 무릅쓰고 싸워야 한다. 그렇게 할 수 있는 강건한 윤리적 에너지가 바로 공자가 말하는 인(仁)이다. 그것이 인간이 가져야 할 내면의 아름다움이다.

기존의 법이나 예의 범절을 고분고분 지키고 윗사람이나 스승의 지시에 순종하라는 것이 공자의 가르침이었다면, 애초에 용기(勇)나 강단(剛)을 운운할 필요도 없었을 것이다. 법이나 제도의 요구에 순종하고 권위에 복종하는 데에 무슨 용기가 필요하겠으며, 윤리적 결기나 강단이 왜 필요하겠는가? 정부가 폭압적 권력을 함부로 휘두를 때, 소시민적 태도로 일관하며 정부가 하라는 대로, 권력자가 시키는 대로 따르고 복종하는 것은 용기가 있기 때문이 아니라 비겁하기 때문이다. 목숨을 부지하려는 것이지 목숨을 바치려는 것이 아니다. 법과 제도가 잘못 돌아가고 있을 때 분연히 떨쳐 일어나 이것을 개선하고 개혁하며, 불의에 맞서 용감하고 굳세게 저항하는 데 필요한 마음의 강건함이 바로 윤리적 결기이며, 이것이 공자가 말하는 仁이다. 단호하고 강단 있게, 그리고 정당한 분노로 뒷받침되는 올바른 윤리적 선택을 용기 있게 하라는 것이며, 최악의 경우에는 목숨까지 바칠 각오와 결기가 있어야 한다는 것이 바로 공자가 거듭 강조하는 '반듯한 마음가짐', 즉, 仁이다.

윤리와는 아무 관련 없는 번듯한 겉모습은 공자 이전 옛날의 仁이었을 뿐, 공자가 말한 仁은 아니다. 너그럽고, 인자하고, 온순 화목한 어진 마음가짐이 仁이라고 오해해서도 안 된다. 그런 마음가짐은 굳세고 단호한 결기와 정당한 윤리적 분노로 충만한 공자의 仁이 아니라, 오히려 그것과는 정반대의 무기력이나 비겁일 뿐이다.

仁을 오로지 '사랑'이라고 해석하면서 일반인들이 쉽사리 도달할 수 없는 초월적 사랑의 경지를 거론하는 태도는 오히려 해악을 끼치기도 한다. 인간이면 누구나 가질 수 있고, 가져야 할 '반듯한 마음가짐' 즉, 굳세고 단호한 윤리적 결기는 오간 데 없이 사라지고 아무도 도달할 수 없는 성인 군자의 초월적 미덕에 대한 막연한 숭배나 하도록 강요되어 온 불행한 역사는 인(仁)을 초월적 사랑이라고 오해한 데서 비롯된 것이다.



제4편 인(仁) 윤리적 결기

여러 제자들은 공자에게 윤리적 결기에 대해 질문을 했고, 공자는 질문자의 특성과 수준을 감안한 다양한 대답을 했다. 예를 들어, 번지(樊遲)라는 나이 어린 제자가 윤리적 결기에 대해 질문했을 때 공자는 번지가 이해할 수 있는 수준의 '쉬운' 대답을 해준다.

> 번지가 윤리적 결기에 대해서 물으니 선생님이 이렇게 말했다. "윤리적 결기는 말이야, 어려운 일부터 먼저 하고 수확은 나중에 생각해 보는 것이지. 이 정도면 윤리적 결기라 할 만하지." (6.20)

> 번지가 윤리적 결기에 대해서 물으니 선생님이 이렇게 말했다. "집에서는 공손히 처신하고(恭), 일 처리는 최선을 다하며(敬), 사람들과의 관계에서는 충직하게 행동해(忠). 오랑캐 나라에 가더라도 이걸 포기하면 안 돼." (13.19)

> 번지가 윤리적 결기가 뭔지 물으니 선생님이 이렇게 말했다. "사람을 사랑하는 거지(愛人)." 앎이 뭔지를 물으니 선생님이 이렇게 말했다. "사람을 아는 거지(知人)." 번지가 무슨 말인지 이해하지 못했다. (12.22)

눈앞의 이익에 현혹되어 비윤리적인 선택을 하는 잘못을 범하지 말라는 분명한 설명이 번지 수준에서는 우선 가장 필요한 가르침이라고 여겼던 것 같다.

제자 중궁(仲弓)에 대해서 공자는 통치자의 임무를 맡겨도 될 만한 사람이고(6.1), 반드시 나라 일에 쓰이게 될 재목이라고 높이 평가했다(6.4). 그런 중궁이 윤리적 결기에 대해서 묻자 공자는 고위 공직자의 바람직한 자세를 다음과 같이 설명해 준다. 통치자의 윤리적 결기는 이렇게 발현되어야 마땅하다(12.2):

중궁이 윤리적 결기에 대해서 물으니 선생님이 이렇게 말했다.
"밖에서 사람을 대할 때는 마치 국빈을 대하듯 하고 백성을 부릴
때는 마치 나라의 큰 제사를 지내듯 해야 해. 내가 원하지 않는
것을 남에게 가하지 말아(己所不欲 勿施於人). 그러면 나라 안에도
원망이 없고, 집안에도 원망이 없어."

제자 자공은 엄청난 재력가였고 화려한 말솜씨로 유명하기도 했지
만, 남보다 앞서려는 경쟁심이 과하여 공자가 이 점을 따끔히 꾸짖
기도 했다.[26] 이런 성향을 가진 자공이 "두루 베풀어 모든 백성들이
잘 살도록 해주는 것"이 윤리적 결기 아니겠는가라면서 [자기는 그
런 원대한 목표를 달성하기 위해 노력할 것이라는 암시를 담아] 운
을 떼자, 공자는 윤리적 결기는 그런 거창한 것이 아니라 "자기가
성공하고 싶으면 남도 성공하게 하고, 자기가 잘하고 싶은 것이 있
으면 남도 잘하도록 하는 것(己欲立而立人 己欲達而達人)"이라고
대답한다. 거창하고 원대한 목표를 세우기보다는 자신과 가까운
사람들 간의 관계에서 당장 실천 가능한 것부터, 즉, "가까운 데서
시작해서 멀리까지 가는 것이 윤리적 결기를 실천하는 방법(能近
取譬 可謂仁之方也已)"이라는 것이다(6.28). 과도한 자부심과 허영
심을 스스로 다스리고, 남을 이기고 밟고 올라서려는 승부욕을 버
리라는 은근한 타이름이 포함되어 있다. 물론, 공자는 자공의 정치
적 수완을 높이 평가했으므로 자공의 정치적 미래에 도움이 되는
다음과 같은 대답을 주기도 했다(15.9):

자공이 윤리적 결기에 대해서 물으니 선생님이 이렇게 말했다.
"숙련공이 일을 잘하려면 반드시 자기 연장부터 먼저 잘 다듬어
둬야 해. 어느 나라에 머물건 간에 그 나라 대부(大夫)들 중
뛰어난 자들을 잘 모시고, 그 나라 공직자(士) 중 윤리적 결기가
있는 자들과 친분을 쌓아 두도록 해."

한편, 제자 자장(子張)이 윤리적 결기에 대해서 묻자 공자는 공손함, 관대함, 믿음직함, 부지런함, 베푸는 마음(恭, 寬, 信, 敏, 惠)을 어디서나 실천하는 것이라고 대답했다. 여러 덕목이 조목조목 나열되는 이유는 아마도 (역설적으로 들리겠지만) 자장의 사람됨 때문이었을 수도 있다. 자장은 그 심성이나 태도 때문에 다른 제자들과 사이가 좋지 않았다. 제자 자유(子游)는 "내 친구 자장은 어려운 일을 해낼 수 있긴 하지만 윤리적 결기는 아직 없다"고 했고(19.15), 제자 증삼은 "자장은 워낙 위풍당당한지라 윤리적 결기를 함께 실천하기는 어렵다"고 했다(19.16). 공자도 자장이 좀 지나치다고 여겼고(11.15), 자장은 진실되지 못하고 꾸밈으로 일관한다는 매우 신랄한 평가도 논어에 수록되어 있다(11.17). 자장이 윤리적 결기에 관한 질문을 하자 공자는 자장이 노력해야 할 (즉, 자장에게는 모자라는) 여러 덕목들을 하나씩 나열하면서 그의 각성과 개선을 촉구한 것으로 보인다. 각 덕목이 왜 필요한지에 대한 친절하고 자세한 설명까지도 덧붙여가며 자장을 타이르는 공자의 가르침이 다음 구절에 담겨있다(17.6):

> 자장이 윤리적 결기에 대해서 묻자 공자가 이렇게 말했다. "어디를 가더라도 다섯 가지를 잘해낼 수 있으면 그것이 윤리적 결기야." 그게 무슨 뜻인지 물으니 선생님이 이렇게 말했다. "공손해야 하고, 관대해야 하며, 믿음직해야 하고, 부지런해야 하며, 너그럽게 베풀어야 해. 공손하게 처신해야 남들이 깔보지 않게 되고, 관대해야 많은 사람들이 좋아하게 되며, 믿음직해야 사람들이 너를 믿고 일을 맡기게 되고, 부지런해야 실적을 올릴 수 있고, 너그럽게 베풀어야 남을 부릴 수 있어."

끝으로, 제자 안연이 윤리적 결기에 대해서 질문하자 공자는 안연의 고매한 수준에 걸맞는 심오한 대답을 해 준다(12.1).

안연이 윤리적 결기에 대해서 물었다.

선생님: "자신을 이겨내고 희생하여 예법을 지키는 것이 윤리적

결기야(克己復禮爲仁). 하루라도 자신을 이겨내고 희생하여

예법을 지키면 온 천하가 윤리적으로 될 수 있지. 윤리의 실천은

자기 자신에서 시작하는 거야. 남에게서 윤리적 결기가 생겨날

수 있겠어(爲仁由己 而由人乎哉)?"

안연: "구체적 내용이 궁금하네요."

선생님: "예법에 어긋나는 것은 보지도 말고, 듣지도 말고,

말하지도 말고, 움직이지도 말아."

안연: "제가 비록 명민하지는 않지만, 이 말씀을 소중히

받들겠습니다."


예법(禮)을 준수하는 원동력이 바로 윤리적 결기(仁)라는 것이다. 이때 말하는 예법은 '옥이나 비단 이야기'에 지나지 않는 제사, 예식, 의전 예법을 뜻하는 것이 아니다(17.11).

옥이나 비단에 무슨 윤리가 있겠는가? 굳세고 단호한 윤리적 결기와 용기, 그리고 인간에 대한 사랑을 바탕에 깔고 자기 목숨을 걸고서라도 지켜야 하는 예법은 윤리 규범으로서의 예법이다. 국법과 예법이 서로 일치하는 바람직한 상황에서는 국법을 지키는 것이 곧 예법을 지키는 것이 될 것이므로 아무 문제가 없다. 위정자들이 "예법과 겸양으로 나라를 이끈다면 무슨 문제가 있겠니?"라고 한 것(4.13)이 바로 그 뜻이다. 그러나, 국법과 공권력이 예법(윤리 규범)에 어긋날 때, 저열한 집권자가 국법을 악용하여 예법을 능멸할 때, 그러한 비윤리적인 국법과 공권력을 단호하게 거부하는(보지도, 듣지도, 말하지도, 움직이지도 않는) 윤리적 강단과 결기가 바로 공자가 말하는 인(仁)이다.

그러나 공자는 살아 있는 어떤 사람에 대하여 윤리적 결기가 있다고 단언하지 않는다. 윤리적 결기라는 것이 워낙 복합적이고 역동적이라는 점을 누구보다도 잘 알기 때문이다. 제자 안회, 제나라의 재상을 지냈던 관중, 은나라 귀족이었던 백이, 숙제, 그리고 은나라의 왕족이었던 미자, 기자, 비간에 대해서는 윤리적 결기가 있었다고 단정하여 말하지만(6.5, 7.14, 14.17, 18.1), 안회는 젊은 나이에 이미 죽었고, 관중, 백이, 숙제, 미자, 기자, 비간은 공자보다 백 년 이상 또는 수백 년 전에 살았던 역사적 인물이었을 뿐, 살아있는 사람들이 아니었다. 다음 구절들을 보면 공자가 윤리적 결기에 대해서 말을 아꼈다는 제자들의 평가가 충분히 이해될 것이다(5.7).

> 노나라 대부 맹무백(孟武伯)이 "자로는 윤리적 결기가
> 있는가요?"라고 질문했다.
> 선생님: "모릅니다."
> 맹무백이 다시 물었다.
> 선생님: "자로는 제후국의 병력 운용을 총괄하는 임무를 맡길
> 만하지만 윤리적 결기가 있는지는 모르겠습니다."
> 맹무백: "염구(冉求)는 어떤가요?"
> 선생님: "염구는 천 가구가 되는 고을이나 대부의 집안
> 일을 총괄하는 일을 맡길 만하지만 윤리적 결기가 있는지는
> 모르겠습니다."
> 맹무백: "공서적(公西赤)은 어떤가요?"
> 선생님: "공서적은 조정에서 예복을 차려입고 사신과 손님을
> 맞이하고 인사를 나누는 일을 맡길 만하지만 윤리적 결기가
> 있는지는 모르겠습니다."

맹무백은 노나라 권력 실세 중 하나였다. 그는 공자의 제자 중 누구

를 기용할까 하는 생각에서 이런 질문들을 던졌을 것이다. 인재 채용이라는 맥락에서 오고 간 이 대화는 공자가 윤리적 결기에 대해서 섣불리 단정하지 않으려는 입장임을 분명히 보여준다. 제자의 취업 여부가 걸려있을 수도 있는 대화에서 공자는 끝끝내 윤리적 결기에 대한 단정적 답변은 피하는 대신, 각 제자의 구체적 역량과 능력을 선전하는 것에만 집중하고 있다.[27] 역량과 능력에 기반하여 어느 제자를 채용하기로 결정하고 나면 그자가 윤리적 결기가 있는지 여부는 맹무백이 스스로 판단할 문제라는 입장인 듯하다.

　　제자 번지나 자장이 윤리적 결기에 대해 질문했을 때 공자는 공손함, 충직함, 관대함, 부지런함 등 구체적 덕목을 나열하면서 그런 덕목을 갖추도록 힘쓰라는 대답을 해주기도 했고, 어눌함(訥, 말재주가 없는 것)이 오히려 윤리적 결기에 가깝다고도 했다. 하지만, 이런 개별적 덕목이나 특징을 윤리적 결기와 동일시할 수는 없다. 윤리적 결기는 그렇게 단순한 문제가 아니라는 점이 다음 구절들에서 분명히 드러난다.

자장이 이렇게 물었다. "도지사 자문(子文)은 세 번이나 도지사에 임명되었는데 기뻐하는 기색이 없었고, 세 번이나 파면되었는데 나쁜 감정을 담아두는 기색 없이 신임 도지사에게 업무를 인수인계했습니다. 어떤가요?"

선생님: "충직하군(忠)."

자장: "윤리적 결기 아닌가요?"

선생님: "모르겠네. 그게 윤리적 결기인가?"

자장: "최저(崔杼)가 제나라의 군주를 살해하자 진문자는 수십 대나 되는 수레와 말을 버리고 제나라를 떠났습니다. 다른 나라에 이르러서 그는 '너희들도 우리 나라의 최대감과 마찬가지군'이라면서 그 나라를 떠났습니다. 또 다른 나라에 가서도 '너희들도 우리 나라의 최대감과 마찬가지군'이라면서 그 나라를 떠났습니다. 어떤가요?"

선생님: "깨끗하군(淸)."

자장: "윤리적 결기 아닌가요?"

선생님: "모르겠네. 그게 윤리적 결기인가?"(5.18)


"염옹(冉雍)은 윤리적 결기가 있고 말재주를 부리지 않아"라고
누가 말하자 선생님이 이렇게 말했다. "말재주가 무슨 소용이
있겠니? 말재주로 사람들을 요리조리 조종하면 사람들이
미워하게 되지. 염옹이 윤리적 결기가 있는지는 모르겠지만,
말재주가 무슨 소용이 있겠니?"(5.4)


"이기려는 태도, 자기 자랑, 남에 대한 원망, 물욕추구, 이런
것들을 행하지 않는 것이 윤리적 결기 아닌가요?"라고
원헌(原憲)이 묻자 선생님이 이렇게 말했다. "그건 어려운 일이긴
한데, 그게 윤리적 결기인지는 잘 모르겠네."(14.2)


## 윤리적 우월감에 대한 경계

공자가 남의 윤리적 결기에 대해서 말을 아꼈던 이유 중 하나는 자
기 스스로도 감히 윤리적 결기가 있다고 내세울 처지는 못 된다는
입장이었기 때문이기도 하다(7.33):

성스러움(聖)이나 윤리적 결기(仁)는 내가 어찌 감히 넘보겠니.
하지만 그걸 위해 노력하는 것을 싫어하지 않고, 가르치는 것을
지겨워하지 않는 것. 이것은 내가 그렇다고 할 수 있지.


남의 윤리적 결기에 대해서 왈가왈부하는 태도는 경솔할 뿐 아니
라 윤리적 오만일 수 있다. 윤리성을 내세우는 사람이 빠져들기 쉬
운 함정이 바로 자신의 윤리적 우월감과 오만함이다. 공자는 윤리

적 결기가 무슨 대단하고 거창한 것이 아니라는 점, 자기가 스스로
원해서 윤리적 선택을 하고 윤리적 삶을 사는 것일 뿐, 남이 시켜서
억지로 그러는 것이 아니라는 점을 강조한다(7.29):

> 윤리적 결기가 멀리 있는 건가? 내가 원하기만 하면 당장에
> 윤리적 결기를 가질 수 있지.
> (仁遠乎哉 我欲仁 斯仁至矣)

은나라가 주나라의 공격을 받아 패망하자, 주나라의 정통성을 부
정하고 주나라가 베푸는 녹봉을 받을 수 없다면서 굶어 죽은 것으
로 전해지는 은나라 귀족 백이와 숙제에 대해서도 공자는 이렇게
평가한다(7.14):

> 자공(子貢)이 "백이와 숙제는 어떤 사람인가요?"라고 물었다.
> 선생님: "예전의 훌륭한 사람(賢人)들이지."
> 자공: "억울함이 없었을까요?"
> 선생님: "윤리적 결기를 원해서 윤리적 결기를 얻었는데 무슨
> 원망이 있겠니?"

자신의 윤리적 선택과 그로 인하여 자신이 감당한 고통과 희생에
대하여 남들이 고마워라도 해야 할 것처럼 여기며 칭송을 바라고
대가를 기대하는 것은 더 이상 윤리적 결기가 아니다. 윤리적 결기
는 무한한 값어치가 있는 것이지만, 남들이 그것을 칭송하고 보상
해 주기를 기대하는 마음가짐이 들어서는 순간 즉시로 무가치하게
된다. 자기가 윤리적인 삶을 산다고 해서, 남들로부터 받아낼 빚이
있는 것처럼 고압적으로 거들먹거리지 말라는 예리한 지적이 다음
구절에 들어있다(4.6):

> 윤리적 결기를 좋아하는 사람(好仁者)치고 윤리적 결기가

없는 자를 미워하는 것(惡不仁者)을 나는 아직 본 적이 없어.
윤리적 결기를 좋아하는 사람은 그걸 대단한 것으로 떠받들지
않아(無以尚之). 윤리적 결기가 없는 자를 미워하는 이는 그게
마치 윤리적 결기인 것처럼 행세하지(惡不仁者 其爲仁矣). 윤리적
결기가 없는 자를 이용해서 자기 자신을 돋보이게 하려 하지
마(不使不仁者加乎其身). 누구라도 온 힘을 다하면 하루쯤은
윤리적 결기를 가질 수 있지 않겠니? 그럴 힘이 모자라는 사람은
아직 본 적이 없어. 그런 자가 실제로 있는지 몰라도 난 아직 본
적이 없어.

윤리적 우월감과 오만함에 사로잡혀 남에 대한 윤리적 비난에 골
몰하는 태도는 성가실 뿐, 바람직하지는 않다(8.10):

> 용기를 좋아하고 가난한 것을 싫어하면 분란을 일으키게 되지.
> 사람들이 윤리적 결기가 없다고
> 그걸 심하게 싫어해도 분란을 일으키게 되지.
> **(好勇疾貧 亂也. 人而不仁疾之已甚 亂也)**

윤리적 엄숙주의, 윤리적 결벽주의, 윤리적 우월감과 오만함으로는
아무것도 이루어 낼 수 없다. 고작해야 소란스러운 소음이나 내는
주변세력으로 머물거나, 불행히도 그런 자들이 권력을 쥐게 되면
억압과 위선과 독선으로 점철된 폭력적 공권력 행사로 치닫게 될
것이다.


## 인자(仁者)가 누리는 기쁨


윤리적 결기를 가지고 살아가는 삶의 복락(福樂)과 기쁨에 대해서
공자는 이렇게 말했다(6.21):

지혜로운 자가 누리는 기쁨은 물과 같고,

윤리적 결기가 있는 자가 누리는 기쁨은 산과 같지.

지혜로운 자는 역동적이고,

윤리적 결기가 있는 자는 흔들림이 없어.

지혜로운 자는 즐거움을 누리고,

윤리적 결기가 있는 자는 〔사람들의 마음 속에〕

오래도록 살아 있어.

**(知者樂水 仁者樂山 知者動 仁者靜 知者樂 仁者壽)**

이 구절 첫 문장(知者樂水 仁者樂山)은 "지혜로운 사람은 물을 좋아하고 어진 사람은 산을 좋아한다"고 번역되어 오기도 했다. 하지만 그런 번역은 여유로운 사람들 간에 여가 시간을 보내는 방법에 차이가 있다는 식으로 이 구절의 의미를 보잘것없이 축소하는 그릇된 번역이다. 위나라 하안(何晏; 195-249)의 해석은 "인(仁)한 자가 누리는 복락(仁者樂)은 산이 주는 편안함과 확고함과 같다. 자연은 움직이지 않지만 그 속에 만물이 살아간다"는 것인데, 이 해석이 올바르다.[28]

　마지막에 나오는 세 글자(仁者壽)를 "어진 이는 장수한다"라고 해석해서, 고요하고 평온한 마음으로 화내지 않고 욕심내지 않으면 오래 살 수 있다는 식의 건강 장수 비법이라고 여기는 것은 그야말로 어이가 없다. 오래 사는 것이 무슨 대단한 목표라고 전제하는 것부터가 근거가 없다. 윤리적 결기가 있다면 사단 병력이 들이닥쳐도 물러서지 않을 것이고, 목숨을 부지하려고 윤리적 결기를 훼손해서는 안 되며 오히려 목숨을 바쳐서 윤리적 결기를 완성해야 한다고 가르친 사람이 공자다. 심지어, 아침에 깨달음을 얻으면 저녁에 죽어도 괜찮다는 말도 이 편에 수록되어 있다(4.8). 위기가 닥치면 목숨을 기꺼이 바친다는 거듭된 구절도 있고(14.13, 19.1), 올바른 도리는 죽음을 무릅쓰고라도 지켜내야 한다는 구절도 있다 (8.13). 이런 마당에 뜬금없이 오래 사는 장수 비결을 거론할 계제가 아님은 분명하다.

　공자가 말하는 수(壽)는 오히려 영원한 삶(永生)에 가깝다. 윤리적 결기가 있는 사람은 오래도록 살아 있다(仁者壽)는 말은, 그 사람은 비록 (일찍) 죽더라도 사람들의 마음 속에 그는 우뚝 솟은 산과 같이 오래도록 기억에 남아 있을 것이라는 뜻이다. 죽었으나 잊혀지지 않는 자는 오래도록 살아 있다는 말은 노자 도덕경에도 있다(死而不亡者壽).

5.

전과자를 사위로 삼은 공자

5.1 선생님이 공야장(公冶長)에 대해서 이렇게 말했다. "사위로 삼을
만해. 비록 옥살이를 했지만 그 사람 죄가 아니야." 선생님은 딸을
공야장에게 시집보냈다.

선생님이 남용(南容)에 대해서 이렇게 말했다. "나라가 제대로
굴러 갈 때는 관직을 잃지 않았고, 나라가 엉망일 때도 처형되거나
곤욕을 치르지 않았어." 선생님은 질녀를 남용에게 시집보냈다.

5.2 선생님이 자천(子賤)에 대해서 이렇게 말했다. "그 사람은 군자야.
노나라에 군자가 없었다면 그 사람이 이렇게 될 수 있었겠어?"

5.3 자공이 "저는 어떤가요?"라고 묻자 선생님이 이렇게 말했다. "너는
그릇이지." "그릇이라뇨?"라고 자공이 되묻자, 선생님이 이렇게
말했다. "귀한 옥으로 만든 화려한 그릇이야."

5.4 누가 이렇게 말했다. "염옹(冉雍; 중궁)은 윤리적 결기가 있고
말재주를 부리지 않아." 선생님이 이렇게 말했다. "말재주가 무슨
소용이 있겠니? 말재주로 사람들을 요리조리 조종하면 사람들이
미워하게 되지. 염옹이 윤리적 결기가 있는지는 모르겠지만,
말재주가 무슨 소용이 있겠니?"

5.5 선생님이 칠조개(漆雕開)에게 일자리를 마련해 주자 칠조개는
이렇게 말했다. "제가 아직 이 일을 맡을 수 있을지 자신이
없습니다." 선생님이 흐뭇해했다.

5.6 "나라가 엉망이 되어 뗏목을 타고 바다를 헤매게 될 때에도 나를
따라오는 자는 유(由, 자로)일 거야"라고 선생님이 말했다. 자로가
이 말을 듣고 좋아하자 선생님이 이렇게 말했다. "유는 너무
용감해서 탈이야. 난 그런 사람 쓸 일은 없는데."

노나라 대부 맹무백(孟武伯)이 "자로는 윤리적 결기가
있는가요?"라고 물었다.
선생님: "모릅니다."
맹무백이 다시 물었다.
선생님: "자로는 제후국의 병력 운용을 총괄하는 임무를 맡길
만하지만 윤리적 결기가 있는지는 모르겠습니다."
맹무백: "염구(冉求)는 어떤가요?"
선생님: "염구는 천 가구가 되는 고을이나 대부의 집안
일을 총괄하는 일을 맡길 만하지만 윤리적 결기가 있는지는
모르겠습니다."
맹무백: "공서적(公西赤)은 어떤가요?"
선생님: "공서적은 조정에서 예복을 차려입고 사신과 손님을
맞이하고 인사를 나누는 일을 맡길 만하지만 윤리적 결기가
있는지는 모르겠습니다."



선생님이 자공에게 "너와 안회 중 누가 더 뛰어나니?"라고 물었다.
자공: "제가 어찌 감히 안회를 넘보겠습니까? 안회는 하나를
들으면 열을 압니다. 저는 하나를 들으면 둘을 알지요."
선생님: "그만은 못하지. 나도 너도 그만은 못해."



재여(宰予, 재아)가 대낮에 자고 있었다. 선생님이 이렇게 말했다.
"썩은 나무는 다듬지도 못해. 더러운 흙으로 된 담장에는 미장
손을 댈 수도 없어. 재여 이것아, 널 꾸짖어 뭐 하겠니! 나는 원래
사람들이 하는 말을 들으면 그 말대로 행동하리라 믿었었는데
이제 나는 사람들이 하는 말을 들으면 그 행동을 살펴보고 있어.
재여 때문에 이렇게 바뀐 거야."

5.10 "굳센 사람을 난 아직 못 봤어"라고 선생님이 말하자 어떤 사람이
이렇게 대꾸했다. "신장(申棖)이 굳세지 않나요?" 선생님이 이렇게
말했다. "신장이야 욕심이 많은 거지 어찌 굳세겠니."

5.11 자공이 "저는 사람들이 저를 미화하는 것을 원하지 않고, 저도
사람들을 미화하고 싶지 않습니다"라고 하자 선생님이 이렇게
말했다. "사(賜, 자공)야, 그건 네 능력 밖이야."

5.12 자공이 이렇게 말했다. "우리 선생님의 찬란한 학식에 대해서는
들어 볼 수 있는데, 선생님이 인간의 본성이나 하늘의 이치에 대해
무슨 설명을 했는지는 들어 볼 수가 없네."

5.13 자로는 알게 된 것을 실행하지 못할까 봐 아는 것을 두려워했다.

5.14 "위(衛)나라 대부 공문자(孔文子: 이름은 공어 孔圉)는 어째서
'교양인(文子)'이라는 칭호를 얻게 됐나요?"라고 자공이 묻자
선생님이 이렇게 말했다. "부지런해서 배우기를 좋아했고
아랫사람에게 물어보는 것을 부끄럽게 여기지 않았기 때문에
교양인이라 불리게 됐지."

5.15 선생님이 정(鄭)나라 대부 자산(子産)에 대해서 이렇게 말했다.
"군자의 네 가지 도리를 다 갖췄어. 자기 스스로의 행동은
공손했고, 윗사람을 모실 때는 존경심을 가졌으며, 백성을 돌볼
때는 베푸는 자세였고, 백성을 부릴 때에는 정의로웠지."

5.16 "안평중(안영 晏嬰: 제나라의 재상)은 인간 관계를 훌륭하게
유지해서 사람들이 오래도록 존경했지."

"장문중(臧文仲: 노나라 대부)은 큰 거북(蔡)을 자기 집에서
길렀고, 기둥 끝 장식인 공포(斗栱)에는 산의 모습을 조각했고,
대들보 위의 장식 기둥에는 화려한 물풀 무늬를 그려넣었어.
그자가 알긴 뭘 알아?"

5.17

자장이 이렇게 물었다. "자문(子文)은 세 번이나 도지사에
임명되었는데 기뻐하는 기색이 없었고, 세 번이나 파면되었는데
나쁜 감정을 담아두는 기색이 없이 신임 도지사에게 업무를
인수인계했습니다. 어떤가요?"
선생님: "충직하군."
자장: "윤리적 결기 아닌가요?"
선생님: "모르겠네. 그게 윤리적 결기인가?"
자장: "최저(崔杼)가 제나라의 군주를 살해하자 진문자(陳文子)는
수십 대나 되는 수레와 말을 버리고 제나라를 떠났습니다.
다른 나라에 이르러서 그는 '너희들도 우리 나라의 최대감과
마찬가지군'이라면서 그 나라를 떠났습니다. 또 다른 나라에
가서도 '너희들도 우리 나라의 최대감과 마찬가지군'이라면서 그
나라를 떠났습니다. 어떤가요?"
선생님: "깨끗하군."
자장: "윤리적 결기 아닌가요?"
선생님: "모르겠네. 그게 윤리적 결기인가?"

5.18

노나라 대부 계문자(季文子)는 세 번 생각해 본 후에 행동했다.
선생님이 그 이야기를 듣고 이렇게 말했다. "두 번 생각하고
행동해도 돼."

5.19

"영무자(甯武子, 위나라 대부 영유 甯俞)는 나라가 제대로 굴러갈
때는 똑똑했고, 나라가 엉망일 때에는 바보 같았어. 그 사람처럼
똑똑해질 수는 있지만, 그 사람처럼 바보 행세를 하기는 어렵지."

5.20

5.21 진(陳)나라에 있을 때 선생님이 이렇게 말했다. "돌아가자, 돌아가. 우리 애들은 너무 거침없고 직설적이야. 멋있는 무늬가 놓여있는 비단 같기는 하지만 어떻게 재단을 해야 할지 모르겠어."

5.22 "백이, 숙제는 지나간 일에 대한 증오를 품지 않았어. 원망은 별 쓸모가 없지."

5.23 "누가 미생고(微生高)가 정직하다고 했지? 어떤 사람이 식초를 얻으러 오니, 이웃집에 가서 식초를 얻어다가 줬어."

5.24 "다정하게 꾸며낸 말과 온화하게 지어낸 태도로 남을 대하고, 아주 공손하게 행동하는 것을 좌구명(左丘明)은 부끄러워했어. 나도 그래. 원한을 감추고 친구처럼 대하는 것을 좌구명은 부끄러워했어. 나도 그래."

5.25 안연과 자로가 시중을 들고 있었는데 선생님이 이렇게 말했다. "자네들이 이루고 싶은 게 뭔지 한 명씩 말해보게."
자로: "저는 수레와 말, 가벼운 털옷 등을 친구와 공유하고 그걸 돌려받을 때 낡아 해져 있어도 괘념치 않는 그런 세상을 원합니다."
안연: "저는 자신의 선량함을 자랑하지 않고 자신의 노고를 드러내지 않는 그런 세상을 원합니다."
자로: "선생님이 이루고 싶은 건 뭔가요?"
선생님: "어르신들 편안하게 모시고, 친구 간에 신의 지키고, 어린애들 보듬어 안아주기를 원하지."

5.26 "이미 끝났어. 자기 잘못을 깨닫고 스스로를 제대로 책망할 수 있는 자를 나는 아직 못 봤어."

"열 가구밖에 없는 마을에도 충직함과 믿음직함이 나와 같은 자는 반드시 있겠지만, 나처럼 배우기를 좋아하는 사람은 없을 거야."

"열 가구밖에 없는 마을에도 충직함과 믿음직함이 나와 같은 자는 반드시 있겠지만, 나처럼 배우기를 좋아하는 사람은 없을 거야."



제5편
전과자를
사위로 삼은
공자

이 편에는 몇몇 제자들에 대한 인물평이 제시된다. 옥살이를 한 공야장(公冶長)을 사위로 삼았다는 이야기가 제일 앞에 나온다. 그 다음에 언급된 조카사위 남용(南容)은 나라가 제대로 돌아갈 때엔 벼슬도 했고 나라가 엉망일 때에도 신중하게 처신하여 옥살이를 면한 인물이다. 사법 제도와 공권력 행사가 억압적이고 정의롭지 못한 경우, 공자는 옥살이를 무릅쓰고 용감하게 저항한 공야장을 (옥살이를 용케 면한 남용보다) 더 높이 평가했음을 보여준다. 제자 원헌의 질문으로 시작하는 제14편에도 나라가 제대로 굴러가건 엉망이 되건 상관 않고 그저 밥벌이에나 관심을 두는 것은 부끄러운 것이라는 공자의 가르침이 제시되어 있다(14.1). 논어의 첫 구절 또한 시의적절한 현실 참여를 강조하는 내용이다(1.1).

책을 읽고 사색에 잠기는 (현실과는 일정한 거리를 둔) 학구적 삶을 예찬한 것이 논어의 첫 구절이라는 식의 해석은 공자의 가르침을 정반대로 오해하고 왜곡한 것이다. 듣고 보고 배워 깨달은 것을 "적절한 때(時)에 실천하라(習)"는 것이 공자의 가르침이다. 실천에는 물론 위험이 따르기 때문에 신중해야 한다. 올바르지 않은 정부 하에서는 공야장처럼 옥살이를 하게 될 수도 있고, 심한 경우에는 목숨을 잃을 수도 있다. 하지만 아무리 위험한 상황에 처해서도 윤리적 결기를 포기해서는 안 되며(4.5), 의지가 굳은 선비는 차라리 목숨을 바쳐 윤리적 결기를 완성한다(15.8). 올바른 도리를 수호하기 위해서는 목숨을 기꺼이 바칠 각오가 있어야 한다는 가르침은 논어의 여러 편에 거듭 등장한다(8.13, 14.13, 19.1).

신중한 처신으로(11.5) 감옥살이를 면한 남용에게는 질녀를 시집보내고, 용기 있게 행동하다 감옥살이를 한 전과자 공야장에게는 딸을 시집보냈다는 구절이 이 편 첫머리에 배치되어 있다는 사실은 억압적 정부의 부당한 공권력 행사에 대해서 공자와 그 제자들이 취했던 태도를 함축적으로 보여준다.

공야장, 남용에 이어 자천, 중궁, 칠조개 등 긍적적으로 평가받는 제자들 사이에 자공이 "저는 어떤가요?"라고 질문하는 구절(5.3)을 배치해 둔 편찬자의 판단은 독자로 하여금 미소를 머금게 한다. 경쟁심이 과한 자공의 성격을 잘 드러내는 편집이라고 생각한다. 자공의 질문에 공자는 "너는 그릇이지"라는 짓궂은 대답을 한다. 다른 곳에서 "군자는 아무거나 담아도 되는 그릇처럼 굴면 안 돼(君子不器)"라고 공자가 경계했기 때문에(2.12) "너는 그릇"이라는 공자의 대답에 당혹감을 감추지 못한 자공은 "그릇이라뇨?"라고 반문한다. 그러자 "귀한 옥으로 만든 화려한 그릇"이라면서 공자는 자공의 미려함(학식, 말솜씨 등)을 치켜세워 준다. 다른 제자들과 비교하여 누가 더 뛰어난지를 늘 궁금해하고(11.15, 14.31) 자기 자랑을 곧잘 하는(9.12, 19.23) 자공의 성격은 이 장의 여러 구절에서 익살맞게 묘사된다(5.3, 5.8, 5.11).[29]

　　제자 자로는 두려움을 모르고, 거침없이 실행하는 성향을 가졌음을 보여주는 구절들이 이 편에 수록되어 있다(5.6, 5.13). 이렇기 때문에 공자는 자로에게 "부모 형제를 생각해서"라도 행동을 좀 자제하라고 타이르기도 하고(11.21), 두려움을 가지고 미리 잘 계획해서 임무를 이루어낼 수 있도록 심사숙고하라고 조언하기도 한다(7.10). 그러나 한마디 말만 듣고 사안에 대한 결론을 단박에 내려버리는 자로의 과감/경솔함에 공자는 우려를 표하기도 했고(12.12), 굳건하고 거침없는 자로의 성향 때문에 "자로는 제명에 죽지는 못할 것 같애"라는 예언 같은 말을 하기도 했다(11.12).

　　재아, 신장 등 실망스러운 제자들에 대한 구절도 있다(5.9, 5.10). 아마도 재아는 책을 많이 읽어 아는 것도 많고 언변도 좋았던 모양이다(11.2). '사(社) 제사'에 대해 노나라 군주 애공이 질문하자 재아는 과거 은나라, 주나라 시절에 사람을 죽여 바치는 인간 희생이 대대적으로 행해졌다는 지식에 근거하여, 백성을 공포에 떨게 하려는 것이 社 제사라고 설명했다. 하지만 공자는 재아의 이런 설명이 먼 과거의 시대적 맥락을 무시한 편협한 설명이라고 보고 "지나간 과거를 헐뜯지 말라"고 주의를 준다(3.21). 재아는 또한 부모님이 돌아가셨을 때 치르는 삼년상이 너무 길다면서 일년상을 주장했다가 공자로부터 "못돼 먹은 자식"이라는 혹평을 듣기도 했다 (17.21). 낮잠을 자다 호되게 야단을 맞은 재아는 비록 아는 것은 많고 언변도 좋지만 행동이 말에 못 미치는 자였던 것 같다(5.9). 재아는 나중에 제나라에서 반란에 연루되어 삼족이 처형되는 불운한 결말을 맞이했다고 알려져 있다.


## 동시대 귀족들에 대한 인물평

이 편에는 또한 유명한 고위 귀족이나 명성이 높은 사람들에 대한 인물평을 담은 구절도 있다. 위나라 대부 공어(孔圉)와 영유(甯俞), 정(鄭)나라 대부 자산(子産), 제나라의 재상 안영(晏嬰)은 좋은 평가를 받은 반면, 노나라 대부 장문중(臧文仲)이나 계문자(季孫行父)는 그닥 좋지 않은 평가를 받았다. 특히, 장문중은 아는 것이 많은 사람이라고 알려졌던 모양이다. 그러나 그는 나라의 임금에게나 허용된 큰 거북(蔡)을 자기 집에서 길렀고, 자기 집 기둥 끝에는 산의 모습을 조각하고, 대들보 위의 장식 기둥에는 천자의 종묘에서나 허용되는 물풀 무늬를 조각하는 등 사치스럽고 주제넘게 행동했다. 아는 것이 많아본들 방만하여 절제할 줄 모르면 소용이 없을 것이다(5.17). 게다가 장문중은 대부 유하혜(柳下惠)가 능력이 출중함을 알면서도 추천하지 않음으로써 인재가 기용될 기회를 박탈했다는 점을 보여주는 구절도 논어에 수록되어 있다. 장문중보다 능력이 나은 사람에게 가야 할 벼슬자리를 장문중이 차지하는 형국이므로 그는 벼슬을 도둑질한 거나 마찬가지라고 공자가 혹평하는 구절이다(15.13).

　　공자가 제자들에 대해 품는 사랑과 아쉬움을 보여주는 구절도
있다. 모두들 너무 거침없고(狂) 단도직입적(簡)이라서 정치판에
서 영향력을 발휘할 수 있는 위치에 기용되기가 어렵다고 한탄하
며, 훌륭한 자질이 많은 자들인데 어떻게 가다듬어야 할지를 모르
겠다고 하소연하는 구절이 그것이다(5.21).

6.

공자의 제자들

6.1     "염옹(**冉雍**, 중궁)은 임금을 해도 되겠어."

중궁이 노나라의 자상백자(**子桑伯子**)라는 사람에 대해서 물었다.
선생님: "괜찮은 사람이야. 격식에 얽매이지 않고 소탈해."
중궁: "하지만 격식을 갖춰 위엄 있게 지내되 행동은 소탈하게
하면서 백성을 대하면 그것도 괜찮지 않나요? 지내는 것도
소탈하고 행동도 소탈하면 그건 좀 지나치지 않나요?"
선생님: "자네 말이 맞아."

6.2     노나라 군주 애공(**哀公**)이 공자에게 "제자 중 누가 배우기를
좋아하는가?"라고 묻자 공자가 이렇게 대답했다. "안회라는 자가
배우기를 좋아했습니다. 노여움을 누그러뜨리지 않았고, 잘못을
되풀이하지 않았습니다. 불행히도 일찍 죽었습니다. 지금은
배우기를 좋아하는 자가 있다는 소리를 들어보지 못했습니다."

6.3     자화(**子華**, 이름은 공서적**公西赤**)가 사신(**使臣**)으로 제(**齊**)나라에
가게 됐다. 염유가 〔자화가 공무로 부재 중인 동안〕 자화의
어머니에게 곡식을 드려야 한다고 하자, 선생님이 "6말쯤
드려라"고 했다. 염유가 더 달라고 하자 선생님이 "16말을
드려라"고 했다. 염유가 800말을 줬다. 선생님이 이렇게 말했다.
"공서적이 제나라로 갈 때 보니 살찐 말을 타고 값진 가죽옷을
입고 있더군. 군자는 긴급히 돌봐야 할 사람들을 골고루 지원하지
부자에게 더 보태주진 않는다고 나는 들었어."

원사(**原思**, 이름은 원헌**原憲**)가 어떤 마을의 행정 책임자가 되었다.
공자가 곡식 900말을 주자 사양했다. 선생님이 이렇게 말했다.
"그러지 말고 받아. 이걸로 이웃 마을 주민들에게도 주면 되잖아."

선생님이 중궁에 대해서 이렇게 말했다. "보잘것없는 얼룩소에서 태어난 송아지가 검붉은 색에다가 뿔까지 반듯하게 나 있다면 제사에 안 쓰려고 해도 산천이 그걸 그대로 두겠나?"

6.4

"안회의 마음은 석 달이 가도록 윤리적 결기에 어긋남이 없었어. 다른 애들은 겨우 하루나 한 달을 버틸 뿐이지."

6.5

노나라 대부 계강자(季康子)가 "중유(仲由, 자로)는 나라 일을 맡길 만한가요?"라고 물었다.

선생님: "유는 반드시 결과를 봅니다. 나라 일을 수행하는 데 무슨 어려움이 있겠습니까?"

계강자: "사(賜, 자공)는 나라 일을 맡길 만한가요?"

선생님: "사는 뭘 해도 성공합니다. 나라 일을 수행하는 데 무슨 어려움이 있겠습니까?"

계강자: "구(求, 염유)는 나라 일을 맡길 만한가요?"

선생님: "구는 온갖 재주가 있습니다. 나라 일을 수행하는 데 무슨 어려움이 있겠습니까?"

6.6

노나라 권세가 계씨(季氏)가 민자건(閔子騫, 이름은 민손閔損)에게 비(費) 고을의 행정을 맡기려 하자 민자건은 이렇게 말했다. "사양한다고 잘 말씀해 주세요. 저를 또 부르면 저는 반드시 문수(汶水) 상류 쪽으로 멀리 피해 있겠습니다."

6.7

백우(伯牛, 이름은 염경冉耕)가 병에 걸렸다. 선생님이 방문하여 창문으로 그의 손을 잡고 이렇게 말했다. "이 사람을 잃겠구먼. 운명인가 봐. 이 사람이 이런 병에 걸리다니. 이 사람이 이런 병에 걸리다니."

6.8

6.9     "안회는 정말 뛰어나! 주먹밥 먹고 표주박에 물 떠 마시며
달동네에 살고 있지. 사람들은 그 고달픔을 견뎌내지 못하지만
안회는 기쁘기만 해. 안회는 정말 뛰어나!"

6.10    염유가 이렇게 말했다. "제가 선생님의 가르침을 좋아하지
않는 것이 아니라, 노력해도 안 돼요." 선생님이 이렇게 말했다.
"노력해도 안 되는 자는 중도에서 쓰러지는데 너는 지금 처음부터
안 된다고 선을 긋고 있어."

6.11    선생님이 자하(子夏)에게 이렇게 말했다. "너는 군자다운 인재가
되어야지 소인배 같은 인재가 되면 안 돼."

6.12    자유(子游)가 무성(武城)이라는 곳의 행정을 총괄하게 되었다.
선생님이 "쓸 만한 사람이 있던가, 어떤가?"라고 하자 자유가
이렇게 말했다. "담대멸명(澹臺滅明)이란 자가 있는데, 업무처리에
편법을 쓰지 않고, 공무가 아니면 제 집무실에 오지를 않습니다."[30]

6.13    "맹지반(孟之反, 노나라의 대부)은 자랑을 늘어놓는 사람이 아냐.
퇴각하는 군대의 후미를 엄호하다가 도성에 들어올 즈음해서는
말을 채찍질하면서 '내가 용감하게 나중에 후퇴한 것이 아니라
말이 느렸을 뿐이야'라고 했어."

6.14    "위(衛)나라의 제사를 관장했던 타(鮀)처럼 말재주가 있거나
송나라의 귀족 조(朝)처럼 잘생기지 않으면 요즘 세상에서 곤욕을
면하기가 어려워."

“문을 통하지 않고 누가 나갈 수 있지? 어째서 이 올바른 도리가 지켜지지 않는 거지?”

6.15

“실질(質)을 앞세워 문화(文)를 소홀히 하면 촌스럽게 되고, 문화를 앞세워 실질을 소홀히 하면 그저 고문서나 다루는 사관(史官)일 뿐이지. 문화뿐 아니라 실질까지 빠짐없이 갖춰져야 비로소 군자가 될 수 있겠지.”

6.16

“사람은 정직하게 살아야 해. 거짓되게 살면 기껏 운이 좋아봤자 들키는 것을 면할 뿐이지.”

6.17

“어떤 것을 아는 사람은 그것을 좋아하는 사람만 못하고, 그것을 좋아하는 사람은 그것에서 행복을 누리는 사람만은 못해.”

6.18

“중간 이상의 사람과는 더 높은 수준의 이야기를 할 수 있지만, 중간 이하의 사람과는 더 높은 수준의 이야기를 나눌 수 없어.”

6.19

번지(樊遲)가 지혜에 대해서 물으니 선생님이 이렇게 말했다. “사회 정의를 위해 힘쓰고 신령한 것들에 대해서는 경건한 태도를 유지하되 멀리한다면 지혜롭다고 할 수 있지.” 윤리적 결기에 대해서 물으니 선생님이 이렇게 말했다. “윤리적 결기는 어려운 일부터 먼저 하고 수확은 나중에 생각해 보는 것이야. 그 정도면 윤리적 결기라 할 만하지.”

6.20

“지혜로운 자가 누리는 기쁨은 물과 같고, 윤리적 결기가 있는 자가 누리는 기쁨은 산과 같지. 지혜로운 자는 역동적이고, 윤리적 결기가 있는 자는 흔들림이 없어. 지혜로운 자는 즐거움을 누리고, 윤리적 결기가 있는 자는 오래도록 기억될 거야.”

6.21

6.22   “제(齊)나라가 한번 제대로 바뀌면 노나라 수준이 될 거고,
노나라가 한번 제대로 바뀌면 올바른 도리가 행해질 거야.”

6.23   “법이 법 같지 않으면 그게 법이니? 그게 법이냐고.”[31]

6.24   “윤리적 결기가 있는 자는 ‘우물에 사람이 빠졌어요’라고 누가
일러주면 구하러 들어가나요?”라고 재아(宰我)가 묻자 선생님이
이렇게 답했다. “어째 그렇겠니? 군자가 현장에 가볼 순 있겠지만,
우물 속에 뛰어들진 않겠지. 거짓말로 속일 수는 있겠지만,
터무니없는 일을 하게 할 수는 없어.”

6.25   “군자가 문물을 폭넓게 배우고 예법으로 자신을 제약한다면 선을
넘지는 않겠지!”

6.26   선생님이 위나라 군주 영공(靈公)의 아내(南子)를 만나봤다. 자로가
불쾌하게 여겼다. 선생님이 맹세하면서 이렇게 말했다. “내가 만일
부적절한 일을 했다면 천벌을 받을 거야, 천벌을 받을 거라고.”

6.27   “적절하게 변함없이 행동하는 것이 궁극의 미덕이지! 사람들에게
이 미덕이 드물게 된 지 오래됐네.”

자공이 이렇게 말했다. "널리 베풀어 모든 백성이 잘 살도록
해준다면 어떤가요? 윤리적 결기라고 할 수 있나요?" 선생님이
이렇게 말했다. "그게 어떻게 윤리적 결기이기만 하겠니? 성스러운
것이지. 요 임금과 순 임금도 그렇게 하지 못해 힘들어 했지.
윤리적 결기는 말이야, 자기가 성공하고 싶으면 남도 성공하게
하고, 자기가 잘하고 싶은 것이 있으면 남도 잘하도록 하는
것이야. 가까운 데서 시작해서 멀리까지 가는 것이 윤리적 결기를
실천하는 방법이라고 할 수 있지."

이 편의 전반부에는 공자가 높이 평가한 몇몇 제자들에 관한 구절들이 수록되어 있고, 후반부는 보다 일반적 내용을 담은 구절로 구성되어 있다.

## 제자들에 대한 인물평

중궁(이름은 염옹冉雍)은 출신 배경은 미천하지만 "임금을 해도 되겠어"라고 공자가 격찬해 마지않은 제자였다(6.1, 6.4). 소탈한 태도로 사람을 대하는 것은 물론 좋지만 소탈함으로만 일관한다면 그 또한 문제가 있을 수 있다는 점에 대해서도 공자는 중궁의 견해가 옳다면서, 자신의 견해를 수정하는 모습을 보이기도 한다(6.1). 중궁은 비록 말재주는 없지만 공자는 그것이 오히려 장점이라고 평가하고(5.4), 제후국 통치자에 걸맞는 수준의 미덕과 윤리적 결기를 갖추도록 중궁을 격려하는 구절도 있다(12.2).

안타깝게도 일찍 죽은 제자 안연에 대한 구절들(6.2, 6.5, 6.9), 훌륭한 품성과 행동으로 높이 평가 받았으나 몹쓸 병에 걸려 임종을 앞두고 있는 제자 백우를 찾아가 슬픈 마음으로 작별을 고하는 구절도 있다(6.8). "싹은 텄어도 꽃이 피지 못하는 경우가 있고, 꽃은 폈어도 열매를 맺지 못하는 경우도 있지"라는 공자의 말도 이런 아쉬움을 담은 것이리라(9.21).

중궁, 안연, 백우와 함께 민자건도 덕행으로 높이 평가 받은 제자이다(11.2). 민자건은 공자를 보좌할 때 온화하게 시시비비를 가려 일 처리를 했고(11.12), 공자도 민자건에 대해서 "긴말 안 하지만 핵심을 짚는 바른 말을 하는 자"라고 높이 평가하고(11.13), 그의 효심을 칭찬하기도 했다(11.4). 노나라의 권세가 계씨(季氏)가 민자건에게 비(費)라는 고을의 행정 책임을 맡기려 하자, 민자건이 정중하지만 단호하게 거절했다는 구절도 이 편에 있는데(6.7), 그것에 대해서는 아래에서 좀 더 논의한다.

논어에는 노나라의 정권 실세였던 계씨 집안과 얽힌 이야기가 다수 수록되어 있다. 계씨 3대(계평자, 계환자, 계강자)에 대하여 공자와 그 제자들이 취한 다양한 입장을 드러내는 구절들이다. 계강자의 할아버지 계평자에 대해서 공자는 팔일무를 자기 집 정원에서 추게 하는 등 의전 예법을 어기고 통치의 위계질서를 무너뜨린 자라고 분통을 터트린 적이 있다(3.1). 그러나 계평자 사망 후 그 아들 계환자를 구금하고 노나라 정권 실세들과 대립 관계에 놓이게 된 계씨 집안의 가신 양화(陽貨)와의 관계에서 공자는 약간 애매한 입장을 취한다. 권세가들을 몰아내고 정치를 개혁하고자 하는 양화의 적극적 영입 제의에 대해서는 공자가 완곡히 거절하는 모습을 보였지만(17.1), 양화와 함께 반란을 일으킨 공산불요(公山弗擾)가 비(費) 고을을 차지하고 공자를 초청하자 공자는 (자로의 반대에도 불구하고) 자신의 개혁 의지를 실현해 볼 수 있는 기회라고 생각하여 초대에 응하고자 했다(17.5). 양화의 반란은 얼마 못 가 실패로 끝났고 계환자가 권력을 회복하자 염유와 자로, 중궁이 계환자를 보좌했다(16.1, 3.6, 11.16, 11.23, 13.2). 이때 자로는 자고(子羔)를 계씨에게 천거하여 비(費) 고을의 행정 책임을 맡도록 하기도 했다(11.24). 계환자가 죽은 후 그의 아들 계강자(季康子)가 실권을 잡게 되자 공자는 계강자와 일정한 협력 관계를 유지한 것으로 보인다(2.20, 6.6, 10.11, 11.6, 12.17, 12.18, 12.19, 14.20).

　　이 편에는 계강자가 공자에게 자로, 자공, 염유에 관해 문의하는 구절이 수록되어 있다. 공자는 이들 제자들이 계강자에게도 기용되기를 희망하며 그들의 장점을 나열하며 적극 추천한다(6.6). 그러나 바로 다음에 배치된 구절에는 "계씨"가 민자건에게 비(費) 고을의 행정을 맡기려 하자 민자건이 사양했다는 내용이 담겨있다(6.7). 이 구절의 "계씨"는 아마도 계환자일 가능성이 크다. 계강자였다면, '계씨(季氏)'라고 하지 않고 '계강자(季康子)' 또는 '강자(康

子)'라고 적었을 것이다. 염유, 자로, 중궁은 계환자를 보좌하고 조력하는 직책을 수행했지만, 민자건은 비 고을의 행정 책임을 맡아 달라는 계환자의 부탁을 거절한 이유가 무엇인지는 알 수가 없다. 어쩌면 민자건은 다른 제자들보다 더욱 엄격한 자신의 윤리적 판단 기준을 내세워 계환자의 녹(祿)을 받기를 거부했던 것일 수 있다.[32] 다른 한편으로 생각하면, 거듭된 반란의 근거지였던 비 고을의 행정을 담당하는 데는 여러 어려움이 있을 거라 여겼을 수도 있다. 자신의 역량으로는 도저히 그 임무를 맡을 수 없다는 생각에서 사양한 것일 수도 있다는 말이다. 공자도 비 고을 읍재(邑宰) 직이 만만한 임무가 아니라고 여기고 있었음을 보여주는 구절도 있다. 계환자를 보좌하던 자로의 추천으로 공자의 제자 자고(子羔)가 비 고을 읍재 직을 맡게 되자 공자는 경험과 역량이 미흡한 자고가 제대로 그 일을 수행하기 어려울 것이라고 보고 능력이 되지도 않는 자고를 추천한 자로를 책망하는 구절이 그것이다(11.24). 민자건과는 달리 비 고을 읍재 직을 덜컥 수락한 자고에 대해서는 '어리석다'는 평가가 논어에 수록되어 있다(11.17).


## 제자 염유의 능력과 한계

제자 염유는 뛰어난 행정 실무 역량이 있었던 것으로 보인다. 공자는 염유가 온갖 훌륭한 재주가 있다고 계강자에게 선전하기도 하고(6.6), 완벽한 사람은 어떤 사람이냐고 자로가 공자에게 물었을 때 (완벽한 사람이 어디 있겠느냐는 생각에서) 농담을 섞어 당시 유명한 귀족들과 염유를 같은 급으로 거론하면서 "장무중(臧武仲)의 지혜, 맹공작(孟公綽)의 초연함, 변장자(卞莊子)의 용기, 그리고 염유의 재주에다가 문물 제도에 관한 세련된 교양을 겸비하면 완벽한 사람이겠지"라고 하기도 했다(14.13). 염유와 자로는 행정 실무(政事)에 출중했다는 구절도 있고(11.2), 염유가 선생님을 보좌할 때 화기롭고 유쾌했다는 구절도 있다(11.12). 공자는 천 가구가 사는 큰 고을의 행정 실무를 총괄하는 일을 염유가 잘해낼 것이라고 평가했고(5.7), 염유 스스로도 자기는 꽤 규모가 있는 고을의 행정 실무를 담당할 능력이 있다고 자부하는 모습을 보여주는 구절도 있다(11.25).

그러나 염유는 계환자의 가신으로 있으면서 세금을 마구 징수하여 계씨를 배불리는 행위를 했고(11.16), 공자의 제자 공서적이 사신(使臣)으로 제(齊)나라에 머무는 동안 공서적의 가족에게 지나치게 후한 대우를 해줌으로써 - 공평무사하게 일을 처리하는 것이 아니라, 친한 자에게 특혜를 베푸는 행위를 하여 - 공자로부터 질책을 듣기도 했다(6.3). 공자는 염유가 공공의 이익을 위해 헌신하기보다는 계씨 일가의 사적 이익을 돌보는 상황이 아닌지 우려했음을 보여주는 구절도 있다(13.14). 적극적으로 나서기보다는 소극적으로 뒤로 물러나는 성향을 가진 염유(11.21)는 계씨가 의전 예법을 어기고 제후 행세를 하며 태산에 가서 여(旅) 제사를 지내는 사태를 막지도 못했고(3.6), 계씨가 전유(顓臾) 지방을 무력 침공하려는 계획에 반대하기는커녕 오히려 동조하고 있다는 사실을 공자가 파악하고는 염유의 미흡한 정무적 판단 능력에 실망했다는 구절도 있다(16.1). 그래서 공자는 염유가 "훌륭한 신하(大臣)"는 못된다고 보고, 그저 "옆에 두고 부리기 좋은 신하(具臣)" 정도로 평가한다(11.23). 공자는 염유의 단점들을 지적하고 개선을 촉구했지만, 소극적인 염유는 "노력해도 안 돼요"라는 핑계를 댄다. 이에 공자는 염유가 아예 노력도 안 하고 있다고 질책하는 모습을 생생하게 보여 주는 구절이 이 편에 수록되어 있다(6.10).


## 고(觚)가 고(觚) 같지 않으면…

6.23의 원문은 "觚不觚 觚哉 觚哉"이다. "고(觚)가 고(觚) 같지 않으

**117**

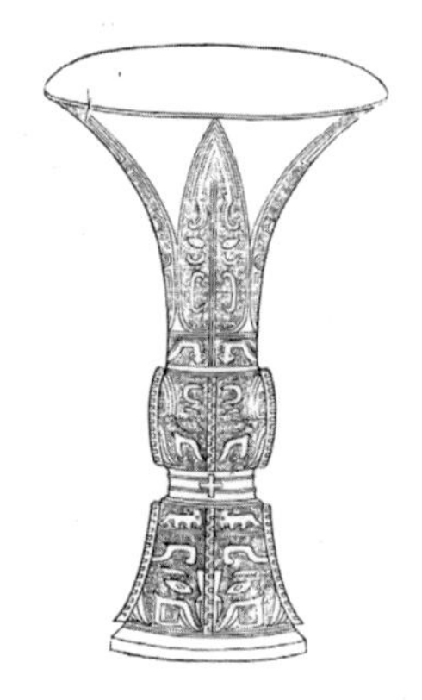

술잔 고(觚)

면, 그게 고니? 그게 고냐고”라고 직역할 수 있는 구절이다. 고(觚)는 완만한 곡선으로 된 몸체의 끝이 깔끔하게 마무리된 특색 있는 술잔이다. 그렇게 생기지도 않은 술잔을 누가 내밀며, 이것이 고라고 우기거나 권위 있는 어떤 자가 그것을 고라고 선언하면 그게 고가 될까? 누가 뭐래도 아닌 것은 아닌 것이다.

이 구절에서 고(觚)는 공자가 비유적으로 거론한 하나의 대상이므로, 그 자리에는 상황에 따라 다른 것이 대입될 수 있다. 예를 들어, “스승이 스승 같지 않으면, 그게 스승이니? 스승이냐고”라고 따끔히 지적해야 할 상황도 있을 수 있고, “법관이 법관 같지 않으면 그게 법관이야? 법관이냐고”라고 비판해야 할 상황이 생길 수도 있다. 법(法)은 올바른 것이어야 하고 모범이 되어야 하는데, 법이 엉망진창으로 삐뚤어지고 망가져 “법이 법 같지 않으면, 그게 법이니? 그게 법이냐고”라고 항의하며 분노를 표현하는 말이 될 수도 있다. 한글 번역문에서는 ‘법’을 하나의 예시로 사용했다. ‘고(觚)’라고만 할 경우, 추가 설명 없이는 의미 전달이 어렵기 때문이다.

7.

있는 것을 전할 뿐

7.1 “나는 있는 것을 전할 뿐, 없는 것을 지어내지 않아. 옛 것을 믿고 좋아하지. 내가 좋아하는 은나라 현자 노팽(老彭)과 비슷하다고 혼자 생각해 보기도 해.”

7.2 “말 없이도 알아차리고, 배우기를 싫어하지 않고, 가르치는 것을 귀찮아하지 않는 것. 이런 것이야 내게 무슨 어려움이 있겠니?”

7.3 “미덕을 수련하지 못하고, 배운 것을 말로 풀어내지 못하고, 옳은 것을 듣고도 행하지 못하고, 나쁜 것을 개선하지 못하는 것. 이런 것이 내 고민이야.”

7.4 선생님은 집에 계실 때 몸가짐이 느긋했고 얼굴빛은 화평했다.

7.5 “내가 예전만 같지 않구나. 꿈에 주공(周公)을 다시 못 본 지 오래됐네.”

7.6 “올바른 길을 가겠다는 굳은 심지를 가지고, 미덕(德)을 거점으로 삼아 행동하며, 윤리적 결기에 의지하고, 놀 때는 기예(藝)를 펼쳐 봐.”

7.7 “스스로 행동을 단속하고 수련하는 이상, 나는 안 가르쳐 준 적이 없어.”

7.8 “분노하지 않고서는 깨달을 수 없고, 이를 악물지 않고서는 발전이 없어. 내가 한 구석을 드는데, 너희들이 나머지 세 구석을 들지 않는다면 나는 다시 되풀이하지 않아.”

7.9 상(喪)을 당한 자 옆에서 식사하실 때에는 선생님은 배불리 드시지 않았다. 문상을 가서 곡을 한 날에는 노래를 부르지 않으셨다.

선생님이 안연에게 이렇게 말했다. "기용되면 활약하고 해임되면
사라지고. 이건 오직 너와 나만 그렇지 않겠니?" 자로가 "선생님이
제후국의 전 병력을 지휘하신다면 누구와 함께 하실 거예요?"라고
묻자 선생님이 이렇게 말했다. "'맨주먹으로 호랑이를 때려잡고
맨몸으로 강을 건너며' 죽어도 아무 후회가 없는 그런 자와는
함께하지 않을 거야. 일을 대할 때 두려움을 가지고 미리 잘
계획해서 임무를 이루어내는 자와 함께할 거야."[33]

"부를 추구해서 부가 얻어진다면야 나도 채찍을 들고 길 정리하는
일이라도 했겠지. 하지만 부는 추구한다고 얻어지는 것이 아닌
듯하니, 난 그저 내가 좋아하는 일을 할 뿐이야."

선생님은 제사 준비, 전쟁, 질병이 도는 기간에는 삼가는 태도를
유지하셨다.

선생님이 제(齊)나라에 계실 때 소(韶) 음악을 듣고 석 달 동안이나
고기 맛을 느끼지 못할 정도로 감동을 받았다. 선생님이 이렇게
말했다. "음악이 그 수준에까지 갈 수 있는지는 미처 몰랐네."

7.14     염유가 "우리 선생님이 위나라 군주(출공 出公)를 도울 것
같나요?"라고 하자 자공이 "알았어, 내가 물어볼게"라고 했다.
자공이 선생님 방에 들어가 이렇게 말했다.

자공: "백이와 숙제는 어떤 사람인가요?"

선생님: "옛날의 훌륭한 사람들이지."

자공: "원망은 없었을까요?"

선생님: "윤리적 결기를 원해서 윤리적 결기를 이뤘는데 무슨
원망이 있겠니?"

자공이 방에서 나와 이렇게 말했다. "우리 선생님은 위나라 군주를
돕지 않을 거야."

7.15     "단출한 식사 후 물 마시고 팔베개를 하고 누우면 그 또한 즐거울
수 있지. 의롭지 않게 얻은 재물과 지위는 내게 뜬구름과 같아."

7.16     "내게 몇 년이 더 주어진다면 세상 변화의 이치를 더 배워 큰
잘못은 없도록 할 텐데."

7.17     선생님이 우아하게 설명한 내용은 옛 노래, 옛 문헌, 예식 거행
방법에 관한 것이었다. 이들 모두에 대해서 선생님은 옛날 표현을
사용하여 우아하게 설명해주셨다.

7.18     초나라 대부 섭공(葉公)이 자로에게 공자가 어떤 사람이냐고 묻자
자로가 상대하지 않았다. 〔이 일을 전해 들은〕 선생님이 이렇게
말했다: "너 왜 대답을 안 했니? 그 사람은 분노하면 식사하는
것도 잊어 버리고, 기쁘면 걱정도 잊어 버리고, 곧 나이가 들어
노인이 될 거라는 것도 모르는 사람이라고 대답하지 그랬니."

7.19     "난 배우지 않고도 아는 사람이 아니야. 옛 것을 좋아해서
부지런히 탐구하는 사람이지."

논<br>어   귀<br>환   금<br>서<br>의

선생님은 기괴한 일, 자연 재해, 반란, 귀신에 대해서는 말을
늘어놓지 않았다.

7.20

"세 사람이 있으면 거기에는 반드시 내 스승이 있어. 그 중 나은
사람을 골라 그 사람을 따르고, 그 중 못한 사람처럼 안 되도록 나
자신을 개선하면 돼."

7.21

"하늘이 나에게 훌륭한 미덕을 갖추게 했는데 환퇴(桓魋)가 나를
어쩌겠느냐?"[34]

7.22

"너희들 내게 숨기는 게 있니? 나는 너희들에게 숨기는 게 없어.
너희들 모르게 뭘 하지는 않아. 나는 그래."

7.23

선생님은 네 가지를 가르치셨다: 문헌과 문물, 올바른 행동,
충직함, 믿음직함.

7.24

"성인은 내가 만나보지 못하겠지만 군자를 만나볼 수는 있겠지.
착한 사람은 내가 만나보지 못하겠지만 한결같은 사람은 만나볼
수 있겠지. 없는데도 있는 척, 텅 비었는데도 꽉 들어찬 척,
가난한데도 여유로운 척 행세하면 한결같기는 어렵겠지."

7.25

선생님은 낚시는 했지만 그물을 사용하지 않았고, 화살로 새를
잡긴 했지만 둥지에 있는 새를 겨냥하지는 않았다.

7.26

7.27 "잘 알지 못하면서 이러쿵저러쿵하는 사람도 있지만, 나는 그렇지
않아. 많이 듣고(多聞) 그 중 좋은 것을 가려서 따르고, 많은
경험(多見)을 통해서 깨닫게 되지. 이게 바로 앎에 도달하는
방법이야."

7.28 호(互) 지방 사람들은 말을 섞기 어려운 수준인데 그곳 젊은이를
공자가 만나 봤다. 제자들이 그 이유를 궁금해 하자 선생님이
이렇게 말했다. "나를 보러 와 있는 동안 상대하고, 물러간 후의
일은 상관하지 않는 것이 그렇게 잘못된 건가? 자기 몸가짐을
깨끗이 하고 나를 보러 오면 그 깨끗함을 상대하면 되잖아. 그자의
과거를 옹호하자는 게 아냐."

7.29 "윤리적 결기가 멀리 있는 건가? 내가 원하면 당장에 윤리적
결기를 가질 수 있지."

7.30 진(陳)나라 관리가 노나라 군주 소공(昭公)이 예법을 알았는지
공자에게 묻자 공자가 "예법을 알았습니다"라고 답했다. 공자가
나간 후, 그 관리는 공자의 제자 무마기(巫馬期)에게 예법을
갖추어 인사를 하고 가까이 다가가 이렇게 말했다. "저는 군자는
당파를 만들지 않는다고 들었는데, 군자도 당파를 만드나 봅니다.
노나라 소공은 오(吳)나라에서 자기와 같은 성(姓)을 가진 여자를
아내로 취해 놓고 〔그것을 가려 덮고자〕 오맹자(吳孟子)라고
불렀습니다. 소공이 예법을 안다면 누가 예법을 모르겠습니까?"
무마기가 선생님께 보고하자 선생님이 이렇게 말했다. "난
행운아로군. 내가 조금이라도 잘못 말하면 사람들이 반드시
알아차려."

7.31 같이 있는 사람이 노래를 잘 부르면 선생님은 반드시 또 한 번
부르게 하여 자기도 그 사람과 함께 불렀다.

"문헌과 문물은 내가 누구보다도 잘 알지만, 군자답게 실제로
행동하는 것은 아직 터득하지 못했어."

7.32

선생님이 "성스러움(聖)이니, 윤리적 결기니 하는 경지야 내가
어찌 감히 넘보겠니. 하지만 그걸 위해 노력하는 것을 싫어하지
않고, 가르치는 것을 지겨워하지 않는 것은 내가 그렇다고 할 수
있지"라고 하자 공서화(公西華)가 이렇게 말했다. "바로 이것을
제자들이 배울 수가 없는 것입니다."

7.33

선생님이 위중한 병에 걸렸다. 자로가 기도를 하겠다고 하자
선생님이 "기도문은 있니?"라고 했다.
자로: "있어요. 추도사에 보면 '그대를 위해 천지신명께 간절히
비나이다'라고 되어 있습니다."
선생님: "내가 그렇게 기도한 지 오래됐어."

7.34

"돈이 많으면 거만하게 되고, 돈이 없으면 완고하게 되지.
거만하기보다는 완고한 게 나아."

7.35

"군자는 너그럽고 태평스럽지만, 소인은 온갖 걱정이 많아."

7.36

선생님은 따스하되 엄정했고, 위엄이 있지만 사납지 않았고, 예의
바르고 편안하게 사람을 대했다.

7.37

배우기를 싫어하지 않고 가르치기를 귀찮아하지 않는다는 구절(7.2, 7.19, 7.33), 하지만 배운 것을 말로 풀어 남들에게 설명하기가 쉽지는 않고, 몸소 수련하고 실천하는 것은 더욱 어렵다며 고민하는 구절(7.3, 7.32), 그리고 자신은 있는 것을 전할 뿐 없는 것을 지어내지 않으며(7.1), 있는 것을 숨기지도 않는다는 구절(7.23)은 스승으로서 공자가 내리는 자기 평가라고 하겠다.

한편, 제자들에게는 분노하지 않고는 깨달을 수 없고 이를 악물지 않고서는 발전이 없다면서 분발하도록 촉구하고(7.8), 올바른 길을 걷겠다는 굳은 의지를 가지고 윤리적 결기에 의지하는 삶을 살아야 하며, 다양한 기예도 배워서 놀 때는 수준 높게 놀아야 한다고 충고하는데 이것은 스승이 제자에게 주는 최상의 조언이다(7.6).

하지만 스승이 따로 있을 수는 없고, 스승과 제자는 고착된 상하 관계, 복종 관계가 아니다(19.22). 정해진 스승이 있는 것이 아니라 세상 사람 누구든지 그자로부터 배울 점이 있을 수 있고, 그자의 장점이나 단점으로부터 나를 개선하는 계기를 찾을 수 있다(7.21). 다양하게 많이 보고 듣고 경험과 견문을 넓히는 과정이 배움이라는 점을 설명하는 구절(7.27)도 이 편에 수록되어 있다.

논어를 편찬한 사람들은 이 모든 것을 종합적으로 요약하여, 공자가 "문헌과 문물(文), 올바른 행동(行), 충직함(忠), 믿음직함(信)" 이 네 가지를 가르쳤다고 기억한다(7.24).


### 육포 꾸러미? 자행속수(自行束脩)의 본뜻

이 편에 수록된 다음 구절은 해석의 어려움이 있다(7.7):

**自行束脩以上 吾未嘗無誨焉**

이 구절 후반부(吾未嘗無誨焉)는 해석상 논란이 없이 "나는 안 가르쳐 준 적이 없다"는 뜻이다. 문제는 전반부(自行束脩以上)에 있다. 고금의 해석가들은 사람들이 공자를 처음 만나러 올 때 당시 예법에 따라 말린 고기(脩) 열 개 묶음 꾸러미(束)를 선물(예물)로 가지고 왔다고 전제하고, 이러한 선물을 받은 이상 공자가 안 가르쳐 준 적이 없다고 해석해 왔다. 정약용은 여러 문헌을 폭넓게 검토하여 '속수(束脩)'는 세 가지 뜻이 있었다고 소개하지만(육포 꾸러미, 15세가 되어 행하는 의복 착용 예식, 자신을 단속하고 행동과 처신을 가다듬는 것) 결국에는 주희의 견해에 따라 육포 꾸러미라는 해석을 채용한다.[35] 서양의 해석가들도 다르지 않다.

하지만, 예물(선물) 예법에 초점이 맞춰진 이런 해석은 束과 脩라는 글자가 논어에서 사용된 용례에도 반하고, 이 편에 수록된 다른 구절의 내용에 비추어 보더라도 설득력이 미흡하다. 우선, 수(脩)라는 글자는 논어의 다른 구절에서는 '수련하다, 다스리다, 가다듬다'는 뜻으로 쓰인다. 예를 들어,

**德之不脩 學之不講** (7.3)

덕을 수련하지 못하고, 배운 것을 말로 풀어내지 못하고

**崇德 脩慝 辨惑** (12.21)

최상의 미덕, 간사한 생각을 다스리는 것, 미혹을 가려내는 것

**子羽脩飾之** (14.9)

자우(子羽)가 〔외교 문서를〕 가다듬어 꾸미고

**脩己以敬 … 脩己以安人 … 脩己以安百姓** (14.45)

자신을 가다듬고 삼가는 마음을 가지는 것 …

자신을 가다듬고 사람들을 편안케 하는 것 …

자신을 가다듬고 백성을 편안케 하는 것

논어뿐 아니라, 맹자, 순자 등에서도 '脩'는 가다듬는다(修), 다스린다(治)는 뜻으로 흔히 사용된다.[36] '束'이라는 글자도 논어의 다른

구절에서는 허리띠를 '여며 매다', '복장을 단정히 하다'는 뜻으로 사용된다(5.7).

　속수(束脩)를 육포 꾸러미라고 해석할 경우, 문장 첫머리에 나오는 자(自)라는 글자를 설명하기가 어려워진다. "行束脩"를 육포를 선물로 바치는 만남의 예법 절차, 즉, "속수의 예를 행한다"는 뜻으로 본다면, '自'라는 글자를 앞에 더하여 그 행위를 '스스로' 한다(남이 대신 하도록 하는 것이 아니라)는 점을 강조했다는 말이 된다. 하지만 굳이 '자신이 직접 한다'는 점을 강조할 이유를 설명하기는 어렵다. 첫 만남의 자리에 선물을 들고 가는 행위를 자신이 안 하고 남을 시켜서 할 이유가 있을지부터가 의문이기 때문이다. '自'를 속수의 예를 행한 '다음부터는'이라고 풀이하기도 하지만, 그럴 경우 끝에 나오는 '以上'이라는 글자와 의미가 중복되므로 自와 以上 중 하나는 애초에 없어도 되는 군더더기 말이 된다. 즉, 공자가 깔끔하지 못한 표현을 구사했다는 것이다. 문장의 일부를 불필요하게 만드는 해석을 굳이 선택함으로써 원저자의 표현력을 탓하게 되는 상황인데, 이런 해석이 과연 타당한지는 의문이다.

　"自行束脩以上"은 육포 꾸러미와 관련지어 해석할 것이 아니다. 이 구절은 "스스로 행동을 단속하고 수련하는 이상" 공자는 안 가르쳐 준 적이 없었다는 뜻으로 해석하는 것이 옳다. 이러한 공자의 태도를 보여주는 구체적 사례도 이 편에 소개되어 있다. 호(互)라는 고을의 사람들은 악명이 높았던 모양이다. 그곳 사람들과는 말을 섞기조차도 어렵다는 것이 당시의 일반적 평가였는데, 공자는 이런 편견에 사로잡히지 않고 그곳 출신 젊은이를 만나 봤다. 제자들이 불만 섞인 의문을 제기하자 공자는 "그게 무슨 문제니?"라고 반문하면서, "자기 몸가짐을 깨끗이 하고 나를 보러 오면 그 깨끗함을 상대하면 되는 것 아니냐(人潔己以進 與其潔也)"라고 하는 구절이 그것이다(7.28). 예물(선물)을 가져왔는지 여부에 따라 가르쳐 줄지 말지를 결정하는 사람이 공자였다면 애초에 제자들이 혼란을 겪거나 의문을 제기할 여지도 없었을 것이다. 그 젊은이가 육포 꾸러미를 가져왔으면, 공자는 군말 없이 가르쳤을 것이고, 육포 꾸러미를 가져 오지 않았다면 그 사람을 만나보고 이야기를 나눌 이유도 없었을 것이기 때문이다. 하지만, 이 구절은 공자를 만나 가르침을 청하는 상황이 문제로 되었을 때, 어느 누구도 육포 꾸러미 같은 선물이나 예물을 거론하지는 않고 있음을 보여준다. 공자는 배움을 청한 자가 "자기 몸가짐을 깨끗이 하는지(潔己)"만을 거론하고 있을 뿐이고, 공자나 제자 어느 누구도 그 청년이 육포 꾸러미를 가져왔는지 따지지는 않고 있다.

자기 향상을 위하여 스스로 분발하지 않는 자, 스스로 행동을 단속하고 수련하지 않는 자에 대해서 공자는 "두 번 말하지 않는다"면서 냉정한 태도를 유지했음을 보여주는 구절(7.8)도 있다. 그 바로 앞에 나오는 구절이 '自行束脩'로 시작하는 구절이다. 이 구절(7.7)이 수록된 위치 또한 '스스로 행동을 단속하고 수련하는 이상 안 가르쳐 준 적이 없다'는 해석에 설득력을 더해 준다. 이렇게 해석해야 뒤에 나오는 구절(7.8)과의 맥락이 이어지며 쌍을 이루게 된다. 자기 향상의 열의가 있는 자라면 누구든지 가르쳤고(7.7), 자기 개선의 열의가 없는 자를 상대로 가르쳐 보겠다고 시간과 노력을 허비하지는 않았다(7.8)는 것이다.

공자의 가르침은 글 공부에 초점이 맞춰진 것이 아니라, 올바른 행동과 삶의 자세(行, 忠, 信)를 일깨워 주는 데 비중이 놓여 있었음을 기억할 필요도 있다. 올바른 언행과 삶의 자세를 가르치려는 공자의 입장에서는 배우려는 자가 "스스로 행동을 단속하고 수련하는지(自行束脩)" 여부가 결정적으로 중요할 수밖에 없다.

공자는 또한 이렇게 말한 적도 있다(15.7, 6.19):

> 대화가 될 법한(可與言) 사람인데도 말을 걸지 않으면 사람을 잃어버리는 것이고, 대화가 안 되는 사람인데도 말을 거는 것은 말을 허비하는 것이지. 지혜로운 사람은 사람을 잃어버리지도 않고 말을 허비하지도 않아.

육포 꾸러미를 선물로 가져오기만 하면 아무나 가르쳤다는 해석은 이 모든 구절들과도 충돌한다. 대화가 안 되는 사람인데도 선물을 가져오기만 하면 가르쳐 보려고 시간과 노력을 허비했다는 부당한 해석이 되기 때문이다. 스스로 행동을 단속하고 수련하는지가 결정적으로 중요하다. 대화가 될 법한(可與言) 사람이란 바로 그런 사람을 말한다. 그런 자세가 갖추어진 이상, 그자는 이미 중간 이상(中人以上)이라고 볼 수 있다. "가르침에 차별이 있을 수 없다(有教無類)"는 공자의 말(15.38)은 육포 꾸러미를 선물로 들고 올 형편이 되는지 안 되는지, 출신 배경이 무엇인지 등에 구애되지 않고, 자신의 행동을 단속하고 수련(自行束脩)하는 이상 안 가르쳐 준 적이 없다는 뜻이지, 아무나 육포 꾸러미만 가져오면 가르쳐 보려고 헛수고를 했다는 뜻이 아니다.

스승에 대한 감사 표시 또는 첫 만남의 예법 준수가 육포 꾸러미라는 특정한 선물을 바치는 방식으로 반드시 행해져야만 한다는 발상 자체가 고지식하기 짝이 없다. 이런 생각 때문에 공자의 가르침이 왜곡되고 오해되는 것이다. 공자는 옥이나 비단, 육포 꾸러미 같은 외형적 '예물' 예법에 집착적 관심을 보인 인물이 아니었다. 이 점은 다음 구절에서도 드러난다(17.11):

예법, 예법 그러는데, 내가 옥이나 비단 이야기하는 줄 아니?

예법의 외형적, 물질적 측면에 천착하는 그릇된 태도는 맹자의 저술에서 발견된다. 맹자는 제후가 사냥터 관리인을 호출할 때는 가죽 모자(皮冠)를 호출의 징표로 사용하는 것이 올바른 의전 예법이라고 완고하게 전제한다. 그리하여, 만약에 제후가 깃털로 장식된

깃발(旄)을 호출 징표로 사용하여 사냥터 관리인을 호출했다면, 사냥터 관리인은 의전 예법에 어긋나는 호출은 거부해야 하고 심지어는 호출 거부의 대가로 처형당하는 사태까지도 감수해야 한다고 적고 있다. 이처럼 고지식하기 짝이 없는 예물 중심의 예법론을 펼치는 자가 맹자다.[37]

예물에 집착하는 이런 견해는 시간이 갈수록 점입가경이다. 겨울에는 꿩(雉)을, 여름에는 말린 꿩고기 육포(腒)를 선물로 써야 한다든지, 대부가 서로 만날 때는 기러기(雁)를 삼베로 싸고 새끼로 묶어 선물로 쓰고, 상대부가 서로 만날 때는 염소(羔)를 삼베로 싸고 염소 얼굴을 결박하여 선물로 쓴다는 등 복잡하고 난삽한 예법 절차가 등장하게 된다. 낯설기 짝이 없는 (하지만 학식이 출중한 누군가는 옛 문헌 ― 논어는 아니다 ― 어디에선가 전거를 찾아 내어 고증할 수 있는) 이런 예물 예법을 준수하는 것이 공자의 가르침이라는 그릇된 생각이 창궐하는 것이다. 예물 예법에 매몰된 후대의 시각으로는 논어를 올바로 이해할 수 없다.

공자가 강조한 예법은 옥이나 비단, 육포 꾸러미 따위에 관한 것이 아니다. 예물 예법에 집착하는 해석자는 자신의 오해를 공자에게 투영하여 공자를 예물에 집착하는 고지식한 스승으로 묘사하게 된다. 그리고, 행동을 단속하고 수련하는지에 주목하는 것이 아니라 육포 꾸러미를 예물로 들고 왔는지에 주목하여 그것에 따라 가르침이 진행될지 여부가 결정된다는 해석은 배움 자체에 대한 오해까지 노출한다. 올바른 행동과 삶의 자세(行, 忠, 信)를 배우는 것이 아니라, 그저 문헌과 문물(詩, 書, 禮, 樂)에 대한 지식 습득(學文)이 배움이라고 좁게 규정한 해석자들은 어떻게 행동을 단속하고 수련하는지는 관심도 없다. 오로지 격식과 절차에 따라 예법에 규정된 예물을 가져왔는지에만 집착적 관심을 보이는 것이다.

당시 경제 상황이 어땠는지 상세한 정보가 없어 육포 열 개 묶음(束) 꾸러미를 마련하려면 어느 정도 돈이 드는지 알기는 어렵다. 하지만 형편상 그런 예물을 마련할 수 없는 자는 돈을 빌려서라도 예법상 요구되는 선물은 반드시 장만하여 가져와야 한다고 해석한다면, 그런 해석은 예법의 근본을 몰각한 해석이므로 지지받기 어려울 것이다.

형편이 어려운 사람이 예물 마련을 위해 돈을 쓰는 것이 바로 사치다. 안연의 장례와 관련한 구절에서 보았듯이, 백방으로 돈을 마련하여 예법을 준수하려 애쓰는 것을 공자는 높이 사지 않았다. 오히려 예법의 근본을 모르고 저지르는 사치라고 보아 엄하게 질책했다(11.7, 11.10, 3.4).

어떻게 해서든 선물을 마련하여 스승께 바치는 예절 준수 행위가 바로 배움의 시작이라고 생각하면서 이런 태도가 유가의 전통이요 미덕이라고 여기는 사람도 있을 것이다. 하지만, 이런 사고방식은 가르침과 배움의 우선 순위를 예물 예절에 두려는 것이다. 물론, 예물 자체가 아니라 예물을 마련하고자 하는 마음가짐이 중요하다고 설명하겠지만, 그 마음가짐도 '예물에 관한' 것이라는 점에서 결국에는 예물에 집착하는 것이다. 스스로의 행동을 단속하고 수련하고자 열의를 가지고 온 자에게 육포 꾸러미를 예물로 가져오도록 요구하고, 예물이 갖춰지지 않으면 예법을 지키려는 마음가짐이 부족한 무례한 자로 치부하고 가르침을 거절했다는 식의 해석은 공자를 예물에 집착하는 고루하고 고지식한 스승으로 만드는 잘못된 해석이다.

공자가 육포 꾸러미를 예법상 요구된 '예물'로서뿐 아니라 '수업료' 명목으로도 받았을 것이라는 해석도 있지만, 설득력이 없다. 공자가 육포로만 연명했을 리 없고 선물로 받은 육포를 시장에 내다 팔아 공자가 생계에 도움을 얻었을 것이라는 상상 또한 억지스럽다. 배우려는 사람은 반드시 선물을 들고 와야 한다고 전제하고, 그 선물의 재산적 가치에 착안하는 해석은 바로 이 편에 수록된 다음 구절들과도 충돌한다.

부를 추구해서 부가 얻어진다면야 나도 채찍을 들고 길 정리하는

일이라도 했겠지. 하지만 부는 추구한다고 얻어지는 것이 아닌
듯하니, 난 그저 내가 좋아하는 일을 할 뿐이야. (7.11)

단출한 식사 후 물 마시고 팔베개를 하고 누우면 그 또한 즐거울
수 있지. 의롭지 않게 얻은 재물과 지위는 내게 뜬구름과 같아.
(7.15)

배우고자 하는 열의가 아무리 있더라도 육포 꾸러미를 가져 오지
않으면 가르쳐주지 않겠다는 매정한 조건을 내세워 재물을 거두어
들이는 사람이 공자였다는 해석은 고려할 가치가 없다. 이런 해석
은 거부하는 것이 옳다.


## 공자의 일상 생활

이 편에는 공자의 성품이나 평소 일상의 모습을 묘사한 구절들도
여럿 수록되어 있다.
　　집에 계실 때 몸가짐이 느긋했고 얼굴빛은 화평했다(7.4), 상
을 당한 자 옆에서 식사하실 때는 배불리 드시지 않았다(7.9), 문
상 가서 곡을 한 날에는 노래를 부르지 않았다(7.9), 제사 준비, 전
쟁, 질병이 도는 기간에는 삼가는 태도를 유지했다(7.12), 옛 노래,
옛 문헌, 예부터 전해오는 예식 절차에 대해서는 옛날식 표현을 사
용하여 우아하게 설명해 주셨다(7.17), 낚시는 했지만 그물을 쓰지
않았고, 새를 사냥하긴 했으나 둥지에 있는 새를 겨냥하지 않았다
(7.26), 누가 노래를 잘 부르면 또 한 번 부르게 하여 자기도 같이 불
렀다(7.31), 평소 따스하되 엄정했고, 위엄이 있지만 사납지 않았고,
예의 바르고 편안하게 사람을 대했다(7.37)는 등의 구절이 그것이
다. 논어를 편찬한 이들은 공자의 일상 생활, 그의 인간적 면모를
후대 사람들에게 생생하게 전하고자 하는 의도가 분명히 있었다.

특히, 뒤에 나오는 제10편은 오로지 그 용도로 마련된 것이다.

　기괴한 일(怪), 자연 재해(力), 반란(亂), 귀신(神)에 대해서는 이러쿵저러쿵 말을 늘어놓지 않았다는 구절(7.20)은 공자가 사람에 집중하고 어떻게 살아가는 것이 올바른 인간의 삶인지에 집중했다는 점을 보여준다. 인간의 능력을 넘어 벌어지는 일에 대해서 이런저런 이야기를 늘어놓아 본들 무슨 소용이 있겠는가라는 뜻일 것이다. 인간도 제대로 섬기지 못하는 판에 귀신 섬기는 문제를 논하는 것은 부질없고, 삶의 문제도 제대로 해결 못한 판에 죽음에 대해서 이러쿵저러쿵할 계제가 아니라는 공자의 말(11.11), 인간을 뛰어넘은 신령한 것들에 대해서는 경건하게 대하되 거리를 유지하는 것(敬鬼神而遠之)이 지혜라는 구절(6.20), 공자가 운명(命)에 대해서 말을 아꼈다는 구절(9.1)도 논어에 수록되어 있다.

　반란(亂)에 대해서 공자가 입을 닫은 이유는 별도의 설명이 필요해 보인다. 아래 제17편에서 드러나듯이 공자는 반란 세력과도 손잡고 사회 개혁의 이상을 실현해보려 했던 사람이다. 반란은 기존 질서를 파괴하며 많은 희생을 수반하는 것이다. 하지만 기존 질서가 억압적이고 부당하다는 인식이 폭넓게 공유될 경우, 부당한 기존 실서를 극복하고 사회를 개혁, 개선하며 정의를 회복하는 돌파구는 반란의 형태를 취하는 경우도 많다. 반란과 혁명의 갈림길은 분명하지 않을 수 있다. 공자가 반란에 대해서 가지는 양가적(兩價的) 입장을 감안할 때, 공자가 반란에 대해 말을 늘어놓지 않았다는 제자들의 관찰은 이해가 간다.

# 8.

## 옛 임금들

8.1 "태백(泰伯, 주나라 문왕의 큰 삼촌)은 지극한 미덕을 갖췄다고 할
수 있지. 임금 자리를 세 번이나 사양했지만 백성들이 칭송할 길이
없어."

8.2 "예법에 맞지 않게 공손하면 고되기만 하고, 예법에 맞지 않게
신중하면 겁쟁이가 되고, 예법에 맞지 않게 용감하면 분란이나
일으키게 되고, 예법에 맞지 않게 정직하면 목을 죄는 올가미가
되지."

〔증자(曾子)가 이렇게 말했다.〕 군자가 자기 부모를 돈독하게
모시면 백성들의 윤리적 결기가 흥하게 되고, 오랜 친구를 버리지
않으면 백성들이 각박하지 않게 된다.

8.3 증자가 위중한 병에 걸려 제자들을 불러놓고 이렇게 말했다.
"이불을 걷고 내 손과 발을 봐라. 옛 민요에 '전전긍긍하기가 깊은
물을 마주한 듯, 얇은 얼음을 디디는 듯'이라는 노래가 있는데
이제야 내가 그 걱정을 면하게 됐음을 알겠다, 얘들아."

8.4 증자가 위중한 병에 걸려 노나라 대부 맹경자(孟敬子)가 병문안을
왔다. 증자가 그에게 이렇게 설명했다. "새가 곧 죽을 때가 되면
울음소리가 슬프고, 사람이 곧 죽을 때가 되면 옳은 말을 합니다.
군자가 도를 행함에 귀중하게 여기는 것이 셋 있습니다. 난폭하고
방자한 몸가짐을 멀리하고, 믿음직한 안색을 유지하고, 지저분하고
저속한 말을 내뱉지 않도록 해야 합니다. 제사 지내는 일은
실무자에게 맡기시면 됩니다."

증자가 이렇게 말했다. "스스로 능력이 있지만 능력 없는 사람에게 8.5
묻고, 많이 가졌지만 적게 가진 사람에게 묻고, 있어도 없는 듯,
실(實)해도 허(虛)한 듯, 규정을 어겨도 따지지 않는 식으로 옛날
내 친구는 일 처리를 했다."

증자가 이렇게 말했다. "어린 왕을 맡길 수 있고, 백리나 되는 8.6
제후국의 통치를 의뢰할 수 있고, 큰 어려움에 맞닥뜨려서는
없어서는 안 될 그런 사람이라면 군자다운 사람인가? 군자다운
사람이다."

증자가 이렇게 말했다. "선비는 아주 굳세지 않으면 안 된다. 맡은 8.7
임무는 중하고 갈 길은 멀기 때문이다. 윤리적 결기를 스스로에게
임무로 부과했으니 어찌 중하지 않겠는가? 죽어야 끝이 나니 갈
길이 어찌 멀지 않겠는가?"

"시(詩)에서 영감을 얻고, 예법으로 입지를 마련하고, 음악으로 8.8
완성하도록 해."

"백성은 따르게 할 수는 있지만, 알게 할 수는 없어." 8.9

"용기를 좋아하고 가난한 것을 싫어하면 분란을 일으키게 되지. 8.10
사람들이 윤리적 결기가 없다고 그걸 심하게 싫어해도 분란을
일으키게 되지."

"주공(周公)처럼 훌륭한 재능이 있어본들, 교만하고 구두쇠처럼 8.11
인색하게 굴면 나머지는 봐줄 것도 없어."

"삼 년을 배우고도 일자리를 못 구하긴 쉽지 않은데." 8.12

8.13     "신뢰를 두텁게 쌓고, 배우기를 좋아하며, 바른 도리는 죽음을
무릅쓰고라도 지켜내야 해. 위험한 나라에는 가지 말고, 어지러운
나라에는 머물지 말어. 도리(道)가 지켜지는 세상에서는 드러나야
하고, 무도한 세상에서는 드러나지 않아야 해. 도리가 지켜지는
나라에서 돈과 지위가 없으면 부끄러운 것이고, 무도한 나라에서
돈과 지위가 있으면 부끄러운 것이지."

8.14     "자기 관할이 아닌 사안에 대해 이러쿵저러쿵하지 마."

8.15     "〔노나라〕 음악 총감독 지(摯)가 연주하는 관저(關雎)의 끝부분은
엄청나지. 아직도 귓속 가득히 들리는 것 같애."

8.16     "거침없이 나대면서 정직하지도 않고, 미련하면서 성실하지도
않고, 멍청하기 그지없는데 믿을 만하지도 않은 자는 난 도무지
이해가 안 돼."

8.17     "자신은 모자란다는 겸손한 자세로 배워야 해. 오히려 이미 배운
것을 잃을까 두려워해야지."

8.18     "높이 우뚝 솟아 있구나. 순(舜) 임금과 우(禹) 임금은 천하를
가졌지만 참견하지 않았어."

8.19     "위대해, 요(堯) 임금의 통치는. 높이 우뚝 솟아 있지. 오직 하늘이
위대하고 오직 요 임금이 그것을 본받았지. 너무나 방대하여
백성들이 그의 공덕을 뭐라 불러야 할지도 몰라. 높이 솟아 있어,
그가 이루어 낸 업적은. 찬란해, 그가 일궈낸 화려한 문화는."

순 임금은 신하 다섯 명으로 천하를 통치했지만 주나라 무왕은 8.20
"짐에게는 전란을 평정한 열 명의 신하가 있다"고 했다. 공자는
이렇게 말했다. "인재를 구하기 어렵다는 것이 그 이유 아니겠나?
요순 시대를 합해 봐도 주나라 무왕 때 인재가 더 많았어. 하지만
부인이 포함되어 있으니 신하는 9명이라고 해야겠지. 셋으로
나뉘어진 천하의 둘을 다스리면서도 은나라에 복종하고 은나라를
받들었으니 주나라의 덕은 그야말로 지극하다고 하겠지."

"우 임금에 대해서 난 비난할 바를 못 찾겠어. 자신이 먹고 마시는 8.21
음식은 변변치 않았지만 귀신은 극진한 효심으로 받들었고,
자신의 의복은 단출했지만 공식적인 제복은 아름다움의 극치를
이루었고, 자신의 궁궐은 소박했지만 개천과 도랑을 정비하는
일에는 모든 힘을 쏟았어. 우 임금에 대해서 난 비난할 바를 못
찾겠어."

## 양보의 미덕

찬란한 문화가 융성했던 시기라고 공자가 평가하는 주나라의 시조
는 고공단보(古公亶父)라고 알려져 있다. 고공단보에게는 세 아들
(태백, 중옹, 계력)이 있었는데, 태백과 중옹이 왕위를 사양하여 계
력이 왕이 되었다. 계력이 죽은 후 그 아들 창(昌)이 주나라의 문왕
(文王)이 되었다. 그 후 문왕의 아들 발(發)이 은나라 정벌에 성공
하여 무왕(武王)이라 불리게 된다. 이로써 주나라가 천하를 지배하
는 시대가 본격적으로 시작되었다. 막내 동생 계력의 능력을 인정
하고 왕위를 사양한 태백의 결정을 공자는 지극한 미덕(至德)이라
고 높이 평가한다(8.1). 태백이 중옹과 함께 막내에게 왕위를 양보
한 덕에 후일 찬란한 문화가 꽃피는 주나라가 시작될 수 있었다는
것이 공자의 생각이었던 것 같다. 태백의 양보가 없었다면 문왕, 무
왕도 없었을 것이다. 하지만, 후대 사람들은 문왕과 무왕 그리고 주
공(周公, 무왕의 동생)을 칭송할 뿐, 태백에 대해서는 그 존재나 행
적을 소상히 아는 사람도 거의 없으니 그 미덕을 칭송할 길도 없다
는 뜻이다.

　　공자가 살던 시절에는 제후국 통치권을 거머쥐기 위해 형제
간이건 부자 간이건 한치의 양보도 없는 무력 충돌이 빈번했다. 그
래서 태백과 중옹이 보여준 양보의 미덕은 공자에게 더욱 아름답
게 보였을 것이다.


## 이상적 통치자의 모습

요, 순, 우 임금에 대한 신화적 칭송은 공자 시대에 이미 존재했겠
고, 공자도 이들을 최상의 군주로 묘사한다. 널리 베풀어 모든 백성
을 행복하게 해주는 것(6.28), 스스로를 가다듬고 백성을 편안케 하
는 것(14.45)은 "요, 순 임금도 그러지 못해 고민했을 것(堯舜其猶病

諸)"이라고 공자는 말한다. 신화적 칭송을 받는 임금들을 좀 더 현실성 있게 묘사하는 공자의 이런 전략은 전설적인 요, 순 임금의 태평성대가 사실은 치열한 고민과 노력 없이는 이루어질 수 없는 것임을 강조하는 것이다.

공자는 요 임금을 위대한 하늘에 비견되는 존재로 치켜세우고, 말이나 글로는 그를 칭송할 길이 없다며 극찬을 아끼지 않는다(8.19). 순, 우 임금에 대해서는 순리와 올바른 법도에 따라 모든 일이 행해지도록 했을 뿐, 인위로 개입하거나 참견한 바 없었다고(而不與焉) 묘사한다(8.18). 순 임금은 공손히 스스로를 올바르게 하고 임금으로서 자기 위치를 지켰을 뿐(恭己正南面而已矣)이라는 구절(15.4)도 같은 생각을 담고 있다. 통치자가 그 권한을 함부로 행사해서는 안 되고, 그 휘하의 공적 지휘 체계에 함부로 개입하지 말아야 한다는 것이다. 임금의 역할은 신하들에게 부여된 권한이 제대로 행사되고 각자의 임무가 제대로 수행되도록 순리와 법도에 따라 관리하는 데 그쳐야 한다는 것이 공자의 생각이다. 훌륭한 덕을 가진 통치자의 이상적인 정치는 이렇게 이루어져야 한다. 북극성이 중심을 잡아 제자리에 머물고, 다른 모든 별들이 경배하며 함께 움직이는 아름다운 밤하늘의 모습은 바로 이런 상태를 비유적으로 묘사하는 것이다(2.1).

공자의 제자 자하도 순 임금의 이상적인 통치는 훌륭한 인재를 발탁하여 적재적소에 기용함으로써 이루어졌다는 점을 지적한다. 순 임금이 여기저기 직접 개입한 것이 아니라는 것이다. 순 임금이 고요(皋陶)를 기용하니 나쁜 것들이 발붙일 곳이 없어졌다는 전설적 이야기를 자하는 그 사례로 들고 있다(12.22). 이 편에는 순 임금이 신하 다섯 명으로 천하를 통치했다는 구절이 있을 뿐, 그 다섯이 누구인지를 언급하지는 않는다(8.20). 주석가들은 순 임금의 다섯 신하는 우(禹), 직(稷), 설(契), 고요, 백익(伯益)이라고 설명한다.

순의 신하였던 우가 임금이 되어 하(夏)나라가 시작되었다고 하는데, 공자는 하나라의 우 임금에 대해 더욱 구체적인 칭송의 말을 한다. 우 임금은 통치자로서 자신의 안위를 앞세우기보다는 백성의 후생을 돌보는 데 전념했다는 내용이다(8.21). 우와 직은 귀족 출신이 아니라 농사꾼에 불과한 평민 신분이었지만 통치자로서의 훌륭한 미덕(德)을 갖췄기 때문에 천하를 통치하게 되었다는 것이 공자의 생각이다(14.6). 보잘것없는 출생 배경을 가진 제자 중궁(6.4)에 대해서도 공자는 "임금을 해도 되겠어(雍也可使南面)"라고 한다(6.1). 임금의 씨가 따로 있을 수 없고, 훌륭한 미덕을 가진 자라면 신분의 귀천을 불문하고 통치자가 될 수도 있다는 것이 공자의 생각이었던 것 같다.


## 제사 지내는 일은 실무자에게

이 편에는 증자가 한 말을 기록한 구절들이 많이 모여있다.

논어에는 "증자는 굼뜨다(魯)"는 평가도 수록되어 있다(11.17). 날카롭고 순발력 있고 명석한 사람이 아니라, 무디고 느리고 뻣뻣하다는 뜻이다. 이 편에 수록된 증자의 말들이 과연 이런 평가에 부합하는지는 독자가 판단할 몫이다. 증자 스스로 "곧 죽을 때가 되었다"면서 한 말 중에는 "제사 지내는 일(籩豆之事)은 실무자에게 맡기면 된다"는 내용이 있다(8.4). 이 부분은 약간의 추가 설명이 필요하다.

변두(籩豆)는 제사에 사용되는 이런 저런 그릇을 말한다. 공자도 제사 지내는 일을 이와 비슷하게 표현한 적이 있다. 위나라 군주 영공이 공자에게 병력 배치 방법에 대해서 질문하자 공자는 "제사 지내는 일(俎豆之事)은 제가 공부한 바 있지만 군대와 병력에 대해서는 아직 배우지 못했습니다"라고 대답하고 그 다음날 위나라를 떠났다는 구절이 그것이다(15.1). 조두(俎豆)나 변두(籩豆)는 제사를 아름답고 성대하게 장식하는 데 사용되는 물건이다. 이런 제기(祭器)들을 제대로 사용하여 제사 예법을 지키는 문제는 실무자가 알아서 하면 되는 '덜 중요한 일'에 불과하다는 점을 증자는 죽음을 앞두고 비로소 깨달은 것이다.

예법의 형식적, 장식적, 물질적 측면은 예법의 본질과는 무관하다. 옥이나 비단, 육포 꾸러미, 제기 등과 같은 예물(禮物)이나 예기(禮器)에 집착한 시각으로는 공자가 말한 예법을 제대로 이해할 수 없다. '예법(禮)'은 예물이나 선물, 제사 용구, 의관이나 깃발 등을 제대로 갖추고 사용함으로써 준수되는 제사, 예식, 의전 예법만을 뜻하는 말이 아니다.

이 편에 수록된 다음 구절은 '예법'이 또 다른 뜻으로도 사용되고 있었음을 보여준다. 공손함, 신중함, 용감함, 정직함 등 인간 행동의 윤리적 가치를 가늠하는 역동적 (개별적이고 구체적인 사실 관계에 따라 사안별로 달라지는) 판단 기준 또한 공자는 예법(禮)이라고 불렀음을 알 수 있다(8.2):

> 예법에 맞지 않게 공손(恭)하면 고되기만 하고,
> 예법에 맞지 않게 신중(慎)하면 겁쟁이가 되고,
> 예법에 맞지 않게 용감(勇)하면 분란이나 일으키게 되고,
> 예법에 맞지 않게 정직(直)하면 목을 죄는 올가미가 되지.
> **(恭而無禮則勞　慎而無禮則葸　勇而無禮則亂　直而無禮則絞)**

제사, 예식, 의전 예법을 준수한다고 해서 그 사람됨이 '용감'하다거나, '정직'하다는 결론이 도출되는 것은 아니다. 비겁하고 부정직한 사람도 의전 예법, 예식 예법, 제사 예법 따위는 철저히 지키기도 한다. 공손함이나 신중함과는 거리가 먼 자도 제사, 예식, 의전 행사의 절차와 규칙은 어김없이 지킬 수 있다. 공자가 말하는 예법은 제사, 예식, 의전 예법을 뜻하기도 하지만, 그와는 관련이 없고 그것과 혼동해서도 안 되는 윤리 규범으로서의 예법을 뜻하기도 한다.

제사 예법을 지키는 일(籩豆之事)은 실무자에게 맡기면 된다.

하지만 윤리 규범으로서의 예법을 지키는 일은 누구에게도 맡길 수 없다. 제사, 예식, 의전 예법과는 차원을 달리하는 역동적 윤리 규범으로서의 예법에 대해서는 제12편에서 보다 상세히 설명한다.

9.

선생님의 면모

9.1　선생님은 유리함이나 불리함, 운명, 그리고 윤리적 결기에 대해서는 말을 아꼈다.

9.2　달항(達巷) 마을 사람이 이렇게 말했다. "공자 그 사람 대단하지. 배운 것은 많아도 명성을 드날린 분야는 하나도 없어." 선생님이 이 말을 듣고 제자들에게 이렇게 말했다. "난 뭘 하면 좋을까? 수레를 몰까? 활쏘기를 할까? 수레나 몰아야겠다."

9.3　"관례(冠禮, 성년식)에 사용하는 모자는 삼베로 만드는 것이 예법인데 요즘에는 명주실로 만들고 있지. 그게 검소하니 나도 많은 사람들이 하는 대로 따르겠어.〔남의 집에 방문할 때〕 댓돌 아래에서 절하는 것이 예법인데 요즘에는 마루에 올라서 절을 하지. 그건 느슨하고 교만하니 비록 많은 사람들과는 다르게 행동하게 되더라도 나는 댓돌 아래에서 절하겠어."

9.4　선생님은 네 가지에 얽매이지 않았다: 선입견에 얽매이지 않았고, 꼭 이래야 한다는 당위에 얽매이지 않았고, 고루함에 얽매이지 않았고, 자기 자신에 얽매이지 않았다.

9.5　선생님이 광(匡) 지역에서 신변에 위협을 받았다. 선생님이 이렇게 말했다. "주나라 문왕은 이미 죽었지만 그 문물은 여기 남아 있지 않느냐. 하늘이 이 문물을 없앨 요량이었다면 나중 사람이 이 문물과 함께할 수 없었겠지. 하늘이 이 문물을 아직 없애려 하지 않는데 광(匡) 사람들이 나를 어찌겠어?"

어느 고위 관리가 자공(子貢)에게 이렇게 물었다. "자네 선생님은
성인(聖人)이신가? 어째서 온갖 일을 할 줄 아시지?" 자공이
이렇게 대답했다. "원래 하늘이 그분을 장차 성자가 되시도록
내려주셨고요, 능력도 많으세요." 선생님이 이 말을 듣고 이렇게
말했다. "그 고위 관리가 나를 아는구나. 내가 어릴 적에 비천해서
온갖 잡일을 할 줄 알게 된 것뿐이야. 군자(君子)가 여러 재능이
있는 줄 알아? 그렇지 않아."

자뢰(子牢, 이름은 금뢰 琴牢)가 이렇게 말했다. "선생님이 '난
제대로 기용된 적이 없었기 때문에 기예(藝)에 능하게 됐다'고
하신 적이 있다."

9.6

"내가 아는 게 있나? 아는 게 없어. 어떤 시골 사람이 나에게 뭘
물어봤는데 하나도 모르겠더라고. 난 엉뚱한 소리만 잔뜩 하다가
두 손 들었지."

9.7

"봉황도 안 오고, 강에서 용도 안 나오고. 난 끝난 거야."

9.8

상복을 입은 자나 관복을 입고 의관을 쓴 자나 눈먼 사람을 보게
되면 선생님은 비록 그자가 어리더라도 반드시 일어나셨고, 그
앞을 지나가야 하면 반드시 종종 걸음으로 예의를 표했다.

9.9

안연이 한숨을 쉬고 탄식하며 이렇게 말했다. "우러러볼수록 높이
있고, 파고들수록 단단하다. 앞에 계셔서 바라봤는데, 홀연히 뒤에
계신다. 선생님은 자연스럽게 사람들을 좋은 방향으로 이끄신다.
문헌과 문물에 대한 해박한 지식으로 내 안목을 넓혀주시고,
예법으로 나를 제약하신다. 그만두고 싶어도 그럴 수 없고, 내
재능은 이미 소진되었지만 선생님은 저기 우뚝 선 듯하다. 따르고
싶긴 하지만 따라갈 길이 없다."

9.10

9.11 선생님이 병에 걸려 위중해지자 자로가 문인들을 마치
가신(家臣)처럼 부렸다. 병이 좀 나아지자 선생님이 이렇게
말했다. "유(由, 자로)가 사기를 친 지 오래됐지, 그렇지? 가신이
없는데도 마치 가신이 있는 듯. 내가 누구를 속이겠니? 하늘을
속이겠니? 그리고 내가 가신들에 둘러싸여 임종을 맞이하기보다는
너희들 품에서 죽는 게 낫지 않겠니? 또 내 장례식이 가령
호화판은 아니더라도 내가 길거리에서 죽기야 하겠니?"

9.12 자공이 이렇게 말했다. "여기 아름다운 옥이 있다 칩시다. 함에
넣고 감추어 두실 건가요, 좋은 값을 받고 파실 건가요?" 선생님이
이렇게 말했다. "팔아야지, 팔아야지! 살 사람이 나타나기를
기다리는 중이야."

9.13 선생님이 동쪽 변방 부족들과 함께 지내고자 했다. 어떤 사람이
"지저분한 데서 어쩌려고 그러세요?"라고 하자 선생님이 이렇게
말했다. "군자가 지내는 곳이 어찌 지저분할 수 있겠습니까?"

9.14 "내가 위(衛)나라에서 노(魯)나라로 돌아온 후에는 음악이 올바로
됐지. 아(雅)와 송(頌)이 제자리를 찾았어."

9.15 "밖에서는 제후와 고관들을 모시고, 집에서는 부모 형제를 위하고,
상례를 열심히 치르고, 술주정 안 하는 것이야 내게 무슨 어려움이
있겠나?"

9.16 선생님이 흐르는 강물 위에서 이렇게 말했다. "이렇게
흘러가는구나, 밤낮없이 쉬지 않고."

9.17 "미덕을 여자만큼 좋아하는 사람을 난 아직 못 봤어."

“비유하자면, 흙을 들이부어 산을 만드는 데 마지막 한 삼태기를
남겨두고 그만둬도 내가 〔못 이루고〕 그만둔 것이고, 흙을
들이부어 평지를 만드는 데 비록 처음 한 삼태기를 들이부었지만
계속하면 내가 이루는 것이지.”

9.18

“말해주면 게으름 피우지 않는 자, 그건 안회(**顔回**, 안연의
이름)겠지”.

9.19

선생님이 안연에 대해서 이렇게 말했다. “안타깝네! 난 그 사람이
전진하는 것은 봤지만 그만두는 것은 못 봤어.”

9.20

“싹은 텄어도 꽃이 피지 못하는 경우가 있어. 꽃은 폈어도 열매를
맺지 못하는 경우도 있지.”

9.21

“젊은 세대는 무서운 존재들이야. 다가올 미래가 현재만 못하다고
어찌 단정할 수 있겠나? 하지만 나이 사오십이 되도록 듣고 배운
게 없다면 그런 자는 무서워할 필요가 없겠지.”

9.22

“법도에 맞는 말을 따르지 않을 수 있겠나? 하지만 개선하는
것이 더 소중하지. 칭찬하는 말을 들으면 기쁘지 않을 수 있겠나?
하지만 그 말을 가려듣는 것이 더 소중하지. 칭찬한다고 그저
기뻐하기만 하고 그 말을 가려듣지 않고, 법도에 맞다고 그저
따르기만 하고 개선하지 않는 자들은 도무지 어찌해야 할지
모르겠네.”

9.23

“충심과 신의를 으뜸으로 삼아야 해. 자기만 못한 자를 친구로
삼지 말고, 잘못이 있으면 주저 없이 개선하도록 해.”

9.24

9.25     "삼군(三軍, 나라의 병력 전체)의 지휘관을 없앨 수는 있어도 필부의 의지를 없앨 수는 없어."

9.26     선생님이 이렇게 말했다. "해지고 뭉쳐진 솜옷 도포를 걸치고 여우, 담비 털가죽 옷을 입은 자들과 함께 서 있어도 부끄럽게 여기지 않는 자는 아마 유(由, 자로)겠지. '질투도 말고, 구걸도 말라. 선하지 않으면 무슨 소용 있으리.'" 자로가 언제나 이 시 구절을 외고 다니자 선생님이 이렇게 말했다. "그런다고 선해질 수 있겠니?"

9.27     "날씨가 추워진 후에야 소나무와 잣나무가 늦게 잎이 진다는 것을 알게 되지."

9.28     "지혜로운 자는 현혹되지 않고, 윤리적 결기가 있는 자는 고민하지 않고, 용기 있는 자는 두려워하지 않아."

9.29     "함께 배워도 올바른 길로 함께 나아갈 수는 없어. 올바른 길로 함께 나아가긴 하더라도 입지를 함께 확보하지는 못해. 입지를 함께 확보하더라도 사안의 경중을 가늠하는 것은 함께할 수가 없어."

9.30     "산앵두 꽃이 흩날리네. 어찌 그대 생각 안 하리오만 그대 집은 멀리 있네"라는 노래를 듣고 선생님이 이렇게 말했다. "생각 안 하는 거지. 〔간절히 생각한다면〕 어떻게 멀다고 느끼겠어."

이 편의 첫 네 구절에 대해서는 해석상 논란이 있다.

## 이득(利), 운명(命), 윤리적 결기(仁)

첫 구절은 공자가 인(仁, 윤리적 결기)에 대해서 말을 아꼈는지, 아니면 자주 또는 자세히 말했는지에 관하여 해석자들 간에 입장 차이가 있기 때문에 해석이 달라지게 된다. 인(仁)이라는 글자가 논어에 자주 등장하는 것은 맞다. 그러나, 공자는 살아 있는 사람에 대해서 윤리적 결기가 있다고 단정하기를 피했다. 심지어 자로, 염유, 공서적 등 제자들의 취업 여부가 걸린 상황에서도 공자는 그들이 윤리적 결기가 있는지에 대해서는 '모르겠다'는 답변으로 일관했다(5.7). "임금을 해도 되겠어"라고 공자가 높이 평가한 제자 중궁(6.1)에 대해서도 윤리적 결기가 있는지는 '모르겠다'고 하고 (5.4), 매우 도달하기 어려운 수준의 윤리적 고매함에 대해서도 공자는 그게 윤리적 결기인지는 '모르겠다'고 했다(14.2). 윤리적 결기가 있는 자는 충직하기도 하고, 청렴하기도 하겠지만, 그 역(逆)명제가 성립하는지(즉, 충직함이나 청렴함이 윤리적 결기인지)에 대해서도 공자는 "모르겠네, 그게 윤리적 결기인가?"라고 반문할 따름이었다(5.18). 따라서 공자가 윤리적 결기에 대해서 말을 아꼈다는 제자들의 평가는 충분히 납득이 간다.

운명(命)은 사람이 어찌할 수 없는 것인 반면, 공자는 사람이 깨닫고 실천할 수 있는 문제, 즉, 올바로 살아가는 문제에 집중했으므로(11.11) 공자가 운명에 대해서 말을 아꼈다는 것도 납득이 간다.

이득(利)은 소인배들이 잘 알고 그들의 주된 관심사인 반면, 군자는 무엇이 옳은지(義)에 집중한다는 것이 공자의 생각이다 (4.16). 옳은 선택이라면 그것이 유리한지 불리한지 따지지 말고 용기 있게 실천해야 하며(2.24), 이득을 노리고 행동하면 원성을 많이 사게 된다(4.12)는 것이 공자의 입장이다. 이득이 눈앞에 보이는 상황일수록 옳은 것이 무엇인지를 먼저 생각해야 한다는 가르침도 논어에 거듭 등장한다(14.13, 16.10, 19.1). 그러니 공자가 이득(이해득실)에 대해 말을 아꼈다는 제자들의 평가도 정확하다.

따라서 첫 구절(子罕言利與命與仁)은 공자가 이득과 운명과 윤리적 결기에 대해서는 말을 아꼈다고 해석하는 것이 옳다.


## 배워서 유명해지고 싶은가?

두 번째 구절은 배움의 목적이 명성을 드날리기 위한 것이라고 오해한 어떤 사람의 경박한 말을 불쾌하게 여긴 공자가 냉소적으로 쏘아붙인 내용이다(9.2):

> 달항 마을 사람이 이렇게 말했다. "공자 그 사람
> 대단하지. 배운 것은 많아도 명성을 드날린 분야는 하나도
> 없어(博學而無所成名)." 선생님이 이 말을 듣고 제자들에게
> 이렇게 말했다. "난 뭘 하면 좋을까? 수레를 몰까? 활쏘기를
> 할까? 수레나 몰아야겠다."

배움(學)은 올바른 사람이 되기 위한 것이지, 명성을 드날리기(成名) 위한 것이 아니다. 유명해지는 것이 성공이라고 착각하고, 나라에서나 집안에서나 이름이 나는 것(在邦必聞 在家必聞)을 목표로 삼던 제자 자장(子張)의 허영심을 공자는 신랄하게 비판한 바 있다(12.20):

> 이름이 난다는 것은 윤리적인 듯 모양새를 갖추긴 하지만 행동은
> 개차반이고 그렇게 살면서도 아무 반성이나 뉘우침도 없다는
> 것이지. 그런 놈들이 나라에서도 명성이 자자하고 집안에서도
> 명성이 자자하지.

공자가 활쏘기나 수레몰이를 언급한 이유는 명사수로 이름을 드날리거나 수레를 모는 기술로 유명해지는 것이 배움의 목표가 돼서는 안 된다는 점을 강조하려는 것이지, 공자가 이제 와서 활쏘기나 수레 모는 기술을 배워 보겠다는 뜻으로 한 말이 아니었다. 공자가 추구한 것은 명사수를 배출하겠다거나 수레를 능숙하게 모는 기술자를 양성하겠다는 것이 아니다. 논어의 다른 구절에서도 "예(羿)는 명사수였고 오(奡)는 땅 위에서 배를 밀고 갈 만큼 힘이 셌지만 둘 다 제명에 죽지 못한 반면, 우(禹)와 직(稷)은 농사꾼에 불과했지만 천하를 다스렸다"는 말을 소개하면서 활쏘기 같은 재능이나 기술, 기예 그리고 물리적 힘은 부차적 중요성밖에 없다는 점을 지적하고 있다(14.6).

공자가 활쏘기나 수레몰이를 배움의 중요한 과목으로 제시했다는 생각은 육예(六藝; 여섯 과목)라는 것의 일부로 활쏘기와 수레몰이가 포함되어 있다는 사실과 관련이 있다. 그러나 이 '六藝'라는 개념 자체가 한나라 이후에 등장한 것이며 공자와는 무관하다는 점을 이해할 필요가 있다. 六藝라는 표현은 한나라의 동중서(董仲舒; 기원전 179-104)가 시(詩), 서(書), 예(禮), 악(樂), 주역(易), 춘추(春秋)로 이루어진 여섯 문헌에 대한 배움(六學)을 언급하면서 시작된 것으로 보인다. 동중서는 배움을 오로지 문헌에 의존한 지식 탐구, 즉, 경전을 암송하고 예법에 관한 책을 읽는 것(誦經讀禮)이라고 잘못 파악한 순자(荀子)의 오해를 더욱 널리 퍼뜨리는 데 기여했다.[38] 동중서와 같은 시기에 살았던 사마천 역시 六藝라는 표현을 거듭 사용했고 그 역시 이 말을 여섯 문헌을 배우는 것이라고 생각했다.[39]

그러나, 얼마 안 가서 六藝는 그 내용이 살짝 바뀌게 된다. 전국시대 문헌으로 추측되긴 하지만 신(新)나라(9-23) 때 유흠(劉歆)이 수정 편집한 것으로 여겨지는 주례(周禮)에는 공식적인 교육 커리큘럼으로서 '六藝'가 언급되는데, 이때부터 육예(六藝)는 예(禮),

악(樂), 사(射), 어(御), 서(書), 수(數)를 지칭하는 용어로 그 뜻이 바뀌었다.[40] 활쏘기(射)와 수레몰이(御)가 육예에 포함된 이유는 위에 인용한 논어 구절(9.2)의 맥락과 공자의 냉소적 반응을 나중 사람들이 오해했기 때문이다. 공자가 배움(學)과 관련하여 활쏘기와 수레몰이를 언급했으니 이것들을 무조건 배워야 한다고 여긴 것이다. 이렇게 자리잡기 시작한 六藝라는 개념에 기대어 그 후의 주석가들은 활쏘기와 수레몰이가 유교적 배움의 중요한 일부라고 믿어 왔다.

출세하여 이름을 떨치는 것(成名)에 대해서도 공자는 그런 허영심 가득한 태도를 비판하고 질책했지만(12.20), 유가의 주요 경전 중 하나로 여겨지는《효경(孝經)》에는 출세하여 이름을 떨치는 것(立身揚名)이 효(孝)로써 도달해야 하는 궁극의 경지라며 한껏 치켜세우는 구절이 있다.[41] 공자의 가르침이 얼마 안 가서 정반대로 오해되고 왜곡되어 온 역사는 결코 짧지 않다.

논어에서 '예(藝)'라는 말은 즐겁게 노는 데 필요한 기예와 재주라는 뜻으로 사용되기도 하고(7.6), 별로 중요하지 않은 온갖 잡일(鄙事)을 처리하는 데 필요한 기술과 지식이라는 뜻도 있고(9.6), 실무적 수완과 재주가 풍부하다는 뜻으로도 사용된 말이다(6.6, 14.13).[42] 따라서 예(藝)라는 것은 - 구비하고 있으면 나쁘지야 않겠지만 - 모든 사람이 반드시 갖춰야 할 필수적인 것은 아니다. 군자가 잡다한 기술이나 온갖 지식을 습득하려 노력할 필요는 없다는 점은 공자와 그 제자가 거듭 지적한 바 있다(9.6, 13.4, 19.4). 이런 점을 감안하면, 육예(六藝)라는 용어 자체도 공자의 가르침이나 공자가 말하는 배움이 무엇인지를 올바로 이해한 사람이 만든 용어라고 보기는 어렵다.

진정으로 중요하고 온 정성과 노력을 들여서 배워야 할 것은 활쏘기, 수레몰이 같은 기예(藝)가 아니다. 정말로 배워야 할 것들은 다음 구절에 요약되어 있다(1.6):

선생님이 이렇게 말했다. "너희들 말이야, 집에서는 효도하고
밖에서는 우애로 사람을 대해야 해. 매사에 최선을 다하고
신의를 지켜야지. 모든 이를 두루 사랑하되, 친밀한 관계일수록
윤리적 결기에 유념해야 해. 이렇게 하고도 힘이 남으면 그때는
문헌과 문물도 배워야지."

집안에서 그리고 집 밖에서 어떻게 처신해야 하는지를 배우고, 인
간에 대한 사랑을 유지하되 윤리적 결기를 손상하지 않고 살아
가는 삶의 자세를 배우고 실천하는 것이 공자가 말하는 배움(學)
의 핵심이다. 책을 읽고 문물 제도(文)를 배우는 것은 올바른 행동
(行), 충직함(忠), 믿음직함(信)을 배우고 실천한 뒤 시간과 힘이 남
아돌 때 하는 것이다. 주야장천 책갈피나 넘기라는 것이 공자의 가
르침은 아니다. 그렇다고 활쏘기, 수레몰이 같은 잡다한 기술이나
기예를 습득하는 것이 공자가 말하는 배움이라고 착각해서도 안
된다.

　　물론, 활쏘기와 수레몰이에 심오한 의미를 부여하면서 그것들
이 단순한 기예에 그치는 것이 아니라 자기수양의 일환으로 마음
가짐을 다잡는 깊은 의미가 있다는 식의 해석론도 난무한다. 이런
식으로 '심오한' 의미를 해석자가 마음껏 부여하기로 치면, 세상에
존재하는 크고 작은 온갖 기예와 기술에 심오한 의미가 없는 것은
없을 터인데, 하필 활쏘기와 수레몰이가 선택된 이유를 설명할 방
도는 없을 것이다.

　　공자는 날아가는 새를 활로 쏘아 잡는 뛰어난 사냥 기술도 있
었고(7.26) 수레를 모는 능숙한 기술도 아마 있었을 것이다. 그러나
공자가 온갖 기예와 기술을 습득하게 된 것은 비천하게 보낸 어린
시절의 성장 환경 때문에 어쩔 수 없이 그렇게 된 것(여러 잡일을
할 줄 알게 된 것, 多能鄙事)이라고 공자 스스로 설명하는 구절이
바로 이 편에 수록되어 있다(9.6).

이 편의 세 번째 구절을 직역하면 다음과 같다.

> "삼베로 모자를 만드는 것이 예법인데(麻冕 禮也) 요즘에는
> 명주실로 만들고 있지. 그게 검소하니 나도 많은 사람들이 하는
> 대로 따르겠어(吾從眾). 아래에서 절하는 것이 예법인데(拜下
> 禮也) 요즘에는 위에서 절을 하지. 그건 느슨하고 교만하니
> 비록 많은 사람들과는 어긋나게 되더라도 나는 아래에서
> 절하겠어(雖違眾 吾從下)."

이 구절 전반부와 후반부에 등장하는 예법(禮)은 그 의미가 서로
다르고, 그에 따라 예법에 대한 공자의 태도도 정반대로 달라진다.
이 구절 전반부는 관례(冠禮, 아이가 성년에 달했음을 기념하는 성
년식)에 사용되는 모자를 무슨 재질로 만들어야 예법에 맞는지에
관한 것이다. 이때 말하는 예법은 예식(禮式) 예법이다. 공자는 예
식 예법 준수를 고집하지 않았다. 오랜 예법 전통과는 어긋나는 관
행이 자리잡게 된 작금의 세태를 공자는 한탄하거나 비판하지 않
는다. 나름의 이유가 있어 많은 사람들이 더 이상 지키지 않게 된
옛날의 예식 예법을 혼자서 고지식하게 준수하려 들지 않는다.

성년식, 혼인식, 장례식 등 인간이 살아가며 치르는 예식의 절
차와 규칙을 정해둔 예법의 근본(本)이 무엇인가라는 질문에 대한
공자의 답변은 간명하다. 사치스럽기보다는 검소해야 하며, 묘 단
장에 골몰하기보다는 숙연한 슬픔이 있어야 한다는 것이다(3.4).
예식 예법은 지킬 만한 형편이 되면 기꺼이 지켜야 하지만, 지킬 형
편이 안 되는 자가 무리해가며 지킬 필요는 없다. 자기 아들을 장
례 지낼 때도 공자는 장례 예법상 요구되는 겹관을 해줄 돈이 없
어 해주지 않았고, 자식처럼 아끼던 제자 안연의 장례를 지낼 때도
공자는 겹관을 마련하는 데 필요한 비용을 댈 수 없다고 거부했다

(11.7). 형편이 닿지 않는 상황에서 모든 것을 쏟아부어 예식 예법을 지키는 행위에 대해서 공자는 칭찬하기는커녕, 예법의 근본을 모르고 저지르는 사치라고 여겨 따끔히 질책했다는 구절도 있다 (11.10).

예식과 행사의 격식과 품위를 위한 예법에 대하여 공자가 취한 태도를 보여주는 이 구절 전반부와는 달리, 이 구절 후반부에서 거론되는 예법은 예식이나 행사에 관한 것이 전혀 아니다. 남의 집에 방문했을 때 어떻게 처신하는 것이 옳은지에 관한 것이다. 이 구절 전반부의 예법은 격식과 품위를 갖추는 데 필요한 예법이지만, 후반부의 예법은 무엇이 올바른 행동인지를 판단하는 기준, 즉, 윤리 규범으로서의 예법을 말한다. 예식 예법의 경우에는 "많은 사람들이 하는 대로" 따랐지만(吾從衆), 윤리 규범의 경우에는 오히려 많은 사람들과는 어긋나더라도(雖違衆) 내가 올바르다고 판단하는 윤리적 기준에 따라 행동하겠다는 것이 공자의 태도다. 내가 지켜야 할 윤리 규범을 남이 마련해 줄 수는 없기 때문이다. 이 점은 다음 구절에서도 드러난다(13.24):

> "마을 사람들 모두가 좋아하는 사람이 되는 건 어떤가요?"라고
> 자공이 물었다.
> 선생님: "그걸로 부족해."
> 자공: "마을 사람들 모두가 미워하는 사람이 되는 건 어떤가요?"
> 선생님: "그걸로 부족해. 마을 사람 중 선량한 사람들이 좋아하고
> 나쁜 것들이 미워하는 사람이 더 낫지."

마을 사람들 중 과연 누가 선량(善)하고, 누가 나쁜지(惡)는 마을 사람이 정해줄 수 있는 것도 아니고, 마을 유지나 이장님이 정해줄 수 있는 것도 아니다. 국가나 법원이 정해줄 수 있는 것도 아니다. 선과 악, 옳고 그름, 교만과 겸손 등에 대한 윤리적 판단은 다수 의견이나 남의 의견을 따르면 되는 것이 아니라, 자신이 독자적 판단

력을 길러서 스스로 판단해야 한다. 그렇기 때문에 '배움'이 핵심적 중요성을 가지게 된다. "윤리적 결기를 좋아하되 배우기를 좋아하지 않으면 우매한 짓을 하게 된다"는 공자의 말이 바로 이 뜻이다 (17.8). 올바른 윤리적 판단을 내리는 데 필요한 판단력과 균형 감각을 기르는 과정이 '배움'이다. 윤리적 독자성과 주체성을 포기하고 국가, 정부, 법원, 다수의 사람들(衆) 또는 소수의 고명한 스승이 내린 윤리적 판단을 그대로 따르겠다는 입장은 자신이 인간으로서 갖는 본질적 가치를 포기하고 윤리적 좀비로 전락하는 것이다.

　　과거의 주석가들은 이 구절 전체가 임금과 관련된 의전 예법의 문제를 다룬 것이라고 오해했다. 이 구절 전반부도 남자아이의 성년식에 사용하는 모자에 관한 이야기가 아니라 임금의 면류관을 삼베로 만들어야 하는지 명주실로 만들어도 되는지에 관한 이야기라고 생각했고, 이 구절 후반부도 사람들이 남의 집에 방문했을 때 나누는 인사에 관한 것이 아니라 임금과 신하가 의전 예법에 따라 궁정에서 어떻게 배례(拜禮)해야 하는지에 관한 구절이라고 설명했다. 그러나 이런 해석은 이 구절이 "많은 사람들(衆)"이 어떻게 하는지를 거론하고 있다는 점을 고려하지 않은 잘못된 해석이다. 임금의 면류관을 "많은 사람들"이 만들었다는 해석은 설득력이 없다. 그리고 이 구절이 임금과 신하 간의 배례 예법에 관한 것이라면, 이런 의전 예법은 극소수에게나 적용될 뿐이므로 "많은 사람들"의 행태를 거론할 여지도 없었을 것이다.

　　임금의 면류관을 무슨 재료로 만들어야 하는지, 신하와 임금이 어디서 어떻게 절을 해야 하는지는 나의 삶에서 내가 지켜야 하는 윤리 규범과는 아무 상관이 없는 왕실 의전의 절차와 격식에 관한 문제일 뿐이다. 과거의 주석가들은 윤리와는 상관이 없는 제사 예법, 예식 예법, 의전 예법에서 윤리적 의미를 애써 찾아보려 노력해 왔었다. 그러나 이런 노력은 뜬금없이 오묘한 신비주의적 해석을 낳게 될 위험이 크다. 제사, 예식, 의전 예법은 윤리와는 무관하다는 점을 분명히 할 필요가 있다.



논어 귀환 금서의

이 구절 전반부는 윤리와는 무관한 예식 예법을 다룬 것이다. 그래서 공자는 사람들이 하는 대로 따르고, 예법 준수를 고집하지 않았다. 후반부는 제사, 예식, 의전 예법과는 무관한 윤리 규범으로서의 예법을 다룬 것이다. 윤리 규범으로서의 예법의 경우, 공자는 비록 많은 사람들과 어긋나게 되더라도 자신의 독자적이고 주체적인 판단에 따라 자신이 옳다고 믿는 윤리 규범을 철저히 준수해야 한다는 입장을 취한다. 올바른 윤리적 판단을 주체적이고 독자적으로 내리기 위해서는 물론 배워야 한다. 배우지 않으면 남들이 하지 않는 우매한 윤리적 판단을 거듭하게 될 뿐이다.

<u>선생님은 네 가지에 얽매이지 않았다.</u>

넷째 구절의 원문은 다음과 같다:

> **子絶四 毋意 毋必 毋固 毋我**

공자가 네 가지에 얽매이지 않았다는 이 구절에서 나열된 네 가지가 과연 무엇인지에 대해 해석상 논란이 있다.

넷 중 처음 등장하는 '意'라는 글자에 대해서 다산 정약용은 '지레짐작 또는 억측하여 가지는 견해'를 뜻한다고 설명한다.[43] 이 설명은 황제내경(黃帝內經)의 설명과도 일맥상통한다: "마음이 짐작하여 생긴 것을 意라고 하고, 이것 중 [쉽게 사라지지 않고] 남아 있는 것을 志라고 한다."[44] 지레짐작이나 억측하여 형성하는 견해가 바로 선입견이므로, '무의(毋意)'는 공자가 지레짐작으로 생기는 선입견에 얽매이지 않았다는 정도로 해석하면 무난할 것이다. 공자의 이런 태도는 다음 구절에서도 확인된다(15.27, 15.22):

> 여러 사람이 미워하더라도 반드시 잘 살펴보고 판단해야 하고,

상대방의 의도를 재빨리 간파한답시고 근거 없는 억측에 휘둘려서
는 안 된다는 공자의 입장은 다음 구절에서도 나타난다(14.33).



과거의 주석가들은 공자가 올바른 도리(道)를 잣대로 삼아 행동했
을 뿐 자기 임의(任意)나, 자신의 개인적 생각(私意)에 따르지는 않
았다는 식으로 '毋意'를 해석했지만, 이런 해석은 공자를 무념무상
의 경지에 노니는 일종의 도인(道人)으로 치켜세우는 것이며 근거
없는 신비주의를 조장하는 해석이라고 생각한다.

　　두 번째로 등장하는 '必'은 '반드시 이래야 한다'는 당위를 말
하는 것이므로, '무필(毋必)'은 반드시 이래야 한다는 당위에 얽매
이지 않았다는 뜻이다. 다음 구절도 공자의 이런 자세를 드러내 보
여준다(4.10):



공자가 자신에 대해서 내리는 평가를 담은 다음 구절도 반드시 이
래야 한다거나 저래야 한다는 당위에 얽매이지 않는다는 점을 부
각시키는 내용이다. 혼탁한 세상과 타협하기보다는 깊은 산중에서
굶어죽기로 선택했던 백이, 숙제, 어지러운 세상에서 아무 임금에
게나 열심히 최선을 다해 봉사했던 유하혜, 그리고 머리카락을 모
두 자르고 몸에 문신을 하고 은둔 생활을 하며 막말을 해댔던 우중

등에 대한 평가를 공자는 다음과 같이 내린다(18.8):

> 뜻을 굽히지 않고 몸도 더럽히지 않은 이들이 바로 백이(伯夷),
> 숙제(叔齊)아니겠나! 한편 유하혜(柳下惠)와 소련(少連)은 뜻도
> 굽혔고 몸도 더럽혔지만 말은 바르게 했고 행동도 사려 깊었지.
> 우중(虞仲)과 이일(夷逸)은 은둔생활을 하면서 막말을 해댔지만
> 자기 신변은 깨끗하게 유지했고 은둔생활을 하기로 한 결정도
> 상황상 불가피했지.

그런 다음 공자는 자기 자신에 대해서 이렇게 말한다:

> 그런데 난 이 사람들과는 달라. 그래도 된다는 것도 없고, 그러면
> 안 된다는 것도 없어(無可無不可).

나중에 순자(荀子)도 공자가 선입견이나, 고정 관념에 갇혀있거나
어느 한 관점에 집착한 나머지 다른 관점을 놓친 사람이 아니라고
평가한 바 있다. 순자가 보기에 묵자, 송자, 장자 등 다른 사상가들
은 어느 한 관점에 치우쳐서 다른 관점을 소홀히 한 바가 있으나,
공자는 치우침이나 속박이 없었다는 것이다. 어떠한 관점이나 입
장에도 묶이거나 얽매이지 않았다는 것이리라:

> 묵자는 실용에 골몰한 나머지 문명을 몰랐고,
> 송자는 욕망을 억누르는 데 골몰한 나머지 성취를 몰랐고,
> 신자(慎子)는 법에 골몰한 나머지 현명함을 몰랐고,
> 신자(申子)는 기예에 골몰한 나머지 지혜를 몰랐고,
> 혜자는 수사(修辭)에 골몰한 나머지 실질을 몰랐고,
> 장자는 하늘에 골몰한 나머지 사람을 몰랐다. …
> 공자는 훌륭한 지혜가 있었을 뿐 아니라
> 가리워져 막힌 곳이 없었다

(孔子仁知且不蔽).[45]

고(固)는 고지식하고 고루하게 꽉 틀어막힌 마음가짐을 뜻하므로,
'무고(毋固)'는 고지식하거나 고루하지 않았다는 뜻이다. 제사, 예
식, 의전 예법과 관련하여 공자는 (사람들이 더 이상 지키지 않게
된) 과거의 격식과 절차를 고지식하게 고집하는 사람이 아니라는
점은 위에서 이미 보았다. 논어의 다른 구절에서는 미생묘라는 노
인이 공자가 여러 제후국을 주유하며 자신의 정치적 이상을 실현
해 볼 기회를 모색하고 있는 상황에 대하여 핀잔 섞인 질문을 하는
데 공자는 스스로를 이렇게 변호했다(14.34):

> 미생묘(微生畝)가 공자에게 "구(丘, 공자의 이름)는 뭣 하러
> 이렇게 여기저기를 기웃거리니? 말재주나 부리고 다니는 거
> 아냐?"라고 했다. 그러자 공자가 "말재주 부리는 것은 아니고요,
> 꽉 막힌 고지식함을 제가 질색해서 그렇습니다(非敢爲佞也 疾固
> 也)"라고 했다.

꽉 막힌 고루한 태도를 몹시 싫어해서, 사람들의 고루함을 줄이려
백방으로 노력하고 있다는 말이다. 남을 가르치는 것을 귀찮아하
지 않고(誨人不倦) 끊임없이 사람들을 가르친 이유도, 고루함과 고
지식함을 극복하기 위해서는 배워야 하기 때문이다(7.2). "배우면
고루하지 않게 된다(學則不固)"는 것이 공자의 생각이다(1.8).
　　끝으로 '무아(毋我)'는 자신을 내세우지 않았다, 자기 중심으
로 생각하거나, 자신의 이익이나 입지를 고려해서 일을 처리하는
사람이 아니었다는 뜻으로 해석하면 무난할 것이다.
　　따라서 이 편의 네 번째 구절은 공자가 지레짐작으로 생기는
선입견에 얽매이지 않았고, 꼭 이래야 한다는 당위에 얽매이지 않
았고, 고지식하거나 고루하지 않았고, 자기 중심적인 사람이 아니
었다는 제자들의 평가를 담고 있다고 보는 것이 옳다.

제7편과 제9편은 스승으로서 공자의 면모를 보여주는 구절들을 주로 수록하고 있다. 이 편에는 공자가 지식의 분량이 많은 사람, 즉, '많이 아는' 사람이 아니라는 점을 강조하는 구절이 있다. 어떤 시골 사람이 뭘 물어 봤는데, 제대로 대답하지도 못했다는 것이다 (9.7). 다른 편에 수록된 구절에서도 공자는 자기가 많이 아는 사람이 아니라는 점을 강조한다(15.2):

> 선생님이 "사(賜, 자공)야, 넌 내가 많이 배워 많이 아는
> 사람이라고 생각하니?"라고 물었다.
> 자공: "그렇습니다. 안 그런가요?"
> 선생님: "안 그래. 난 하나로 다 꿰뚫을 뿐이야."

안다(知)는 것은 자기가 아는 것이 무엇이고 모르는 것이 무엇인지를 알아차림으로써 자신의 한계를 아는 것이라는 유명한 구절도 있다(2.17). 이들 구절들은 배움의 목적이 지식의 분량을 늘리자는 것이 아님을 거듭 강조하는 것이다.

　안연, 자공, 자로와 스승 공자 간의 각별히 친밀한 관계를 보여주는 구절들도 이 편에 수록되어 있다. 안연에 대한 공자의 격찬(9.19), 일찍 죽은 그에 대해 공자가 가지는 안타까운 심정(9.20, 9.21), 안연이 공자에 대해 품는 감탄과 존경의 심정을 보여주는 구절(9.10)은 수제자 안연의 면모를 돋보이게 한다. 활달하고 거침없는 자로는 제자들 중에서도 나이가 많은 편이었고 공자와의 인연도 길었다. 공자가 위중한 병에 걸리자 자로는 제자 중 일부를 공자의 가신처럼 부렸는데, 이 사실을 나중에 발견한 공자가 자로를 호되게 야단치는 구절이 있다(9.11). 제자를 마치 자기의 비서나 보좌관처럼 부리는 시대착오적인 스승들은 이제는 모두 없어졌기를 바라지만, 이 구절은 그런 행위가 옳지 않음을 보여준다. 가난한 배경

의 자로가 꿋꿋한 기상과 자부심으로 당당한 태도를 유지하고 있음을 공자가 칭찬하는 구절도 흥미롭다(9.26). 자공이 화려한 언변으로 공자를 칭송하거나 자기 자랑을 습관적으로 늘어놓는 모습을 보여주는 구절들도 있다(9.6, 9.12). 자공이 자기 자신을 "아름다운 옥(美玉)"에 비유하여 공자에게 질문하는 상황(9.12)은 공자가 자공을 "귀한 옥으로 만든 화려한 그릇(瑚璉)"이라고 농담을 섞어 대답하는 구절(5.3)과도 연결된다.

공자는 과거 지향적, 복고적 세계관을 가진 사람이 아니라, 젊은 세대, 장래 세대에 희망을 가졌던 사람이라는 점을 보여주는 구절도 있다. "다가올 미래가 현재만 못하다고 어찌 단정할 수 있겠나(焉知來者之不如今也)?"라는 그의 입장은 젊은 세대를 가르치는 데 평생을 바친 공자가 스승으로서 품었던 희망을 보여준다(9.22).

이 편에는 "미덕을 여자만큼 좋아하는 사람을 난 아직 못 봤어(吾未見好德如好色者也)"라고 공자가 말하는 구절이 있다(9.17).[46] 물론, 이 구절은 동서 고금의 해석자들이 제1편에 수록된 자하의 말(1.7)에 나오는 "현현역색(賢賢易色)"이라는 표현을 해석할 때 언제나 참고하고 의존해 왔던 것이기도 하다. 기존 해석에 따르자면, 자하가 말한 賢賢易色은 공자가 여기서 한 말과 비슷하게 '여자를 좋아하듯 현자(賢者)를 좋아하라'는 뜻이라는 것이다. 하지만, 이런 해석은 德과 賢의 중요한 차이를 무시하는 것이다. 미덕(德)은 궁극의 가치이며, 그것을 뛰어넘는 가치는 존재할 수가 없다. 공자가 한 말은 감각적 욕망이나 욕심에 매몰된 상태(好色)를 극복하고 궁극의 가치인 미덕을 추구(好德)하도록 권하는 내용이다. 자하가 한 말도 욕망이나 욕심을 물리치라(易色)는 것이므로 이 점에서는 일치한다. 그러나, 미덕(德)과는 달리 현(賢)은 궁극의 가치가 아니다. 재능, 재주, 학식이 많은 것이 현(賢)이다. 물론 이것은 훌륭하고, 유용하고, 우수한 것이긴 하다. 하지만, 이것을 뛰어넘고 극복하는 것(賢賢)이야말로 궁극의 미덕이라고 할 수 있다. 재주나 학식이 많은 현자(賢者)들이 자기 스스로를 존경과 흠모의 대상으로 치켜세우는 해석에 골몰하는 행태는 어느 모로 보더라도 미덕(德)이라고 하기는 어려울 것이다. 학식과 재주를 뛰어넘고(賢賢), 욕망과 욕심을 물리치는(易色) 것이야말로 미덕을 추구하는(好德) 경지라고 볼 수 있다.

10.

고향 마을에서는

10.1  공자는 고향 마을에서는 조심하고 공손하여 마치 말을 못하는
사람 같았다. 종묘와 조정에서는 유창하고 분명하게 말했지만
언제나 삼가는 태도를 유지했다.

10.2  조정에서 서열이 낮은 관리들과 이야기를 나눌 때는
화기애애했고, 서열이 높은 관리들과 이야기를 나눌 때는
온화하고 깍듯했다. 임금이 자리에 있을 때는 공경하여 조심했고
또한 근엄했다.

10.3  임금이 공자를 불러 손님 접대를 맡기면 공자의 안색은
긴장되었고 발걸음은 빨라졌다. 함께 도열한 사람들과 좌우로
인사를 나눌 때에도 옷 매무새는 앞과 뒤가 가지런했다. 손님을
안내하여 종종 걸음으로 앞서 갈 때에는 마치 새가 날갯짓을 하는
듯했다. 손님이 물러가고 나면 반드시 다시 보고하면서 "손님이
뒤돌아보지 않고 만족스럽게 떠났습니다"라고 했다.

10.4  궁궐 문으로 들어갈 때는 마치 문이 작아 들어가기 어려운 듯
몸을 굽혔다. 문 중앙에 서 있지 않았고 드나들 때 문지방을 밟지
않았다. 다른 관리들 앞을 지날 때에는 긴장된 안색으로 발걸음을
빨리하였고 말도 잘 못하는 듯했다. 옷자락을 거머쥐고 상급자의
집무 공간으로 가는 계단을 오를 때에는 몸을 굽히고 마치 호흡을
멈춘 듯 숨을 죽였다. 나올 때에는 첫 계단을 밟자마자 얼굴에
긴장을 풀고 웃는 낯이 되었다. 계단을 다 내려온 다음에는 종종
걸음을 했는데 마치 새가 날갯짓을 하는 듯했다. 자기 자리에
돌아와서는 공경하여 조심했다.

규(圭, 사신을 보낼 때 징표로 사용하는 옥패)를 받아들 때는 마치 그 무게를 감당하기 어려운 듯 몸을 굽혔다. 윗사람에게 규를 전달할 때는 인사하듯 가슴 높이로 받들었고, 아랫사람에게 전달할 때는 물건을 줄 때처럼 했다. 안색은 긴장되어 마치 두려운 듯한 모습이었고 보폭을 좁게 하여 발뒤꿈치를 바닥에 끌며 걸으셨다. 〔사신을 맞이하는 의전 절차의 첫 단계가 끝나고〕 연향(燕享, 연회 및 선물 교환)을 할 때에는 편안한 안색이었고, 사적으로 만날 때에는 느긋하고 즐거운 기색이었다.



검푸른 색이나 검붉은 색으로 옷깃을 장식하지 않았고, 붉은색이나 자주색으로 평상복을 해 입지는 않았다. 더운 철에는 굵은 삼베 또는 가는 삼베로 만든 홑옷을 입었지만 외출할 때는 반드시 겉옷을 걸쳐 입고 나갔다. 검은 옷에는 흑염소 털가죽 옷을 걸쳐 입었고, 흰 옷에는 흰사슴 털가죽 옷을 걸쳐 입었으며, 황토색 옷에는 여우 털가죽 옷을 걸쳐 입었다. 평상복으로 입는 가죽옷은 길었지만 오른쪽 소매는 짧게 만들었다. 잠옷은 꼭 입었는데, 몸 길이 한 배 반이 되는 것이었다. 거실에서는 여우와 담비의 털가죽으로 두툼하게 해 둔 위에 앉았고, 상(喪)을 당한 기간이 아니면 반드시 패물을 찼다. 특별한 예복이 아니면 반드시 허리 부분이 체형에 맞도록 재단된 옷을 입었다. 검은 털가죽 옷이나 검은 모자를 쓰고 조문을 가지는 않았다. 매달 초하루에는 반드시 행사 복장을 차려입고 조정에서 거행되는 행사에 참석했다.



제사를 앞두고 정결히 하는 기간에는 반드시 삼베로 된 제사 옷을 입었고, 그 기간에는 식사와 거처도 평소와는 다르게 했다.

10.8　밥은 곱게 깎은 쌀로 지은 것을 좋아했고, 회는 가늘게 썬 것을 좋아했다. 밥이 쉬어 냄새가 나거나 생선이나 고기가 상하면 먹지 않았다. 보기에 안 좋으면 먹지 않았고, 냄새가 안 좋아도 먹지 않았고, 너무 익혀도 먹지 않았고, 제철 음식이 아니면 먹지 않았다. 반듯하게 잘려 있지 않으면 먹지 않았고, 간이 안 맞아도 먹지 않았다. 고기가 많이 있어도 식탐을 하지 않았다. 술은 무한정 마셨지만 술주정을 하지는 않았다. 시장에서 파는 술이나 육포는 먹지 않았다. 생강을 넣은 요리는 좋아했지만 많이 먹지는 않았다. 나라에서 지낸 제사에 사용된 고기는 다음날까지 묵혀 두지 않았다. 집에서 지낸 제사에 사용한 고기는 사흘을 넘겨 보관하지 않았고, 사흘이 넘으면 먹지 않았다. 식사 중에는 말이 없었다. 잠자리에 들어서도 말이 없었다. 비록 변변찮은 식사와 반찬과 국일지라도 반드시 고수레를 경건하게 했다.

10.9　좌석이 제대로 마련되어 있지 않으면 앉지 않았다.

10.10　마을 사람들과 술을 마실 때 지팡이를 짚은 연장자가 자리를 뜨면 그도 자리를 떴다. 마을 사람들이 굿을 할 때에는 그는 행사 복장을 차려입고 동쪽 섬돌에 서 있었다.

10.11　사신으로 다른 나라에 사람을 보낼 때는 선생님은 두 번 절하고 보냈다. 노나라 대부 계강자가 약을 보내오자 절을 하고 받은 다음 이렇게 말했다. "저는 〔약에 대해서〕 잘 알지 못하여 감히 맛보지 못하겠습니다."

10.12　마구간이 불에 탔다. 선생님이 조정에서 돌아와 이렇게 물었다: "다친 사람은 없니?" 말에 대해서는 묻지도 않았다.

임금이 음식을 선물로 보내오면 반드시 자리를 바르게 하고 먼저
맛을 보았다. 임금이 날고기를 선물로 보내오면 반드시 익혀서
제사에 썼다. 살아 있는 짐승을 임금이 선물로 보내오면 반드시
길렀다. 임금의 식사 시중을 들 때에는 임금이 고수레를 하고
선생님은 음식을 먼저 먹어 보며 점검했다. 중한 병에 걸려 임금이
그를 보러 올 경우에는 머리를 동쪽으로 두고 행사 복장을 몸
위에 덮고 허리띠를 위에 걸쳐 놓았다. 임금이 부르면 마차가
준비되기를 기다리지 않고 출발했다.

10.13

태묘에 들어가서는 일일이 물어보았다.

10.14

선생님 친구가 숨을 거두었다. 망인을 장사 지내 줄 사람이 아무도
없었다. 선생님이 "빈소를 내 집에 차려라"고 했다. 친구가 선물을
보내온 경우에는 비록 수레나 말이라 할지라도 받을 때 절하지
않았다. 하지만 제사에 사용한 고기인 경우에는 절을 하고 받았다.

10.15

잠잘 때는 시체처럼 눕지 않았고, 집에 있을 때는 옷을 차려입지
않았다. 상복을 입은 자를 보면 친한 사이일지라도 반드시 안색을
바꾸고, 관복을 입고 의관을 쓴 자나 눈먼 사람을 보게 되면 비록
편안한 자리일지라도 반드시 예의를 갖추어 대했다. 상복을 입은
자에게는 존경의 표시를 했다. 성대한 음식이 차려지면 반드시
안색을 바꾸고 일어섰다. 천둥 번개가 심하거나 사나운 바람이
불면 반드시 안색을 바꾸었다.

10.16

수레에 타서는 반드시 수레 고삐를 잡고 똑바로 서 있었다. 수레
안에서는 두리번거리지 않았다. 빨리 가라고 재촉하지 않았고
손가락으로 여기저기를 가리키지 않았다.

10.17

꿩들이 주변 기색을 살피다 날아올라 몇 바퀴 돈 다음 다시
모여들었다. 선생님이 이렇게 말했다, "산에 노니는 까투리로구나.
제철이지! 제철이지!" 자로가 〔까투리를 잡아서〕 꿩 요리를
해드렸다. 선생님은 세 번 냄새를 맡고는 자리에서 일어났다.

이 편에는 공자의 일상 생활을 바로 옆에서 지켜보듯 생생하게 묘사한 구절들이 모여있다. 이 편을 편찬한 이들은 스승 공자가 죽은 후 오랜 시간이 흘러도 사람들이 공자가 살아 있을 때 어떠했는지를 소상하게 알 수 있도록 하겠다는 의도가 있었던 것 같다.


## 특이한 친구 관계


공자의 친구 중에는 죽어도 장례 지내줄 사람이 아무도 없는 자도 있었다. 가족이나 친척이 전혀 없거나 그들과는 더 이상 연락이 닿지 않는 삶을 살았던 사람일 것이다. 흔한 경우는 아니라고 생각한다. 공자는 그 친구의 장례를 치러줬다(10.15). 이 구절은 공자가 무연고자의 장례식을 거행해 주는 사람이라는 뜻이 아니라, 공자의 친구 중에는 무연고자의 삶을 사는 사람도 있었다는 뜻이다. 그만큼 공자의 친구 관계는 독특했음을 알 수 있다. 공자는 또한 동쪽 오랑캐(夷) 나라로 가서 지내겠다는 생각을 품기도 했다(9.13). 중국의 동쪽 변방은 한반도 지방을 포함하는 것일 수도 있겠다. 어쨌건, 공자의 이런 발상은 당시 기준으로는 대단히 모험적인 것이며, 낯선 환경을 마주하는 것을 대수롭지 않게 여기는 공자의 자유분방하고 진취적인 태도를 보여준다. 공자는 세 살 무렵 아버지를 여의고, 10대 소년일 때 어머니마저 잃었다. 고아의 처지에서 온갖 어려움을 겪으며 삶을 헤쳐 온 공자의 성장 배경(9.6) 또한 공자의 자유분방하고 모험적인 삶의 자세에 영향을 끼쳤을 것으로 상상해 볼 수 있다.


## 음식, 옷, 주거 환경


이 편에 수록된 구절들은 공자가 결코 금욕주의자가 아니었음을 보여준다. 오히려 고급스러운 미식가에 가깝게 묘사되며, 계절별로 다양한 복장을 색상까지 완벽히 맞춰 깔끔하게 차려입고 패물을 차고 다니는 멋쟁이 신사였음을 알 수 있다. 그리고 공자의 집 거실은 "여우와 담비의 털가죽으로 두툼하게 해 둔" 쿠션까지 갖춘 안락한 분위기였다(狐貉之厚以居, 10.6).

논어를 편찬한 이들은 공자가 한 '말'만을 수록할 경우, 후세의 독자들이 공자가 어떤 사람이었는지 제대로 파악하지 못해 그가 한 말들을 오해할 위험이 있다고 생각했던 것 같다. 예를 들자면, "군자는 배불리 먹으려 하지 않고 편안히 지내려 하지 않는다"든가(1.14), "선비가 안락한 생활을 염두에 둔다면 선비 되기에는 모자란다"거나(14.3), "옳은 길에 뜻을 둔 선비라면서 초라한 옷과 거친 음식을 부끄럽게 여긴다면 그런 자와는 말도 섞지 말라"(4.9)는 구절들만을 접할 경우 독자들은 공자가 소박한 삶으로 일관했다고 오해할 수 있을 것이다.

이 편에 수록된 구절들은 공자가 고급스러운 취향의 세련된 삶을 죄악시하거나 피하지 않았음을 분명히 보여준다. 공자는 세속의 욕망을 부정하는 것이 아니라, 삶의 즐거움을 풍부하게 누릴 줄 아는 사람이라는 점을 보여주고자 하는 편집 의도가 분명히 있었다. 그렇지만 공자가 쾌락주의로 일관했던 자도 아니라는 점을 이 편은 한 두 문장만으로도 효과적으로 표현한다. 예를 들어, 식도락에 가까운 공자의 식사 습관을 나열하는 중에, "고기가 많이 있어도 식탐을 하지 않았다"고 지적하고, "비록 변변찮은 식사와 반찬과 국일지라도 반드시 고수레를 경건하게 했다"는 문장으로 마무리함으로써 상황에 따라서는 소박한 식사도 경건한 마음으로 했다는 점을 독자에게 각인시킨다(10.8). "단출한 식사 후 물 마시고 팔베게를 하고 누우면 그 또한 즐거울 수 있지"라는 공자의 말(7.15)이 빈말이 아니라는 점을 이 한 두개의 문장으로 훌륭하게 뒷받침하는 것이다. 공자는 금욕주의와 쾌락주의의 양극단을 피하고 적절한 정도로 절제하는 삶을 살았다고 볼 수 있다. 다만 "술은 무한정 마셨다"고 지적하는 구절(惟酒無量)을 굳이 수록한 것은 흥미롭다. 공자를 친근한 인물로 생생하게 제시하는 효과가 있다고 생각한다.

## 공자의 수레와 말

이 편에는 공자의 마구간에 발생한 화재에 대한 구절이 있다. 공자의 마구간에 불이 났는데 조정에서 일을 마치고 돌아온 공자는 다친 사람이 없는지에 대해서만 관심을 보였지, 말이 죽었는지는 관심도 없었다는 것이다(10.12). 이 구절은 공자가 '재물'에 대해 무관심했다는 점을 부각시키려는 것이다. 이 구절에서 언급된 말은 주인과의 친밀한 정서적 유대가 형성된 승마용 말이 아니라, 오로지 수레를 끄는 용도로 사용된 말일 것이다.

논어의 다른 편에는 아끼던 제자 안연의 장례식을 제대로 치르는 데 필요한 비용 마련을 위하여 공자가 수레를 팔 수 없겠는지 안연의 아버지가 문의했지만 공자는 그 요청을 거절했으며 자기 아들이 죽었을 때도 공자는 장례 비용 마련을 위해 수레를 팔지는 않았다는 구절이 있다(11.7). 만일 수레를 팔기로 했다면 수레를 끄는 데 사용되는 말도 같이 팔았을 것이다. 논어를 편찬한 이들은 공자가 수레와 말을 팔지 않은 이유를 좀 더 설명해야 할 필요를 느꼈던 것 같다. 이 편에 수록된 마구간 화재 관련 구절은 공자가 수레와 말을 팔기를 거절한 것은 그것들의 재산적 가치 때문이 아니었다는 점을 보여준다. 속된 말로, '돈이 아까워서' 수레와 말을 못 팔겠다고 거절한 것이 아니라는 것이다.

예식 예법 준수에 필요한 돈 문제는 가난한 사람들에게는 불가피하게 생길 수밖에 없는 문제다. 공자는 돈이 모자라는 사람들이 어쩔 수 없이 놓이게 되는 처지(즉, 예식 예법을 제대로 지킬 수 없게 되는 처지)를 옹호하고 그들에 대한 비난을 차단하려는 입장(3.4)이라는 점은 이미 설명했다. 오히려, 무리해 가면서까지 예식 예법을 지키려는 태도를 공자는 엄하게 질책했다(11.10). 마구간 화재에 관한 이 편의 구절은 형편이 닿지 않아 장례 예법을 철저히 지킬 수 없었던 공자의 경우도 말이나 수레의 재산적 가치에 집착하여 그렇게 된 것이 아니라는 점을 분명히 해명하려는 것이다.

### "제철이지! 제철이야!"

이 편의 마지막 구절에 대해서는 오랫동안 다양한 해석이 있어 왔지만, 공자가 감성이 풍부하고 동물 또한 함부로 대하지 않는 사람이었다는 점을 보여주는 구절이라고 생각한다. 산 길을 가던 공자와 자로 주변에 까투리들이 날아올랐다 내려앉았다. 공자는 흐뭇한 마음에서 까투리들이 좋은 계절을 마음껏 누리라는 뜻으로 "제철이지! 제철이야!"라고 했다(時哉 時哉). 그러나 자로는 이 말을 듣고 선생님께서 꿩 요리가 먹고 싶은가 보다라고 오해하여 까투리를 잡아서 꿩고기를 '제철 요리'로 바친 상황이다. 자로가 꿩 요리를 가져오자 전후 사정을 순간적으로 파악한 공자는 자로를 나무랄 수도 없었을 것이다. "제철이지!"라고만 불쑥 말했으니 오해할 만도 했기 때문이다. 하지만 자신이 기쁜 마음으로 내뱉은 말 때문에 꿩이 잡혀 죽었으니 착잡한 심정이었을 것이다. 요리를 먹자니 꿩에게 미안하고, 안 먹자니 자로에게 미안한 상황이다. 자로가 바친 꿩 요리를 먹기도 곤란하고 안 먹기도 곤란한 상황에서 공자는 꿩 요리를 '세 번 흠향'하는 행위를 함으로써 그 꿩을 마치 제사에 바쳐진 희생물(祭需)처럼 대우하고 제의적 의미를 부여한다.[47]

　요리를 먹는 대신 흠향하는 행위를 함으로써 '식사'가 순식간에 '제사'로 그 의미가 바뀌게 되고, 꿩에 대한 안타까움과 자로에 대한 미안함도 일거에 해결된 것이다. 순자는 예론(禮論) 편에서 제사는 귀신이 '있는 듯 없는 듯' 해야 한다고 설명하면서, 제사에 사용될 요리는 완전히 익혀서는 안 되며 진설된 음식은 세 번 냄새를 맡는 데 그쳐야 하고 먹어서는 안 된다(三嗅之不食也)고 설명하고 있다.

　　공자는 낮에 본 까투리가 자기가 무심코 한 말 때문에 죽게 된
것을 안타까워하기는 하지만, 그렇다고 부처와 같이 동물을 도살
하여 제사를 지내는 행위를 전면적으로 거부하는 것은 아니다. 다
음 구절은 공자가 제사(祭祀)와 제수(祭需)에 대하여 취하는 입장
을 보여준다(3.17):

> 자공이 월초에 지내는 제사에 양(羊)을 쓰는 것을 그만하려
> 하자, 선생님이 이렇게 말했다: "사(賜, 자공)야, 너는 그 양을
> 사랑하는구나, 나는 그 예법을 사랑한다."

11.

# 진취적인 사람들

11.1 "제도와 문화에 대해 진취적인 사람들은 야인(野人)들이고, 제도와 문화에 대해 보수적인 사람들은 군자(君子)들이지. 기용할 일이 있다면 나는 진취적인 사람들을 택하겠어."

11.2 "나를 따라 진(陳)나라와 채(蔡)나라에까지 왔던 제자들은 이제 아무도 남아 있지 않네."

덕행은 안연, 민자건, 염백우, 중궁이 뛰어나고, 말솜씨는 재아와 자공이 뛰어나고, 정치 수완은 염유와 자로가 뛰어나고, 지식과 교양은 자유(子游)와 자하가 뛰어났다.

11.3 "회(回, 안연)는 내게 도움이 안 돼. 내가 설명하는 내용을 모조리 좋아해."

11.4 "민자건은 효심이 대단해. 사람들이 그 부모 형제가 하는 말을 헐뜯지 않아."

11.5 남용은 말을 신중히 하는 사람이었다. 공자는 자기 질녀를 남용에게 시집보냈다.

11.6 노나라 대부 계강자가 "제자 중 누가 배우기를 좋아한다고 할 수 있나요?"라고 묻자 공자가 이렇게 대답했다. "안회(顔回)라는 자가 배우기를 좋아했는데, 불행히도 일찍 죽었습니다. 이제 그런 사람은 없습니다."

안연이 죽었다. 안연의 아버지 안로(顔路)가 선생님의 수레를 팔아 11.7
그 돈으로 겹관을 해달라고 부탁했다. 선생님이 이렇게 말했다.
"재주가 있건 없건, 나도 내 아들 이야기를 할게요. 내 아들
리(鯉)가 죽었을 때 나는 겹관 없이 홑관으로 장례를 지냈어요.
내가 수레를 팔고 걸어 다니면서까지 겹관을 해주려 하지는
않았어요. 높은 사람들을 수행해야 하는 내가 걸어다닐 수는
없잖아요."

안연이 죽었다. 선생님이 이렇게 말했다. "아, 하늘이 나를 버리는 11.8
구나, 하늘이 나를 버려."

안연이 죽었다. 선생님이 곡을 하며 몹시 슬프게 울었다. 시중을 11.9
드는 자가 "선생님, 몹시 슬프게 우시네요"라고 하자, 선생님이
이렇게 말했다. "내가 몹시 슬프게 운다고? 이 사람이 죽었는데
슬프게 울지 않으면 누가 죽어야 그렇겠니."

안연이 죽었다. 제자들이 후하게 장례를 치러주고자 했으나 11.10
선생님이 그럴 수 없다고 했다. 제자들이 결국 후하게 장례를
치러주자 선생님이 이렇게 말했다. "회(回)는 나를 아버지로
대했는데, 나는 회를 아들로 대할 수 없게 됐어. 내 탓이 아니고 다
너희들 때문이야!"

자로가 귀신을 섬기는 것에 대하여 물으니 선생님이 이렇게 11.11
말했다. "사람도 제대로 섬기지 못하는 마당에 어찌 귀신을 섬길
수 있겠니?" 자로가 죽음에 대해서 감히 질문하니 선생님이
이렇게 말했다. "삶에 대해서도 아직 모르는 판에 죽음에 대해
어찌 알 수 있겠니?"

11.12  선생님을 보좌할 때 민자건은 온화하게 시시비비를 가려 일
처리를 했고, 자로는 굳건하고 과감했으며, 염유와 자공은
화기롭고 유쾌했다. 선생님이 기뻐하시며 "그런데 자로는 제명에
죽지는 못할 것 같애"라고 했다.

11.13  노나라가 재무 담당 관청의 건물을 새로 지었다. 민자건이 이렇게
말했다. "그 전 건물을 그대로 쓰면 어때서 그래? 꼭 새로 지어야
했나?" 선생님이 이렇게 말했다. "이자는 긴말 안 하지만 핵심을
짚는 바른 말을 하지."

11.14  선생님이 "자로의 거문고 솜씨가 저래서야 어찌 내 문하생이 될 수
있겠나"라고 했다. 문하생들이 자로를 무시하자 선생님이 이렇게
말했다. "자로는 마루 위에까지 올라왔어. 아직 방에 들어오지
못했을 뿐이야."

11.15  "사(師 자장)와 상(商 자하) 중 누가 더 뛰어난가요?"라고 자공이
물었다.
선생님: "사는 과하고 상은 모자라."
자공: "그럼 사가 더 낫군요."
선생님: "과한 것은 모자라는 것과 마찬가지야."

11.16  노나라 권세가 계씨는 주공(周公)보다 더 부자였는데, 염유가
계씨의 가신으로 있으면서 마구잡이로 세금을 거둬들여 계씨의
살림을 불려주었다. 선생님이 이렇게 말했다. "걔는 내 문하생이
아냐. 애들아, 북을 울려 저자를 쳐라! 그래도 돼."

11.17  시(柴 자고)는 어리석고, 삼(參 증자)은 굼뜨고, 사(師 자장)는
진실되지 못하고, 유(由 자로)는 거칠었다.



논어 | 귀환 | 금서의

"회(回 안연)는 거의 통달한 사람이었지만 가난했고, 사(賜 자공)는
스스로 운명을 개척하여 재산을 늘렸는데 그의 예측은 번번이
적중했어."

11.18

착한 사람의 도리에 대하여 자장이 물으니 선생님이 이렇게
말했다. "남이 거쳐간 곳을 밟지 않고 방에 들어가기는 어려울 걸."

11.19

"하는 말이 돈독하다고 그 사람을 인정한다면, 군자임을
인정한다는 뜻인지 번드르르한 자임을 인정한다는 뜻인지
모르겠네."

11.20

"들은 내용은 당장 실행해야 하는지요"라고 자로가 물었다.
선생님: "부모 형제가 살아 계신데 들은 내용을 어찌 당장 실행할
수 있겠니?"
같은 질문을 염유가 했다.
선생님: "들은 내용은 당장 실행해야 해."
공서화: "자로가 물었을 때는 '부모 형제가 살아계신데 어찌 당장
실행할 수 있겠니'라고 하시고, 염유가 물으니 '당장 실행해야
한다'고 하시니, 저는 혼란스러워 감히 여쭙습니다."
선생님: "구(求 염유)는 뒤로 물러나는 성격이라서 앞으로
나서도록 격려한 것이고, 유(由 자로)는 의욕이 넘쳐나니 뒤로
물러나도록 하려는 거야."

11.21

선생님이 광(匡) 지방에서 위기에 처했었다. 안연이 뒤쳐졌다가
거우 합류하자 선생님이 이렇게 말했다. "난 네가 죽은 줄 알았네."
안연이 "선생님께서 살아 계신데 제가 어찌 감히 죽겠습니까"라고
했다.

11.22

11.23 노나라 대부 계자연(季子然)이 "중유(자로)와 염구(염유)는 훌륭한 신하라고 할 만한가"라고 물었다.

선생님: "저는 대부께서 다른 질문을 하실 것으로 생각했는데 고작 중유와 염구에 대해 질문하시네요. 훌륭한 신하는 올바른 도리로써 군주를 모시고, 그러지 못할 상황이면 그만두는 자입니다. 중유와 염구는 〔훌륭한 신하라고 하기는 어렵고〕 옆에 두면 좋은 신하라고 할 수 있습니다."

계자연: "그럼, 분부를 내리면 그대로 따르는 자들인가?"

선생님: "아버지나 상관을 살해하라는 분부를 따르지는 않을 것입니다."

11.24 자로가 자고(子羔)를 천거하여 비(費) 고을의 행정을 맡도록 했다.

선생님: "애를 버리는구나."

자로: "백성도 돌봐야 하고, 제사도 모셔야 할 것 아니겠습니까? 꼭 책을 읽어야만 배우는 것입니까?"

선생님: "이래서 내가 말 잘하는 것을 미워해."

11.25 자로, 증석, 염유, 공서화가 선생님과 함께 앉아 있었다.

선생님: "내가 자네들보다 몇 살 많지만, 나는 그걸 별것 아니라고 생각하네. 자네들은 '아무도 나를 알아주지 않는군!' 하면서 여기 이러고 있는데 말이야, 만일 누가 자네들을 알아준다면 자네들은 어떻게 할 건가?"

자로가 경솔하게 먼저 나서서 이렇게 대답했다: "수레 1000대의 병력을 동원할 수 있는 나라가 더 큰 나라들 틈에 끼어서 군사적으로 포위되고 기근까지 덮쳤다고 칩시다. 제게 이런 나라를 맡겨주시면 삼 년 내로 사람들을 용감하게 만들고 살아갈 해법도 알아내도록 하겠습니다."

선생님이 쓸쓸하게 웃으시며, "염유, 너는 어쩔 거니?"라고 물었다.

염유: "사방 60-70리 또는 50-60리 되는 고을의 통치를 제게

맡겨주시면, 삼 년 내로 일단 사람들이 풍족하게 되도록
하겠습니다. 예악(禮樂)에 관한 문제는 뒤에 나타날 군자에게
맡기겠습니다.”

선생님: “공서화, 너는 어쩔 거니?”

공서화: “저는 능력이 부족하므로 배우고자 합니다. 나라에 큰
제사가 있을 때나 중요한 회의가 있을 때 저는 하급 관리로서 검은
모자를 쓰고 짙은 색 예복을 입고 현장에서 배우고자 합니다.”

선생님: “증석, 너는 어쩔 거니?”

가야금 뜯던 소리가 서서히 줄어들다가 마침내 ‘띠딩’하면서
멈추었다. 증석이 가야금을 치워놓더니 자리에서 일어서면서 “저는
세 사람이 지금 쫙 늘어놓은 것과는 다른데요”라고 했다.

선생님: “뭐 어떠니. 각자 자기 뜻을 말해보는 거야.”

증석: “느지막한 봄날, 봄 옷을 성대히 차려입고, 청년 대여섯,
아이들 예닐곱과 함께 기수(沂水) 강변에서 목욕하고, 무우(舞雩)
제단(祭壇)에서 바람을 쐬다가 노래를 부르며 돌아올 거예요.”

선생님이 탄성을 내시면서 “와! 나도 증석과 함께 갈 테다!”라고
했다.


자로, 염유, 공서화가 나가고 증석은 남아서, “세 사람 대답을
어떻게 생각하세요”라고 물었다.

선생님: “각자 자기 뜻을 말해 본 것 아니겠니.”

증석: “선생님은 왜 자로의 대답에 씁쓸하게 웃으셨나요?”

선생님: “예법으로 나라를 다스리겠다는 자가 잘난 척 나서서
떠들어대니 씁쓸하게 웃었지.”

증석: “염유는 나라를 다스리겠다는 것은 아니지 않나요?”

선생님: “아니, 사방 60-70리 또는 50-60리나 되는 곳이 나라가
아니라고?”

증석: “공서화는 나라를 다스리겠다는 것은 아니지 않나요?”

선생님: “큰 제사나 중요한 회의가 바로 제후의 업무 아니고



사람들 | 진취적인 | 제11편

무엇이겠니. 공서화가 하겠다는 일이 작은 일이라면, 대체 무엇이
큰일이 될 수 있겠니?"

제10편은 공자의 면모에 대한 상세하고 친근한 묘사에 집중한 반면, 이 편에는 여러 제자들의 면모가 어땠는지를 보여주는 구절이 수록되어 있다. 이들 중 안연과 자로는 각각 9개 구절에서 언급되고, 염유는 5개 구절, 민자건과 자공은 각각 4개 구절에서 비중 있게 거론된다.

### "선진(先進)"과 "후진(後進)"의 의미

이 편 첫 구절은 해석상 논란이 있다. 해당 구절의 원문은 다음과 같다(11.1):

> **先進於禮樂 野人也 後進於禮樂 君子也 如用之 則吾從先進**

기존 해석은 "선진(先進)"과 "후진(後進)"이 벼슬길에 나아간 선후를 가리키는 표현이라고 본다. 그래서, 오래전에 벼슬한 사람들은 질박하고 덜 세련된 자들(野人)이었고 나중에 벼슬한 사람들은 세련미가 과한 자들(君子)이라고 번역한다. 그리곤 공자는 과거 공직자들(先進)의 태도를 따랐다는 것이다. 이런 해석은 공자가 복고적 성향의 인물이라는 전제를 깔고 있다. 현재보다 과거가 더 훌륭했다고 평가하며 과거에 벼슬한 사람들이 세련미는 비록 덜할지라도 나중에 벼슬한 사람들보다 더 낫다는 게 공자의 생각이라는 것이다.

그러나 예전의 공직자들이 세련미가 덜했다고 볼 근거가 있는지는 의문이다. 과거에 벼슬한 사람들이 덜 세련되었다고 단정하거나, 나중에 벼슬한 사람들은 세련미가 과했다는 해석은 뚜렷한 근거 없이 과거나 현재를 미화하거나 폄훼하는 태도가 깔려있다. 이런 태도가 공자의 생각과 일치한다고 보기는 어렵다. 공자는 과거 주나라의 문물이 훌륭했고 자신은 주나라의 문물과 문화를 따르는 입장이라고 한다(3.14). 찬란한 문화와 융성한 문물을 자랑하

187

던 주나라 시절에 벼슬한 사람을 두고 세련미가 덜하고 촌스럽다고 공자가 평가했을 가능성은 낮다. 촌스러운 사람을 찾기 위해 그렇다면 어느만큼 옛날로 거슬러 올라가야 '예전에 벼슬한 자들'이 '野人'이라는 기존 해석에 들어맞게 될지, 막연하기만 하다. 아득한 옛날의 전설적 군주인 요(堯) 임금에 대해서도 공자는 화려한 문화를 일궈낸 공덕을 격찬하는데(煥乎 其有文章!), 그때 벼슬한 사람을 공자가 촌스럽다고 매도했을 것 같지는 않다(8.19). 한편, 사람에 대해서 공자가 품은 생각은 "젊은 세대는 무서운 존재들이야. 다가올 미래가 현재만 못하다고 어찌 단정할 수 있겠나(後生可畏 焉知來者之不如今也)?"라는 것으로 요약될 수 있다(9.22). 나중에 벼슬한 사람들은 과거에 벼슬한 사람들보다 못하다는 해석자들의 일방적인 상상은 근거가 없다.

논어에 여러 번 나오는 "예악(禮樂)"이라는 표현은 나라의 제도와 문화를 일컫는 말이다(13.3, 14.13, 16.2, 16.5, 17.21). 사람들이 자기를 알아줘서 기용된다면 자기가 어떤 능력을 발휘할 수 있는지에 대한 질문에, 염유는 "삼 년 내로 일단 사람들이 풍족하게 되도록 하겠습니다. 예악에 관한 문제는 뒤에 나타날 군자에게 맡기겠습니다"라고 대답한다(11.25). 당장 먹고사는 문제를 해결하는 능력은 자신에게 있으나, 그것을 넘어서 '제도와 문화(禮樂)'를 가다듬는 일은 자기보다 뛰어난 사람에게 맡기겠다는 뜻이다

이 구절 후반부는 공자가 사람을 기용하는 상황이라면(如用之) 앞에 언급된 두 부류 중 어느 부류를 택할 것이냐는 질문에 대한 답이다. 선진(先進)의 의미가 옛날에 벼슬한 사람이라면 이미 죽은 지 오래된 사람들을 기용해서 쓰겠다는 것이 되는데, 이것도 납득하기 어려운 해석이다. 주희는 아마도 이런 어려움 때문에 "如用之"를 '사람을 기용한다면'이 아니라, '예악을 활용한다면'이라고 해석한다(用之, 謂用禮樂). 그래서, 옛날에 벼슬한 사람들이 예악을 활용했던 방식이 더 낫기 때문에 그런 방식으로 회귀하겠다는 것이 공자의 입장이라고 풀이한다.

하지만, 과거가 현재보다 일률적으로 더 낫다는 발상은 공자의 입장이 아니다. 공자는 주나라의 찬란한 문화를 칭송하고(3.14), 주나라 이전의 과거에 대해서도 '올곧은 도리(直道)'가 행해졌었다고 하며(15.24), 역법은 하(夏)나라 것을, 수레는 은(殷)나라 것을, 복식은 주(周)나라 것을 선호하는 입장(15.10)이긴 하지만, 시대와 문화에 대한 평가와 사람에 대한 평가는 다르다. 아득한 옛날의 전설적인 요, 순, 우 임금 그리고 주나라의 문왕과 주공을 칭송하긴 하지만, 다가올 미래의 젊은 세대에 대한 희망과 기대를 공자는 포기한 적이 없다(9.22). 자신이 태어났고 오랜 시간을 보냈던 노나라에 대해서 공자는 큰 희망을 품었고, "노나라가 한번 제대로 바뀌면 올바른 도리가 행해질 것(魯一變 至於道)"이라고도 생각했다(6.22). 공자의 입장은 문화와 제도라는 것은 끊임없이 변화하는 것이며, 매 시대는 그 전 시대의 장점과 단점을 거울삼아 조금씩 달라지게 된다는 것이지, 과거가 현재보다 낫다는 것이 아니다(2.23):

> 은(殷)나라는 하(夏)나라 예법을 기반으로 추가되거나 폐지된 부분이 있음을 알 수가 있어. 주(周)나라는 은(殷)나라 예법을 기반으로 추가되거나 폐지된 부분이 있음을 알 수가 있지. 주(周)나라를 누가 이어가건, 백 번이나 왕조가 바뀌어도 이 점은 마찬가지야.

"先進於禮樂"이라는 표현은 제도와 문화의 변화가 일어나는 선봉에 서서 시대를 이끌어가는 사람들, '앞서 나아가는(先進)' 사람들, 개혁적이고 실험적 자세를 가진 사람들이라고 해석하는 것이 옳다. 반면에, "後進於禮樂"은 제도와 문화에 대해서 보수적 입장을 취하는 사람들이다. 변화의 선봉에 있는 것이 아니라 사회의 주류적 위치에서 기존 제도와 문화를 보존하고 수호하는 데 비중을 두는 자들을 뜻한다.

이 구절에 나오는 "군자(君子)"와 "야인(野人)"의 대비는 논어의 다른 여러 구절에 나오는 "군자(君子)" 대 "소인(小人)"의 대비와는 달리 해석되어야 한다. 이 점은 큰 이견이 없다. 야인은 질박한 사람, 장식적 세련미가 모자라는 사람, 지위나 벼슬이나 권한도 없고 내세울 만한 혈통도 없는 자를 뜻한다. 이득이나 챙기는 데 골몰한 저열한 인간, 즉, 소인배라는 뜻이 아니다. 이 구절에 나오는 '군자'는 인품이 훌륭한 사람이라는 뜻이 아니다. 상당한 지위와 권한과 기득권을 누리며 세련미와 형식미를 갖춘 사람이라고 해석하는 것이 옳다. 이런 사람들은 제도와 문화에 대해 보수적 입장을 취하는 경우가 많은 반면, 아무런 지위나 기득권을 누리지 못하며 세련미도 덜한 '야인'들은 제도와 문화에 대해서 좀 더 진취적인 경우가 많다는 것이 공자의 관찰이다.

공자는 사람을 기용함에 있어서 보수적 성향을 가진 기득권 세력을 선호하는 것이 아니라, 세련미는 덜하지만 진취적이고 시대를 앞서 나아가는(先進) 사람들을 택하겠다는 입장이다(吾從先進). 케케묵은 과거의 예악 전통을 다시 살려내기 위해 뒷걸음질을 하자는 것이 아니다. 변화와 개혁을 선호하는 공자의 입장은 꽉 막힌 고루함을 질색하는(14.34) 그의 성향을 감안할 때 당연한 것이기도 하다. 법과 제도에 대하여 공자가 가졌던 '개혁 성향'은 다음 구절에서도 드러난다(9.23):

> 법도에 맞는 말을 따르지 않을 수 있겠나(法語之言 能無從乎)?
> 하지만 개선하는 것이 더 소중하지. (…) 법도에 맞다고 그저
> 따르기만 하고 개선하지 않는(從而不改) 자들은 도무지 어찌해야
> 할지 모르겠네.


## 예식 예법 준수는 형편에 맞게


공자가 높이 평가했던 제자 안연은 불행히도 일찍 죽었다. 안연의

장례식을 예법에 맞게 제대로 치르려는 제자들과는 뚜렷하게 대비되는 공자의 태도를 보여주는 중요한 구절들이 이 편에 수록되어 있다(11.7, 11.10). 장례식을 예법에 맞게 치르려면 돈이 든다. 공자는 격식과 품위를 갖추는 데 필요한 예식 예법(장례식도 예식의 일종이다)을 준수하는 것보다는 고인에 대한 추모의 마음을 간직하는 것이 더 중요하다고 본다. 이것이 예법의 근본(本)이라는 것이다. 예법을 나무에 비유하자면, 추모의 마음가짐이나 축하의 마음가짐과 같이 예식에 임하는 마음가짐은 땅 속에 있는 뿌리와 같아서 겉으로는 보이지 않는다. 이 부분은 돈이 드는 문제가 아니다. 반면에, 장례 절차나 혼인 예식 예법은 사람들 눈에 보이는 부분을 규율하는 것이다. 이 부분은 돈이 든다. 공자는 바로 이 부분에 대해서 형편이 닿는 정도로만 예법을 준수하면 되고, 무리해서 철저히 준수할 필요가 없다는 입장이다. 형편이 닿지 않는 자가 격식과 품위를 갖추기 위한 예법을 지키려고 무리하게 돈을 쓰는 것을 공자는 사치(奢)라고 본다(3.4).

이 편은 안연에 관한 여러 구절을 배치함으로써 이 문제를 부각시키고 있다. 안연이 뛰어난 제자였고 공자가 그를 높이 평가했음을 보여주고(11.3, 11.6, 11.18), 안연의 죽음에 공자가 매우 상심했음을 생생하게 묘사한다(11.8, 11.9). 이 구절들을 배경으로 삼아, 안연의 장례식을 예법에 맞게 제대로 치르는 데 필요한 돈 문제가 본격적으로 불거져 나온다(11.7). 공자는 안연을 자기 아들처럼 사랑하긴 했으나, 수레를 팔아가면서까지 장례 예법을 준수하려 노력할 의사는 없음을 분명히 한다. 더욱 흥미롭게도, 제자들이 백방으로 돈을 구해서 안연의 장례를 예법에 맞게 후하게 치르자 공자는 제자들을 칭찬하기는커녕, 따끔하게 질책한다(11.10). 제자들의 행동은 예법의 근본(本)을 깨닫지 못하고 외형적, 장식적 예법 준수에 집착한 행위일 뿐 아니라 그런 사치스러운 행위를 하느라고 정작 고인에 대한 추모의 마음가짐은 소홀히 하는 매우 잘못된 행위라는 것이다.

　　제자 자유(子游)는 공자의 이러한 가르침을 자기 나름으로 이해하여, "장례식은 슬픔에 도달하는 것에 그쳐야 한다(喪致乎哀而止)"고 했다(19.14). 그러나 증자는 이와는 사뭇 다르게, "사람이 자기 모든 것을 바치지는 않지만 부모님의 장례를 위해서는 반드시 그래야 한다고 선생님이 이야기하는 걸 들었다"고 한다(19.17). 그러나 바로 이 편에 "증자는 굼뜨다(魯)"는 평가도 수록되어 있으니(11.17) 독자들이 이를 적절히 감안하여 판단하면 될 것이다. 죽을 무렵이 되어서야 증자는 제사 예법 준수가 그리 중요한 일이 아님을 비로소 깨달았다(8.4). 이 점은 제8편에서 이미 설명했다.

12.

최고의 제자 안연

12.1　　안연이 윤리적 결기에 대해 물었다.

선생님: “자신을 이겨내고 희생하여 예법(禮)을 지키는 것이
윤리적 결기야. 하루라도 자신을 이겨내고 희생하여 예법을
지키면 온 천하가 윤리적으로 될 수 있지. 윤리의 실천은 자기
자신에서 시작하는 거야. 남에게서 윤리적 결기가 생겨날 수
있겠어?”

안연: “구체적 내용이 궁금하네요.”

선생님: “예법에 어긋나는 것은 보지도 말고, 듣지도 말고,
말하지도 말고, 움직이지도 말아.”

안연: “제가 비록 명민하지는 않지만, 이 말씀을 소중히
받들겠습니다.”

12.2　　중궁이 윤리적 결기에 대해 물었다.

선생님: “밖에서 사람을 대할 때는 마치 국빈을 대하듯 하고
백성을 부릴 때는 마치 나라의 큰 제사를 지내듯 해야 해. 내가
원하지 않는 것을 남에게 가하지 말아. 그러면 나라 안에도 원망이
없고, 집안에도 원망이 없어.”

중궁: “제가 비록 명민하지는 않지만, 이 말씀을 소중히
받들겠습니다.”

12.3　　사마우(司馬牛)가 윤리적 결기에 대해 물었다.

선생님: “윤리적 결기는 말을 참는 것이야.”

사마우: “말을 참는 것이 윤리적 결기라고요?”

선생님: “실천하기 어려우니 말을 안 참고 막 하면 되겠니?”

사마우가 군자에 대해 물었다.

선생님: "군자는 고민하지 않고 두려워하지 않아."

사마우: "고민하지 않고 두려워하지 않는 것이 군자라고요?"

선생님: "자신을 반성해서 나쁜 점이 없으면 고민하고 두려워할
이유가 어디 있겠나?"

12.4

사마우가 우울한 심정으로 "세상 사람들 모두 형제가 있는데 나만
외톨이네"라고 하자, 자하(子夏)가 이렇게 말했다: "죽고 사는 건
운명에 달렸고, 돈과 지위는 하늘이 정하는 거라고 들었어. 군자가
경건한 자세로 실수하지 않고 사람들과의 관계에서 예법에 맞게
공손하게 처신하면 온 세상 사람이 모두 형제 아니겠나. 군자가
형제 없다고 걱정하면 되겠는가?"

12.5

자장(子張)이 명철함에 대해 물으니 선생님이 이렇게 말했다.
"스며들 듯 계속되는 헐뜯는 말과 피부에 와닿는 하소연에
휘둘리지 않으면 명철하다고 할 수 있지. 스며들 듯 계속되는
헐뜯는 말과 피부에 와닿는 하소연에 휘둘리지 않으면 멀리
본다고도 할 수 있지."

12.6

자공이 정치에 대해 물었다.

선생님: "먹을 것 풍족하게 하고, 군대를 충분히 확보하고,
사람들의 신뢰를 얻는 것이지."

자공: "부득이 포기해야 한다면 이 셋 중 무엇부터 포기해야
하는지요?"

선생님: "군대를 없애."

자공: "부득이 포기해야 한다면 나머지 둘 중 무엇을 먼저
포기해야 하는지요?"

선생님: "먹는 것을 포기해. 옛부터 언제나 굶어 죽는 일은
있었지만, 백성의 신뢰를 잃으면 나라가 존립할 수 없어."

12.7

12.8  위(衛)나라 대부 극자성(棘子成)이 "군자가 실질(質)을 갖추면 됐지, 문화(文)가 무슨 소용이 있겠어"라고 하자, 자공이 이렇게 말했다. "안타깝군요. 선생께서 군자에 대해 하신 말은 주워담기도 어렵네요. 문화는 실질과 흡사하고, 실질도 문화와 흡사합니다. 호랑이나 표범의 가죽도 털을 벗겨 버리면 개나 양의 털 벗긴 가죽과 흡사합니다."

12.9  노(魯)나라 군주 애공(哀公)이 공자의 제자 유약(有若, 유자)에게 "기근이 들어 물자가 모자라니 어찌하면 좋은가?"라고 물었다.
유약: "왜 10% 세율을 적용 안 하십니까?"
애공: "20% 세율로 거둬들여도 부족한데 어떻게 10% 세율을 적용할 수 있겠는가?"
유약: "백성이 풍족하다면 임금께 어떻게 부족함이 있겠습니까? 백성이 먹고살기에도 부족하다면, 임금께서 어떻게 풍족하게 지낼 수 있겠습니까?"

12.10  자장이 최상의 미덕에 대해, 그리고 미혹을 가려내는 것에 대해 물으니 선생님이 이렇게 말했다. "충심과 신의를 으뜸으로 여기고 올바름에 의지하는 것이 최상의 미덕이지. 사랑하면 살기를 바라고 미워하면 죽기를 바라는데, 살았으면 좋겠다고 하다가 죽었으면 좋겠다고 하는 것이 미혹이야. '비록 돈 때문은 아니라도, 색다르다는 이유로 그렇지.'"

12.11  제(齊)나라 군주 경공(景公)이 공자에게 정치에 대해 물었다.
선생님: "임금은 임금답고, 신하는 신하답고, 아버지는 아버지답고, 아들은 아들답게 하는 것이지요."
경공: "그렇군요! 임금이 임금 같지 않고, 신하가 신하 같지 않고, 아버지가 아버지 같지 않고, 아들이 아들 같지 않으면 비록 곡식이 있다 한들 내가 그걸 먹을 수 있겠습니까?"

"한마디 말만 듣고 판결을 내려버릴 수 있는 자는 유(由, 자로) 12.12
아닌가?"라고 선생님이 말했다. 자로는 단박에 결정을 내리곤
했다.

"송사(訟事)를 처리하는 능력은 나도 다른 사람들과 비슷해. 12.13
하지만 꼭 필요한 건 송사가 생기지 않도록 하는 거지."

자장이 정치에 대해 물으니 선생님이 이렇게 말했다. "게으름 12.14
피우지 말고 충심으로 일하는 것이지."

"군자가 문물을 폭넓게 배우고 예법으로 자신을 제약한다면 선을 12.15
넘지는 않겠지."

"군자는 사람들의 좋은 점이 완성되도록 하지 나쁜 점이 12.16
완성되도록 하지는 않아. 소인은 그 반대야."

노나라 대부 계강자가 정치에 대해 묻자 공자가 이렇게 대답했다. 12.17
"정치는 바르게 하는 것입니다. 선생께서 바르게 모범을 보이시면
누가 감히 부정을 저지르겠습니까?"

노나라 대부 계강자가 도둑이 판치는 것을 걱정하며 대책을 12.18
물으니 공자가 이렇게 대답했다. "선생께서 진심으로 욕심을
버리면, 상을 준다 해도 도둑질하는 사람이 없을 것입니다."

12.19 노나라 대부 계강자가 정치에 대해 공자에게 물어보면서 "무도한
자들을 죽여서 도리를 바로 세우는 것은 어떤가요?"라고 하자,
공자가 이렇게 대답했다. "선생께서 정치를 하시는 마당에 사람은
죽여서 뭘 하겠습니까. 선생께서 선량한 일을 하고자 하면 백성도
선량하게 됩니다. 군자는 바람과 같고, 소인은 풀과 같습니다. 풀
위에 바람이 불면 풀은 눕게 마련입니다."

12.20 "선비가 어째야 성공했다고 할 만합니까?"라고 자장이 물었다.
선생님: "네가 말하는 성공이 뭔데?"
자장: "나라에서도 이름이 나고 집안에서도 이름이 나는 것입니다."
선생님: "그건 이름이 나는 것이지 성공한 게 아냐. 성공했다는
것은 바탕이 정직하며(質直) 기꺼이 옳은 일을 하고, 남들의
주장과 상황을 면밀히 살펴보고, 아랫사람들을 배려하는 것이지.
그러면 나라에서도 성공하고 집안에서도 성공하게 되지. 이름이
난다는 것은 윤리적인 듯 모양새를 갖추긴 하지만 행동은
개차반이고 그렇게 살면서도 아무 반성이나 뉘우침도 없다는
것이지. 그런 놈들이 나라에서도 명성이 자자하고 집안에서도
명성이 자자하지."

12.21 무우(舞雩) 제단(祭壇) 아래로 야유회를 갈 때 번지가 따라와서
"최상의 미덕, 간사한 생각을 다스리는 것, 미혹을 가려내는 것에
대해 감히 여쭙겠습니다"라고 하니 선생님이 이렇게 말했다. "아주
좋은 질문이네. 일부터 먼저 처리하고 이득은 나중에 생각하는 것,
이게 최상의 미덕 아닐까? 자신의 나쁜 점은 책망하고 남의 나쁜
점은 책망하지 않는 것, 이게 간사한 생각을 다스리는 것 아닐까?
잠깐 동안의 분노에 휩쓸려 자신과 심지어 부모의 안전마저
잊어버리는 것, 이게 미혹 아닐까?"

번지가 윤리적 결기에 대해 물었다.

선생님: "사람을 사랑하는 거지."

앎이 뭔지를 물었다.

선생님: "사람을 아는 거지."

번지가 무슨 말인지 이해하지 못하자 선생님이 이렇게 말했다.
"올바른 사람을 기용하여 올바르지 않은 자들을 쳐내면 올바르지
않은 자들을 바로잡을 수 있어."

번지가 물러난 후 자하를 만나 물었다.

번지: "조금 전 제가 선생님을 뵙고 앎에 대해 물어보니
선생님께서 '올바른 사람을 기용하여 올바르지 않은 자들을
쳐내면 올바르지 않은 자들을 바로잡을 수 있다'고 하셨는데, 그게
무슨 말이에요?"

자하: "아주 훌륭한 설명이네! 순 임금이 천하를 통치할 때는 여러
사람 중 고요(皐陶)를 기용하여 나쁜 자들을 멀리했고, 탕 임금이
천하를 통치할 때는 여러 사람 중 이윤(伊尹)을 기용하여 나쁜
자들을 멀리했지."

12.22

---

자공이 친구에 대해 물으니 선생님이 이렇게 말했다. "중심으로
조언하여 좋은 길로 이끌어야 하겠지만 안 되면 그만 둬야 해.
자신을 욕보이지는 말아."

12.23

---

증자가 이렇게 말했다. "군자는 세련된 교양 덕에 친구를 사귀고,
친구 덕에 윤리적 결기를 보충한다."

12.24

이 편에는 윤리적 결기(仁)와 예법(禮) 간의 관계를 설명하는 중요한 구절들이 수록되어 있다.

'예법'을 제사, 예식, 의전 예법으로만 이해하는 것은 옳지 않다. 어떤 맥락에서 거론되느냐에 따라, 예법은 격식과 품위를 갖추는 데 필요한 제사 예법, 예식 예법, 의전 예법을 뜻하는 경우도 있지만(3.4, 3.9, 3.15, 3.17, 3.22, 7.17, 7.30, 17.21), 이와는 무관하게 누구나 언제나 지켜야 할 윤리적 행동 규범을 뜻하기도 한다(1.13, 2.3, 3.3, 6.25, 8.2, 9.10, 12.1, 12.15, 15.17, 15.32, 17.24). 공자가 진정으로 중히 여긴 예법은 윤리 규범으로서의 예법이다. 제사를 유난히 중히 여겼던 증자(曾子)조차도 죽을 무렵이 되어서는 "제사 지내는 일은 실무자에게 맡기면 된다"면서 거기에 비중을 둬서는 안 된다는 점을 분명히 했다(8.4).

"자신을 이겨내고 희생하여 예법을 지키는 것이 윤리적 결기(克己復禮為仁)"라는 공자의 설명(12.1)은 제사나 예식 또는 의전 예법을 잘 지키라는 뜻이 아니다. 제사, 예식, 의전 절차에 무슨 심오한 윤리적 의미를 부여해 보려는 시도는 애초에 잘못된 것이다. "예법에 어긋나는 것은 보지도, 듣지도, 말하지도, 움직이지도 말라"는 공자의 강경한 말을 제사, 예식, 의전 예법 준수에 목숨을 걸어야 한다는 뜻이라고 오해한다면, 공자의 윤리적 가르침은 단숨에 사라진다. 그 대신에 윤리와는 상관도 없는 제사상 차림이나 옷차림, 예식 예물과 선물 따위에나 신경을 쓰고 의전 절차 준수와 같이 격식과 서열을 갖추는 문제에 총력을 기울여야 한다는 괴상한 생각을 하면서 이것이 공자의 가르침이라고 착각하게 된다.

제사, 예식, 의전 예법이라는 뜻으로 오랫동안 사용되어 왔던 예(禮)라는 말을 공자는 윤리적 행동 규범이라는 뜻으로도 사용했기 때문에 제자들도 적지 않은 혼란을 겪었다는 점은 다음 구절에서도 드러난다(17.11):

안연의 질문에 대답하면서 공자가 반드시 지켜야 한다고 단호하게 말한 예법은 옥이나 비단 이야기가 아니다. 안연의 질문 자체가 윤리적 결기에 관한 것이었음을 기억해야 한다(顔淵問仁). 옥이나 비단에 윤리가 있을 리 없고, 제사, 예식, 의전 예법은 윤리적 결기와는 관련이 없다. 이 점은 관중(管仲)에 관한 구절에서도 드러난다. 관중은 의전 예법을 함부로 어기는 자였다(3.22). 그러나, 공자는 관중의 윤리적 결기를 매우 높이 평가한다(14.10, 14.17, 14.18). 제사를 멋들어지게 잘 지낸다고 해서, 또는 의전 예법을 칼같이 잘 지킨다고 해서 그 사람의 윤리성을 가늠할 근거가 생기는 것은 아니다. 윤리적 파탄 상태에 있는 부도덕한 정치인도 의전 예법은 곧잘 지킬 수 있고, 못된 인간들이 오히려 격식과 절차에 집착하는 경우도 많다.

반드시 준수해야 한다고 공자가 강조한 예법은 윤리 규범을 뜻한다. 정직, 용감, 신중, 겸손 등 인간 행동의 바람직한 기준으로서의 예법, 즉, 윤리 규범은 때와 장소, 그리고 자신이 처한 상황과 맥락을 고려에 넣어 역동적으로 (사안별로 그 특수성을 반영하여 그때그때 다르게) 적용되어야 한다는 점이 다음 구절에서 드러난다(8.2):

예법에 맞지 않게 공손하면 고되기만 하고, 예법에 맞지 않게 신중하면 겁쟁이가 되고, 예법에 맞지 않게 용감하면 분란이나 일으키게 되고, 예법에 맞지 않게 정직하면 목을 죄는 올가미가 되지.

공손해야 할 때와 장소와 상황을 잘 가려야 한다는 뜻이다. 신중함, 용감함, 정직함도 마찬가지다. 예법을 그저 늘 공손히 절하는 예절이라고 오해해서는 안 된다. 무턱대고 공손하게 구는 것은 고되기만 하고(8.2), 부끄러운 일이고(5.24) 치욕을 자초하는 일(1.13)이다. 양보하고 공경하는 마음가짐이 곧 예법(辭讓之心 禮之端也, 恭敬之心 禮也)이라는 생각은 맹자가 초래한 오해다.[48] 예법은 공손함에 국한된 것이 아니다. 경우에 따라서는 양보하지 않고 맹렬히 맞서는 것이 용기 있는 행동일 수 있고, 공손하게 굴기를 단호히 거부하는 것이 정직한 것일 수도 있다. 공손함뿐만 아니라, 무엇이 그 상황에서 진정으로 용감한 것인지, 정직한 것인지, 신중한 것인지, 올바른 행동인지를 가늠하는 역동적 기준이 예법이다. 맹자는 예법에 대한 공자의 가르침을 여러 각도에서 오해하고 왜곡한 사람이다.

역동적 윤리 규범으로서의 예법은 남이 나에게 제공해 주는 것이 아니다. 나 스스로 배움을 통해 확립해야 한다. '배움'과 '예법' 간의 긴밀한 상관 관계는 다음 구절에서도 드러난다(12.15):

> 군자가 문물을 폭넓게 배우고
> 예법으로 자신을 제약한다면
> 선을 넘지는 않겠지.
> **(君子博學於文 約之以禮 亦可以弗畔矣夫)**

정부 또는 법관의 제도적 권위, 스승 등 지식 계급의 문화적 권력에 복종하라는 것이 아니다. 각자가 스스로의 윤리적 주체성을 가져야 한다는 것이 공자의 생각이다. 그렇기 때문에 폭넓게 배우는 것이 중요하다. 문물을 '폭넓게' 배운다(博學於文)는 뜻은 특정 제후국의 제도적 문화적 기준에 종속되거나 구속되어서는 안 된다는 점을 강하게 암시한다. 시간적, 공간적으로 다양한 문물과 문화를 섭렵하여 스스로의 윤리적 판단력을 길러야 한다는 뜻이다. 다음 구절도 특정 제후국의 제도적 문화적 기준이나 권위에 종속, 예속되어서는 안 된다는 점을 강조하는 것이다(4.10):

군자는 천하로 나아가야지. 꼭 이래야 한다는 것도 없고,

이러면 안 된다는 것도 없어. 옳음이 그와 함께할 거야.

(君子之於天下也 無適也 無莫也 義之與比)

윤리적 결기에 대한 안연의 질문에 대답하면서 공자는 윤리의 실천은 자기 자신에서 비롯되고, 윤리적 결기가 남으로부터 오는 것이 아니라는 점을 강조한다(爲仁由己 而由人乎哉, 12.1). 국가, 정부, 법원 등 남이 내린 윤리적 판단을 무조건 따르는 것은 윤리적 주체성을 포기하는 것이다. 남이 부과하는 명령이나 금지에 복종하기만 하고 스스로의 윤리적 판단으로 자발적 개선 노력을 기울이지 않는 삶(從而不改)은 예속된 삶이지 윤리적 삶은 아니다(9.23).

제사, 예식, 의전 예법은 그 준수 여부가 겉으로 보이게 마련이다. 제사, 예식, 의전 행사는 사람들이 지켜보는 가운데 거행되기 때문이다. 예를 들어, 노나라 군주 소공이 혼인 예법을 지켰네 마네 하는 따위의 문제는 사람들 모르게 가려질 수 있는 사안이 아니다.[49] 반면에, 윤리 규범으로서의 예법은 그 준수 여부가 사람들 눈에 언제나 잘 보이는 것은 아니다. 그렇지만 아무도 지켜보지 않는 상황일수록 윤리 규범을 준수하는 것은 더 필요하고 더 중요하다. 군자가 "예법으로 자신을 제약한다면 선을 넘지는 않겠지"라는 말은 제6편에도 수록되어 있다(6.25). 그러나 바로 이어 등장하는 구절(6.26)은 자신의 행위가 과연 "선을 넘은 행위"인지는 때로는 하늘만이 아는 상황일 수도 있다는 점을 보여준다. 준수 여부가 겉으로 보이는 예식 예법, 제사 예법, 의전 예법과는 달리, 눈에 보이지 않는 윤리 규범의 준수 여부는 시비와 논란을 피하기 어려울 수 있다는 점은 분명하다.

예법은 또한 '불온함'의 근거가 되기도 한다. 억압적이고 폭력적인 정부가 함부로 남용하는 국법(國法)에 대항하여 맹렬하게 투쟁하는 행위가 정당하다는 점을 윤리적으로 뒷받침하는 근거가 바

로 예법(禮)이기 때문이다. 위정자들이 그 권한을 바르게(正) 그리고 선량하게(善) 행사한다면(12.17, 12.19) 그것이 바로 "예법과 겸양으로 나라를 이끄는(能以禮讓爲國)" 상황(4.13)이요, "덕으로 통치하고 예법으로 다스리는(道之以德 齊之以禮)" 상황(2.3)일 것이다. 그러나 위정자들이 그 권한을 올바르지 않게, 사악하게 행사할 경우 그러한 정부는 더 이상 예법의 지지를 받지 못한다. 그런 정부 하에서 사악하게 행사되고 폭압적으로 남용되는 국법은 오히려 예법을 능멸하게 된다. "예법에 어긋나는 것은 보지도 말고, 듣지도 말고, 말하지도 말고, 움직이지도 말라"는 공자의 강경한 입장은 비윤리적인 국법과 공권력 행사에 결연하게 저항해야 한다는 단호한 가르침을 담고 있다.

예법이 능멸되는 상황("예법과 겸양으로 나라를 이끌지 못하면 예법은 어떻게 되겠니?" 4.13)을 용인하지 않고 과감하게 떨쳐 일어나 용맹하게 저항하고 투쟁하는 원동력이 바로 '윤리적 결기(仁)'이다. 이 편 첫 구절에서 공자는 윤리적 결기를 실천하는 과정이 '자기 희생'을 수반할 수 있음을 분명히 하고 있다. "극기복례위인(克己復禮爲仁)"이라는 유명한 말의 뜻은, 예법을 지키기 위해서 "자신을 이겨내고 희생하는" 상황까지도 감내하는 것이 바로 윤리적 결기라는 것이다. 이 말은 "윤리적 결기가 있는 사람은 … 목숨을 바쳐 윤리적 결기를 완성한다", "위기가 닥치면 목숨을 기꺼이 바친다", "옳은 도리는 죽음을 무릅쓰고 지킨다"는 거듭된 구절들(15.8, 14.13, 19.1, 8.13)을 보다 구체적으로 설명하는 것이다. 제사 예법이나 의전 예법 준수에 목숨을 걸라는 뜻이 아니다. 무슨 일이 벌어져도 꾹 참는 것이 극기(克己)이고 그저 공손하게 머리를 조아리는 것이 복례(復禮)라고 오해한다면, 공자의 가르침은 윤리적 생명력을 완전히 잃게 된다. 오히려 윤리와는 거리가 먼 나약한 소시민의 비겁한 행동 수칙으로 전락하게 된다.

선량하고 올곧은 사람들이 가혹하게 탄압받는 무도(無道)하고 위태로운 형국이 되면 선비는 모름지기 험악한 세상을 피하여 문을 닫아 걸고 독서의 즐거움 속에서 내면의 평온함을 찾아 자기 수양(修身)에 전념해야 한다고 여기는 이들도 있다. 이것이 오래 사는 비결이라고 - 이것이 공자가 말한 "仁者壽"라고 - 믿는 사람도 있다. 이런 해석이 아직도 나도는 것은 정부의 급여를 받은 전문 인력(博士官)들이 정부 입맛에 맞게 공자의 가르침을 왜곡하여 한(漢)나라 전역에 퍼뜨린 관학(官學) 전통이 2000년이 지난 오늘날까지도 맹위를 떨치고 있다는 증거다. 이제는 이런 이기적이고 염세적인 해석 전통에서 벗어날 때가 되었다.

눈에 보이는 제사, 예식, 의전 예법과 눈에 보이지 않는 역동적 윤리 규범을 공자는 모두 예법(禮)이라는 한 단어로 불렀기 때문에 오해도 물론 생겨나지만, 중요한 긍정적 효과도 있다. 백성들이 지켜보는 가운데 군자(君子, 군주의 아들. 즉, 왕자)가 의전 예법을 철저히 준수하여 국빈을 맞이하듯이, 그리고 나라의 중요한 제사를 여러 사람이 지켜보는 가운데 거행할 때 제사 예법을 철저히 지키듯이, 모든 사람이 바로 그같은 마음가짐으로 언제나 그리고 누가 지켜보지 않더라도 윤리 규범(남이 내게 하지 말았으면 하는 일을 내가 남에게 해서는 안 된다는 윤리 규범)을 철저히 지켜야 한다는 점을 자연스럽게 이끌어낼 수 있게 된다. 다음 구절이 바로 이 점을 보여준다(12.2):

중궁이 윤리적 결기에 대해 물으니 선생님이 이렇게 말했다. "밖에서 사람을 대할 때는 마치 국빈을 대하듯 하고 백성을 부릴 때는 마치 나라의 큰 제사를 지내듯 해야 해. 내가 원하지 않는 것을 남에게 가하지 말아(己所不欲 勿施於人). 그러면 나라 안에도 원망이 없고, 집안에도 원망이 없어.

이 편에는 제자 자장과 관련된 구절이 많이 수록되어 있다. 제자들 모두 나름의 장점과 단점이 있겠지만, 자장은 대체로 좋지 않은 평가를 받은 제자였던 것 같다. 다음 구절은 공자가 한 말인지 논어 편찬자들이 적은 것인지 불분명하지만, 제자들의 단점을 꽤 적나라하게 지적한다(11.17):

> 시(**柴** 자고)는 어리석고, 삼(**參** 증자)은 굼뜨고, 사(**師** 자장)는
> 진실되지 못하고, 유(**由** 자로)는 거칠었다.
> (**柴也愚 參也魯 師也辟 由也喭**)

공자도 "자장은 과하다(**師也過**)"고 평했는데(11.15), 이 평가는 자장이 "어려운 일을 해낼 수 있는 친구이긴 하지만, 윤리적 결기는 없는 친구"라는 제자 자유(**子游**)의 평가(19.15)와 일맥상통한다. 자장이 "워낙 위풍당당한지라 윤리적 결기를 함께 실천하기는 어렵다"는 증자의 평가(19.16)도 비슷한 내용이다. 자장 스스로의 말을 수록한 다음 구절도 자장이 과도한 자신감이나 우월감을 드러내면서 남을 깔보는 경향이 있다는 점을 드러내기도 한다(19.3):

> 자하(**子夏**)의 제자가 친구 사귀는 것에 대해 자장에게 질문했다.
> 자장: "자하는 뭐라 하던가?"
> 자하의 제자: "'사귈 만한 자는 사귀고, 그렇지 못한 자는
> 거부해'라고 하시던데요."
> 자장: "내가 아는 바와는 다르군. 군자는 뛰어난 자를 높이
> 받들고, 모든 이들을 포용하며, 착한 사람을 칭찬하고, 모자란
> 사람을 불쌍히 여긴다. 내가 뛰어나다면 사람들을 포용하지 못할
> 부분이 어디 있겠는가? 내가 뛰어나지 못하다면 사람들이 장차
> 나를 거부할 텐데 내가 사람들을 어떻게 거부한단 말인가?"

이런 자장이 '착한 사람이 가야 할 길'이 무엇인지를 공자에게 묻자, 공자는 자장에게 혼자 잘난 척하지 말라는 뜻을 은근히 담아 "남이 이미 거쳐간 곳을 밟지 않고 방에 들어가기는 어려울 걸(不踐跡 亦不入於室)"이라고 답한다(11.19). 자장이 정치에 대해서 묻자, "게으름 피우지 말고 충심으로 일하는 것이지"라고 공자는 대답하고(12.14), 윤리적 결기에 대해서 묻자, "공손해야 하고, 관대해야 하며, 믿음직해야 하고, 부지런해야 하며, 너그럽게 베풀어야 해"라는 대답을 해준다(17.6). 이런 대답들은 자장에게 반드시 '필요한' 대답이라고 공자가 생각했음이 분명하다. 즉, 이런 것들이 유독 자장에게 모자란다고 공자가 여겼을 가능성이 있다.

이 편에는 자장이 어떻게 하면 성공할 수 있는지를 공자에게 묻는 구절이 있다. 그러자 공자는 자장이 생각하는 '성공'이 무엇인지를 반문한다. 아마도 자장의 사람됨에 대해서 공자가 평소 가졌던 의문이 있었기 때문에 공자가 이렇게 반문했을 것이다. 아니나 다를까, 자장은 유명해지는 것이 성공 아니냐고 대답한다. 그러자 공자는 자장의 허영심을 따끔히 질책하며 이렇게 대답한다(12.20):

> "그건 이름이 나는 것이지 성공한 게 아냐. 성공했다는 것은
> 바탕이 정직하며(質直) 기꺼이 옳은 일을 하고, 남들의 주장과
> 상황을 면밀히 살펴보고, 아랫사람들을 배려하는 것이지. 그러면
> 나라에서도 성공하고 집에서도 성공하게 되지. 이름이 난다는
> 것은 윤리적인 듯 모양새를 갖추긴 하지만 행동은 개차반이고
> 그렇게 살면서도 아무 반성이나 뉘우침도 없다는 것이지.
> 그런 놈들이 나라에서도 명성이 자자하고 집안에서도 명성이
> 자자하지."

'정직하라, 옳은 일을 하라, 상대방의 입장을 제대로 이해하라, 아랫사람을 배려하라'는 것이 공자가 알려주는 성공 비결이다. 유명하게 되어 이름을 떨치는 것이 성공이라는 생각은 허영심 가득한

자장의 오해일 뿐, 공자의 가르침이 아니다. 그러나 유가의 주요 경전 중 하나라는 《효경(孝經)》에는 출세하여 이름을 떨침으로써 자기 부모를 돋보이게 만드는 것이 효의 궁극적 목표라는 구절이 있다.[50] 이것이야말로 공자의 가르침이 후대에 얼마나 잘못 전달되고 왜곡되어 두고두고 해악을 끼치는지를 보여주는 대표적 사례다. 이름을 떨치고 유명하게 되는 것이 삶의 궁극적 목표라면, 유명하지 않은 대다수 사람들은 삶의 목표를 이루는 데 실패한 자들이라는 터무니없는 결론에 이르게 된다. 허영과 공명심(功名心)으로 가득한 이런 저열한 발상이 버젓이 '경전'이라는 권위를 누리며 나돌고 있다는 것이 유가 사상의 불행한 현주소이다.

　　자장의 개인사와 관련된 듯한 구절이 이 편에 수록되어 있는 것도 흥미롭다(12.10). 미혹(迷惑, 판단력이 흐려지는 것)에 대하여 자장이 질문하자, 공자는 "사랑하는 마음과 미워하는 마음을 오락가락하면서 죽네 사네하는 것"이 바로 판단력이 흐려지는 것이라고 답한다. 그러면서 옛 노래 가사의 마지막 한 소절을 인용한다: "비록 돈 때문은 아니라도 색다르다는 이유로 그렇지(誠不以富 亦祇以異)." 이 소절은 《시경(詩經)》 소아(小雅) 편에 수록된 '아행기야(我行其野)'라는 노래의 마지막 부분이다.

　　실은 이 노래는 남편으로부터 버림받은 아내가 들판을 헤매면서 자기 신세를 한탄하는 슬픈 내용이다.

　　　　내 이 들판을 헤매노니, 쓸모없는 나무들만 우거졌네
　　　　결혼했기 때문에 그대 집에 와 사는데
　　　　그대가 나를 돌보지 않으니 나는 친정에 돌아갈까 봐.

　　　　내 이 들판을 헤매노니, 쓸데없는 나물만 캐었네
　　　　결혼했기 때문에 그대 집에 와 사는데
　　　　그대가 나를 돌보지 않으니 나는 친정에 갈까 봐

내 이 들판을 헤매노니, 못 먹는 우엉 뿌리만 캤네
오랜 혼인 관계는 아랑곳않고 당신은 새 여자만 찾고 있네
비록 돈 때문은 아니라도 색다르다는 이유로 그렇지.

공자는 시(詩)를 알아야 제대로 느낄 수 있고, 제대로 볼 수 있으며, 제대로 어울릴 수 있고, 제대로 원망할 수도 있다고 했다(17.9). 아내를 제대로 돌보지 않는 자장의 불찰을 공자가 옛 노래에 빗대어 훈계한 것이라고 해석할 여지가 있을 것이다.

13.

용맹한 제자 자로

13.1　자로가 정치에 대해 물으니 선생님이 이렇게 말했다. “앞장서서
열심히 노력하는 것이지.” 좀 더 설명해 달라고 하자, 이렇게
말했다. “게으름 피우지 말고.”

13.2　중궁이 노(魯)나라 권세가 계씨의 행정 책임자로 발탁된 다음
정치에 대해 물었다.
선생님: “실무자들을 존중하고, 작은 허물은 용서하고, 훌륭한
인재를 기용하는 것이지.”
중궁: “훌륭한 인재인지를 어떻게 알고 기용하겠습니까?”
선생님: “네가 아는 범위 내에서 기용하다 보면 네가 모르는
사람들도 남들이 추천할거야.”

13.3　“위(衛)나라 군주가 선생님을 대우하여 정치를 맡기면 선생님은
먼저 뭐부터 하실 건가요?”라고 자로가 물었다.
선생님: “반드시 명칭부터 바로잡아야지!”
자로: “멀리 돌아가시는 선생님 스타일은 여전하군요! 명칭을
바로잡는다고요?”
선생님: “너 교양이 참 없구나. 자고로 군자는 자기가 모르는 것에
대해서는 입 다물고 있어야 해. 명칭과 실질이 서로 들어맞지
않으면 말이 꼬이고, 말이 꼬이면 되는 일이 없고, 되는 일이
없으면 예법과 음악(禮樂)이 흥하지 못하고, 예법과 음악이 흥하지
않으면, 형벌이 빗나가고, 형벌이 빗나가면 백성들이 어디에
손발을 둬야 할지 모르게 되지. 그러니 군자는 명칭을 정했으면
반드시 그대로 말할 수 있어야 하고, 말했으면 반드시 그대로 행할
수 있어야 해. 군자는 모름지기 자기가 하는 말이 구차해지지
않도록 해야지.”



논어　귀환　금서의

번지(樊遲)가 농사일 배우기를 청하자 선생님이 "난 농부가
아닌데"라고 했다. 과수원 경영을 배우고 싶다고 하자, "난 과수원
주인이 아닌데"라고 했다. 번지가 나가자 선생님이 이렇게 말했다.
"번지는 소인(小人)이로군. 윗사람이 예법을 기꺼이 지키면
백성들이 감히 함부로 하지 못하고, 윗사람이 정의를 기꺼이
실천하면 백성들이 감히 불복하지 않고, 윗사람이 신뢰를 기꺼이
지키면 백성들이 진심을 다하게 되지. 이렇게 되면 사방에서
사람들이 애를 포대기에 싸서 업고 몰려들 텐데 농사는 배워서
뭐해?"

13.4

"시 300편을 달달 외우지만, 막상 나라 일을 맡겨보면 해내지
못하고 외교 사신으로 보내면 혼자서는 상대방을 대하지도 못하는
자들. 이런 자들이 아무리 많아 본들 어디에 써먹겠나?"

13.5

"윗사람 자신이 올바르면 명령을 안 해도 일이 수행되고, 자신이
올바르지 않으면 명령을 해도 안 따라."

13.6

"노나라와 위나라는 형제 국가야."

13.7

위나라 귀족 형(荊)에 대해서 선생님이 이렇게 말했다. "살림을
잘 사는 분이야. 처음에 재산이 약간 생겼을 때 '그럭저럭
재산이 모이네'라고 하다가, 재산이 좀 있게 되니까 '그럭저럭
갖춰지네'라고 했고, 부유하게 되자, '그럭저럭 멋있네'라고 했어."

13.8

13.9    선생님이 위나라를 방문할 때 염유(冉有)가 수행했다.

선생님: "인구가 아주 많네!"

염유: "인구가 이미 이렇게 많은데 뭘 더 할 수 있나요?"

선생님: "잘살게 해야지."

염유: "잘살게 한 다음에는 뭘 더 할 수 있나요?"

선생님: "잘 가르쳐야지."

13.10    "나를 기용하면 일 년 안에 뭔가 틀이 잡히고 삼 년이면 가시적 성과가 있을 텐데."

13.11    "훌륭한 사람이 나라를 다스리는 기간이 백 년이 되면 죽고 죽이는 일은 없어질 거라는 말이 있는데, 이 말은 정말 옳아!"

13.12    "제대로 된 임금이 통치하더라도 반드시 한 세대가 지난 후에야 세상이 윤리적으로 될 거야."

13.13    "자기 자신을 바로잡고 나면 정치에 관여하는 데 무슨 문제가 있겠나? 자신을 바로잡지 못하면 사람들을 어떻게 바로잡을 수 있겠니?"

13.14    염유가 일을 마치고 오자 선생님이 "어째서 이리 늦었니?"라고 했다.

염유: "정치 관련 일이 좀 있었습니다."

선생님: "네 상관을 모시는 일이었겠지. 정치 관련 일이었다면 비록 내가 직접 관여 않더라도 소식은 들었을 걸."

노나라 군주 정공(定公)이 "이 한마디 말이면 나라가 흥할 수
있다고 볼 만한 그런 말이 있는가?"라고 물었다.

공자: "말 한마디로 나라가 흥해질 수야 없겠지요. 하지만 그런
비슷한 것은 있습니다. 사람들이 하는 말 중에, '임금 노릇하기도
어렵고, 신하 노릇하기도 쉽지 않네'라는 것이 있습니다. 공께서
임금 역할의 어려움을 안다면 그거야말로 한마디 말 덕분에
나라가 흥하는 것에 가깝지 않겠습니까?"

정공: "이 한마디 말이면 나라가 망가질 수 있다고 볼 만한 그런
말이 있는가?"

공자: "말 한마디로 나라가 망가질 수야 없겠지요. 하지만 그런
비슷한 것은 있습니다. 사람들이 하는 말 중에, '내가 임금 행세를
즐기는 것이 아니라, 나를 거역하는 말을 하지 않기를 바랄
뿐'이라는 말이 있습니다. 공께서 잘하고 계실 때 거역하지 않는
것이야 물론 좋겠지요. 하지만, 공께서 잘못하고 계실 때 아무도
거역하지 않으면 그거야말로 한마디 말로 인하여 나라가 망가지는
것에 가깝지 않겠습니까?"

13.15

초(楚)나라 대부 섭공(葉公)이 정치에 관해 물으니 선생님이
이렇게 말했다. "가까이 있는 사람들을 기쁘게 하면 멀리 있는
사람들도 오겠지요."

13.16

자하가 노나라 거보(莒父)라는 고을의 행정 책임자가 된 후 정치에
대해 물으니 선생님이 이렇게 말했다. "서두르면 안 되고, 작은
이익에 한눈팔면 안 돼. 서두르면 성공하지 못해. 작은 이익에
한눈을 팔면 큰일을 이루지 못해."

13.17

13.18 　초나라 대부 섭공이 공자에게 "우리 고을에 진짜 정직한
사람이 있어요. 자기 아버지가 양을 훔쳤는데 아들이 그걸
증언했지요"라고 하자, 공자는 이렇게 말했다: "우리 고을의
정직은 그것과 다릅니다. 아버지가 한 일을 아들이 숨겨주고
아들이 한 일을 아버지가 숨겨주는 것이 정직일 수도 있어요."

13.19 　번지가 윤리적 결기에 대해서 물으니 선생님이 이렇게 말했다.
"집에서는 공손히 처신하고, 일 처리는 최선을 다하며, 사람들과의
관계에서는 충직하게 행동해. 오랑캐 나라에 가더라도 이걸
포기하면 안 돼."

13.20 　"선비는 어때야 하나요?"라고 자공이 물었다.
선생님: "처신할 때 부끄러움을 알고, 사신으로 사방에 파견되었을
때 상관의 명이 욕되지 않게 하면 선비라 할 만하지."
자공: "그 다음으로 쳐줄 사람들은 어떤 자인가요?"
선생님: "친척들이 효자라 하고, 동네 사람들이 우애있다고 하는
사람이지."
자공: "그 다음은요?"
선생님: "약속은 반드시 지키고, 일 처리는 반드시 끝을 보는
사람들인데, 완고하고 쫀쫀하기 이를 데 없지. 그래도 이런 사람이
그 다음은 되지."
자공: "요즘 정치권에 있는 자들은 어떤가요?"
선생님: "아이구! 좀팽이들 같으니라구. 말해 뭐하겠어?"

13.21 　"적절하게 행동하는 자와 함께할 수 없다면 반드시 거침없고
깐깐한 사람과 함께할 거야. 거침없으면 앞으로 나아가게 되고,
깐깐하면 타협 안 하는 것이 있지."

"남쪽 사람들 속담에 '한결같지 않은 사람은 무당이나 의사가 될
수 없다'는 말이 있는데, 훌륭한 말이야!"라고 선생님이 말했다.
'덕이 한결같지 않은 사람은 수치스런 꼴을 당할 수도 있다'는
주역 구절에 대해서 선생님은 "점쳐보지 않아도 그건 그렇지"라고
했다.

13.22

"군자는 화합하되 패거리를 만들지 않고, 소인은 패거리를 만들되
화합하지 않아."

13.23

"마을 사람들 모두가 좋아하는 사람이 되는 건 어떤가요?"라고
자공이 물었다.
선생님: "그걸로 부족해."
자공: "마을 사람들 모두가 미워하는 사람이 되는 건 어떤가요?"
선생님: "그걸로 부족해. 마을 사람 중 선량한 사람들이 좋아하고
나쁜 것들이 미워하는 사람이 더 낫지."

13.24

"군자는 상관으로 모시기는 쉽지만 기쁘게 하기는 어려워. 도리에
안 맞으면 기쁘게 하려 해도 불쾌하게 여겨. 사람을 부릴 때는
그 그릇에 걸맞는 임무를 맡기지. 소인은 상관으로 모시기는
어렵지만 기쁘게 하기는 쉬워. 도리에 안 맞아도 기분 좋게만
해주면 기뻐해. 소인이 사람을 부릴 때는 뭐든지 다 해내라는
요구를 하지."

13.25

"군자는 느긋하지만 교만하지 않고, 소인은 교만할 뿐 느긋하지
못해."

13.26

"강인함, 맹렬한 분노, 투박함, 어눌함. 이게 윤리적 결기에 가까워."

13.27

13.28 “선비는 어때야 하나요?”라고 자로가 물으니 선생님이 이렇게
말했다. “간절하게 서로 다잡고, 화목해야지. 그러면 선비라
할 만해. 친구 간에는 간절하게 서로 다잡고, 형제 간에는
화목해야지.”

13.29 “선한 사람이 백성을 7년간 교화하면, 전쟁을 수행할 수 있어.”

13.30 “백성을 교화하지 않고 전쟁을 수행하면 그건 백성을 내다 버리는
것이지.”



논어 귀환 금서의

이 편에는 통치자와 그를 보좌하는 참모들이 명심해야 할 현실적이고 구체적인 조언들이 많이 수록되어 있다. 올바른 정치와 형벌의 관계를 설명하는 구절(13.3)도 있는데 이 구절은 공자의 형벌관을 보여준다. 또한 섭공이라는 자와 공자 간에 오간 정직(直)에 관한 흥미로운 대화도 이 편에 수록되어 있다(13.18). 공자의 형벌관과 정직에 관한 구절들은 추가 설명이 필요하다. 이 구절들을 제대로 이해하는 것은 공자의 가르침 전반을 올바르게 파악하는 데 매우 중요하다.

## 적정한 형벌의 올바른 사용

형벌을 올바로 사용해야 사람들이 복종하며, 형벌권 행사가 제대로 되지 않으면 사람들이 불복한다는 생각은 고대 문헌에 일관되게 나타난다. 주나라 봉건제도가 시작할 무렵의 문헌인 〈강고(康誥)〉는 주공이 동생 강숙봉을 위(衛)나라의 제후로 책봉하면서 건네는 충고를 담은 것인데, 거기에도 이런 말이 있다:

> 경건한 자세로 분명하게 형벌을 사용해야 한다(敬明乃罰).
> (…) 이렇게 질서가 잡히면 백성들이 너에게 분명히 복종하게
> 되며(乃大明服) 스스로 단속하고 화합한다. 백성들이 나쁜 짓을
> 마치 질병처럼 여겨 안 하게 되고, 평온한 통치를 마치 어린아이
> 돌보듯 소중히 하게 된다. 강숙봉 너가 사람을 벌하고 죽이는
> 것이 아니니 함부로 아무나 벌하고 죽이지 마라. 너가 사람의
> 코와 귀를 베는 것이 아니니, 아무나 함부로 코와 귀를 베지
> 말라.[51]

"강숙봉 너가 사람을 벌하고 죽이는 것이 아니다(非汝封刑人殺人)"라는 말은 확립된 법도와 전범(典)에 따라 형벌을 집행해야 하

는 것이지, 통치자 개인의 사적 판단으로 형벌이 집행되어서는 안 된다는 뜻이다. 이 유명한 문헌의 마지막 구절에는 "경건히 준수해야 할 법도를 무너뜨리지 말라(勿替敬典)"는 경고도 있다.

형벌이 명명백백하게 집행되어야 한다는 당연한 이치는 주나라 시대의 기록으로 《서경(書經)》에 수록되어 전해지는 〈여형(呂刑)〉에도 나타난다. "사정담당관이 형벌을 적정하게 시행(刑之中)하여 백성을 제어하고, 덕(德)을 엄숙히 받들도록 교육했다"는 말이 있고, "적정한 형벌 집행을 명백히 하여 백성들이 떳떳하게 되도록 이끌고 다스린다"는 말도 있다.[52] 이러한 옛 문헌에 드러나는 사실은 형벌(刑)과 덕(德)이 서로 충돌하거나 양립 불가능한 관계에 있는 것이 아니라, 형벌이 적정하게 집행되는 상황(刑之中)이야말로 덕(德)으로 하는 정치가 이루어지는 모습이라는 것이다.

이 편에 수록된 다음 구절은 공자도 형벌의 적정한 집행이야말로 올바른 정치로 도달해야 할 궁극적 목표라는 생각을 가지고 있었음을 보여준다(13.3):

> "위나라 군주가 선생님을 곁에 두고 정치를 맡기면 선생님은
> 먼저 뭐부터 하실 건가요?"라고 자로가 물었다.
> 선생님: "반드시 명칭부터 바로잡아야지! (…) 명칭이 올바르지
> 않으면 말이 꼬이고, 말이 꼬이면 되는 일이 없고, 되는 일이
> 없으면 예법과 음악(禮樂)이 흥하지 못하고, 예법과 음악이
> 흥하지 않으면, 형벌이 적정하지 못하게 되고(刑罰不中), 형벌이
> 적정하지 못하면 백성들이 어디에 손발을 둬야 할지 모르게
> 되지."

올바른 정치는 명칭을 바로잡는 데서 시작해야 한다는 유명한 정명(正名)론이 피력된 이 구절에서 공자가 설명하는 각 단계들은 앞에 나오는 '수단'이 갖춰지지 않으면 뒤에 이어지는 '목적'을 달성할 수 없다는 식으로 되어 있다. 그런데 그 순서가 명칭(名) → 말

(言) → 일(事) → 예악(禮樂) → 형벌(刑罰)이라는 것이다. 올바른
정치의 시작점은 명칭을 바로잡는 것이고, 올바른 정치의 궁극적
목표는 형벌이 정당하고 적정하게 집행되는 사회, 즉, 엄하게 처벌
받아야 할 자들은 엄하게 처벌받고, 가볍게 처벌받아야 할 자들은
가볍게 처벌받는 사회를 이룩해 내는 것이다. 제도와 법규와 문화
를 뜻하는 '예악(禮樂)'은 형벌의 정당하고 적정한 집행 즉, 刑之中
이라는 궁극적 목표를 달성하기 위한 수단인 것이지, 禮樂 자체가
궁극적으로 떠받들어야 할 목표인 것은 아니다.

　　위 구절에 나오는 "형벌부중(刑罰不中)"이라는 말은 형벌이
적정하지 않다는 뜻뿐 아니라, 적중(的中)하지 못하고 빗나간다는
뜻도 포함되어 있다. 처벌받아야 할 자가 빠져나가고, 처벌되어서
는 안 될 자가 부당하게 처벌되는 상황, 가볍게 처벌되어야 할 사람
이 가혹하게 처벌받고, 권세를 누리는 자는 심각한 부패와 거악이
발각되어도 솜방망이 처벌을 받고 풀려나오는 상황, 이것이 '형벌
이 빗나가는' 상황이다.

　　뒤틀리고 굽은 것들이 그 무슨 '총장'이니, '판사'니, '검사'니
하는 명칭(名)을 부당하게 차지함으로써 명칭이 올바르지 않은(名
不正) 사회가 되면 결국 형벌이 빗나가는(刑罰不中) 상황이 오게
된다. 다음 구절도 바로 이런 상황을 표현한 것이다(2.3):

> 정략으로 통치하고 형벌로 나스리면
> 사람들이 요리조리 빠져나가고 부끄러움도 모르게 되지.
> **(道之以政　齊之以刑　民免而無恥)**

미덕을 갖추지 못한 (저열한) 통치자가 오로지 정략으로 사람들을
유도하고(道之以政) 형벌로 다스리는(齊之以刑) 상황은 예악이 흥
하지 못한 불행한 상태다. 이 구절은 예법에 어긋나는 정의롭지 못
한 형벌(윤리적 정당성이 없는 형벌)이 무고한 사람을 괴롭히는
'刑罰不中' 상황을 묘사하는 것이다. 이런 상황에서는 사람들이 손

발을 어디 둬야 할지 모르게 되고 그저 법망을 빠져나가면 그만이라는 냉소주의와 편법주의가 창궐하게 되어 사람들이 부끄러움을 모르게 된다는 것이다.

이와는 달리, 훌륭한 통치자가 미덕으로써 백성을 이끌고(道之以德) 예법으로 다스리면(齊之以禮) 백성들이 부끄러움을 알 뿐 아니라, 모든 게 제자리를 찾게 된다는 공자의 말(2.3)은 지금껏 공자가 형벌을 멀리하고 '禮'로써 사람들을 점잖게 교화하는 우아하고 고상한 이상향, 즉, 이 세상 어느 곳에도 없는 '유토피아'를 꿈꿨던 몽상가였던 것처럼 오해하게 만들어왔던 구절이다. 그러나, '예법으로 다스린다'는 말은 예법에 맞는 (윤리적으로 정당하고 적정한) 형벌로 다스린다는 뜻이지, 형벌을 아예 포기하고 예절 교육에만 매달린다는 뜻이 아니다. 올바른 정치가 이루어져서 예악이 흥하는 사회는 정당한 형벌이 적정하게 집행되는 '형벌적중 사회'인 것이지 형벌이 폐지되고 모든 사람이 성인군자가 되어 우아하게 노니는 (이 세상 어디에도 존재하지 않는) '몽상의 사회'가 아니다.

적정하지 않은 형벌, 올바른 윤리 규범(예법)에 어긋나는 형벌을 공자가 비판한 것은 분명하다. 그러나 예법에 맞는 형벌까지도 모조리 폐기하고 형벌 대신에 예절과 미덕으로 굴러가는 이상향을 공자가 꿈꿨다는 식의 해석은 공자 사상의 전모를 오해하게 만드는 것이다. 공자뿐 아니라, 누구라도 형벌이 적정하게 집행되어야 한다는 지극히 당연한 이치를 부정할 이유는 없다. 적정한 형벌마저도 포기하라는 터무니없는 주장을 공자가 편 적은 없다. 범죄 행위에 상응한 적정한 형벌 집행이 이루어지지 않는다면 그것이야말로 예법과 윤리가 붕괴된 것이지, 예법이 흥한 모습이 아니다. 공자는 오히려, "군자는 형벌을 늘 염두에 두고, 소인은 혜택을 늘 염두에 둔다(君子懷刑 小人懷惠)"고 했다(4.11). 형벌의 적정한 집행이 중요함을 강조한 것이지 형벌을 폐지해야 한다는 뜻이 아니다. 노나라 대부 계강자가 "무도한 자들을 죽여서 도리를 바로 세우는 것은 어떤가(如殺無道 以就有道 何如)"라고 질문했을 때, 공자는 "선

생께서 정치를 하시는 마당에 사람은 죽여서 뭘 하겠습니까(子爲
政 焉用殺)"라고 답하긴 했으나(12.19), 그 뜻은 처형에만 주력해서
는 올바른 형벌이 제대로 집행되기 어렵다는 점을 지적하는 것이
지, 형벌을 모조리 폐지하라는 뜻이라고 볼 수는 없다.

　　주역(周易)에도 "군자는 형벌을 분명하고 신중하게 사용한다
(君子以明愼用刑)"는 설명이 있고, 주나라의 예법과 관제(官制)를
기록한 문서인 주례(周禮)에도 "형벌 집행을 공명정대하게 하여 부
끄러움을 알게 한다(以明刑恥之)"는 언급이 있다.[53] 제대로 적중하
지 못하는 형벌, 잔혹하기만 한 형벌, 예법에 어긋나는 형벌은 사람
들을 후안무치하게 만들지만, 예법에 맞는 형벌(윤리적 정당성이
있는 형벌)이 적정하게 집행되면 사람들이 부끄러움을 알게 된다
는 공자의 생각은 새로운 주장이 아니었다. 형벌의 적정한 집행(刑
之中)이야말로 덕(德)으로 하는 통치의 궁극적 모습이라는 고대 문
헌의 일관된 입장과 공자의 입장은 일치하는 것이지 충돌하는 것
이 아니다.[54] 공자 역시 정명(正名)에서 시작하여 예악(禮樂)이 흥
하게 함으로써 형벌의 적정한 집행(刑之中)이라는 목표에 도달하
고자 했던 사람이다. 공명정대하게 그리고 적정하게 집행되는 형
벌을 포기하고 무엇으로 사회기강을 바로잡겠다는 것인가?


## 섭공(葉公), 정치 그리고 정직(直)


논어에는 섭공이 등장하는 구절이 셋 있다. 그 중 첫 구절은 섭공
이 자로에게 공자가 어떤 사람인지 물어봤는데, 자로가 대꾸도 안
했다는 내용이다(7.18). 자로가 섭공을 홀대한 이유는 거침없이 행
동하는 자로의 성격 때문이라기보다는 섭공이란 자가 그다지 존경
받을 만하지 않은 인물이었기 때문일 것이다. 섭공은 초(楚)나라
섭(葉) 지역을 관할하던 대부 심제량(沈諸梁)이다. 도지사(縣尹)
정도에 불과했던 그는 초나라 제후가 주(周) 왕실의 권위를 무시하

고 스스로를 "楚王"이라고 불러온 상황에 편승하여 자신도 칭호를 격상시켜 스스로를 "섭공(葉公)"이라 부른 자이다. "공(公)"은 제후국 우두머리를 뜻하는 말이므로 그런 지위에 있지도 않은 심제량이 "공"이라는 칭호를 사용하는 것은 옳지 않다. 초나라가 북방으로 영토를 넓히려는 정책의 일환으로 채(蔡)나라와의 접경지역을 개발할 때 그는 부함(負函)이라는 고을을 통치하기도 했다. 이때 고을 주민들이 열악한 환경을 견디지 못하고 이탈하려는 움직임이 있자 섭공은 고을 주변을 성벽으로 둘러싸 자기 고을 주민들이 이웃 고을로 이주하지 못하게 가둬둔 자이기도 하다.[55] 이 편에 수록된 다음 구절은 아마 이런 시기에 공자와 섭공이 만나서 나눈 대화였던 것으로 짐작된다(13.16)[56]:


> 섭공(葉公)이 정치에 관해 물으니 선생님이 이렇게 말했다.
> "가까이 있는 사람들을 기쁘게 하면
> 멀리 있는 사람들도 오겠지요
> (近者說 遠者來)."

자기가 통치하는 고을 주민들이 견디지 못하여 다른 곳으로 이주하면, 그 고충이 무엇인지 살펴보고 해결하려는 노력을 기울이는 것이 바람직한 통치자의 자세일 것이다. 그러나 섭공이 한 일은 성을 쌓아 주민들을 감금해 보겠다는 것이니 공자가 섭공을 높이 평가했을 리 없다. 비록 자연환경과 생활 여건이 열악할지라도 "백성의 원망은 [재물이나 자원이] 많거나 적어서 생기는 것이 아니라, 통치자가 백성을 얼마나 사랑하는지, 얼마나 노력하는지에 달려있다"는 옛 문헌에 전해 오는 말도 있다.[57] 게다가, 바로 이 편에 수록된 논어 구절에는 윗사람이 정치를 제대로 하면, "사방에서 사람들이 애를 포대기에 싸서 업고 몰려들 것"이라는 내용도 있다(13.4). 논어의 다른 편에 수록된 구절에서도 공자는 바람직한 통치자의 자세를 이렇게 설명한다(16.1):

대체로 고르게 분배되면 가난이 없고, 화합하면 모자람도
없으며, 평안하면 어느 한쪽으로 치우치지 않아.
이렇기 때문에 자고로 먼 곳 사람들이 복종하지 않으면
자기 스스로의 문화와 미덕을 가다듬어 그들이 오도록 하고,
이미 온 사람들은 평안하게 해야 해
(**故遠人不服 則修文德以來之 旣來之 則安之**).

주민의 이탈을 막아보겠다고 성벽을 쌓아 주민을 억지로 가두어
두는 한심한 정치인 섭공이 공자에게 정치가 무엇인지를 묻는 상
황은 참으로 아이러니컬하다. 이 상황에서 공자가 내놓은 대답(近
者說 遠者來)은 정곡을 찌른 것이다.

그럼에도 섭공은 자기가 통치하는 고을에는 매우 정직한 사람
이 있다면서 "아버지가 양을 훔쳤는데 아들이 그걸 증언했다"는 것
을 자랑거리로 늘어 놓고 있다(13.18). 아들이 아버지의 범죄를 증
언하는 상황은 행복한 삶의 모습이 아니다. 범죄를 저지른 아버지
나, 그런 아버지의 처벌에 조력(助力)했던 아들이나, 어디 가서 남
에게 자랑할 상황은 아니다. 이런 불행한 가정사를 빌미로 '정직
(直)'을 들먹이며 자기 고을의 법 집행이 엄정하게 이루어진다고
믿는 섭공은 통치자로서의 감수성이 부족하고 정직에 대한 이해
도 미숙하다. 아버지의 범죄를 증언한 아들의 행위는 정직한 행위
였을 수도 있고, 정직이라는 올가미에 걸려 차마 해서는 안 될 짓을
한 것일 수도 있다. 섣불리 판단할 문제가 아니다. 섭공이 경솔하게
늘어놓는 정직에 관한 이야기에 공자는 이렇게 찬물을 끼얹는다.

우리 고을의 정직은 그것과 다릅니다.
아버지가 한 일을 아들이 숨겨주고 아들이 한 일을
아버지가 숨겨주는 것이 정직일 수도 있어요.
(**吾黨之直者異於是 父為子隱 子為父隱 直在其中矣**)

아버지의 범죄를 증언하는 아들을 무작정 정직하다고 추켜세우는 섭공처럼 경솔한 인식 수준으로 정치를 해서는 안 된다는 것이 공자의 입장이다. 정직은 모든 가치를 뛰어넘는 절대적 가치가 아니다. 정직만큼이나 중요한 다른 가치들이 있을 수도 있고, 어느 것도 포기하기 어려운 상황에서 어떻게 처신하는 것이 올바른지는 섭공처럼 단순 고지식하게 함부로 결론을 내릴 수는 없다. 공자가 말했듯이, "정직을 좋아하되 배우기를 좋아하지 않으면 올가미에 옥죄이게 된다(好直不好學 其蔽也絞)"(17.8). 정직함이 언제나 예법에 합치하는 것은 아니다. 예법에 어긋나는 정직함은 자신을 옥죌 뿐(直而無禮則絞), 남에게 자랑삼아 내세울 일이 아니다(8.2).[58] 자공과 공자가 나눈 아래 대화도 비열한 고자질(訐)과 올바른 정직함(直) 간의 구별이 언제나 쉬운 것은 아니라는 점을 보여준다 (17.24):



> "군자도 증오하는 바가 있나요?"라고 자공이 물었다.
>
> 선생님: "증오하는 게 있지. 사람들의 나쁜 점을 들춰내서 떠드는 자를 증오하고, 저질스럽게 살면서 고상한 사람을 비방하는 자를 증오하고, 용감하기만 하고 무례한 자를 증오하고, 과감하기만 하고 꽉 막힌 사람을 증오하지. 너도 증오하는 것이 있니?"
>
> 자공: "변죽만 울려대면서 자기가 뭘 안다고 여기는 자, 불손하게 굴면서 그것이 용기라고 여기는 자, 고자질이나 하면서 그것이 정직이라고 여기는 자(訐以爲直者)를 증오합니다."

아버지와 아들이 서로 덮어주는 것이 "정직일 수도 있다"는 공자의 말은 정직(直)의 복잡 미묘함을 지적하려는 것이었다. 하지만 이것을 이해하지 못한 후대의 학자들은 고지식하게도 "아버지와 아들이 서로 덮어주는 것이 정직"이라고 오해하게 된다. 이런 오해는 문법적으로도 용납되기 어렵다. 공자는 아버지와 아들이 서로 덮어주는 행위를 언급한 다음, "直在其中矣"라고 한다. 그 뜻은 "그게 정직일 수도 있다"는 것이지, "그것이 정직이다"라는 말이 아니다. 이 점은 "… 在其中矣"라는 표현이 나오는 다른 구절들을 보더라도 알 수 있다. 예를 들어, "농사를 짓다 보면 굶을 수도 있고, 배우다 보면 일자리가 생길 수도 있어. 하지만 군자는 올바른 도리를 고민할 뿐, 가난해질까 봐 고민하지는 않아"라는 구절(15.31)에서도 "耕也 餒在其中矣 學也 祿在其中矣"라는 표현이 사용된다. 그 뜻은 농사를 지으면(耕) 굶주리게 되는(餒) 경우도 있을 수 있다는 것이고, 배우면(學) 벼슬을 하게(祿) 될 수도 있다는 것이다. 농사를 지으면 언제나 굶주리게 된다는 뜻이 결코 아니고, 배우면 반드시 벼슬을 하게 된다는 뜻도 물론 아니다. 배우면 반드시 벼슬을 하게 될 거라는 허언 장담을 하는 것은 공자의 스타일이 아니다. "단출한 식사 후 물 마시고 팔베개를 하고 누우면 그 또한 즐거울 수 있지(飯疏食飲水 曲肱而枕之 樂亦在其中矣)"라는 구절(7.15)에서도 "樂在其中矣"라는 표현이 사용된다. 그 뜻은 그런 소박한 삶에도 즐거움이 있을 수 있다는 것이지, 소박한 삶이 언제나 즐겁다거나 반드시 즐겁다는 뜻이 아니다.

아버지를 고발한 아들에 관하여 섭공과 공자 간에 오간 대화는 정직(直)의 복잡 미묘함에 관한 것이다. 그러나 이 구절이 효(孝)에 관한 것이라고 오해한 맹자는 자신의 오해를 더 한층 발전시켜 가족 구성원들 간에는 무조건 감싸고돌아야 하며, 부모가 아무리 극악무도한 범죄 행위를 저지르더라도 자식은 부모를 무조건 사랑하고 보호해야 하며 이것이 효라는 자신의 생각을 길게 늘어 놓았다.[59] 가족 간의 사랑을 절대적 가치로 숭배하는 맹자의 생각은 정직을 절대적 가치로 떠받든 나머지 다른 가치들을 파괴하는 섭공의 경솔하고 고지식한 인식 수준과 마찬가지로 미숙한 발상이다. 정직도 예법에 맞아야 하는 것처럼, 효 또한 예법에 맞아야 한다. 예법에 어긋나는 정직함은 올가미가 되어 자신을 옥죄게 되며, 예법에 어긋나는 효는 정상적 인간이 당연히 가져야 할 윤리적 판단력을 마비시키고 친인척 간의 부패와 비리를 조장하는 사악한

결과를 낳게 된다. 부모 형제를 거스르지 않는 것이 효라고 오해해
서는 안 된다. "어기지 않는 것(無違)"이 효라는 공자의 설명(2.5)은
부모 형제를 무조건 보호하라는 뜻이 아니다. 부모 형제 간의 사랑
도 예법(올바른 윤리 규범)을 어겨서는 안 된다는 뜻이지, 효가 예
법을 초월한 절대적 가치라는 말이 아니다. 효자 노릇을 하기 위해
서라면 다른 모든 윤리 규범을 어겨도 된다는 맹자의 입장은 맹목
적이고 몰상식한 것일 뿐, 공자의 가르침과는 거리가 멀다.



논어 귀환 금서의

# 제자 원헌의 질문

14.1    원헌(原憲)이 부끄러움에 대해서 물어보자 선생님이 이렇게
        말했다. "나라가 제대로 굴러가건 나라가 엉망이건 먹고사는
        것에만 골몰하는 것, 그게 부끄러운 것이지."

14.2    "이기려는 태도, 자기 자랑, 남에 대한 원망, 물욕 추구, 이런
        것들을 행하지 않는 것이 윤리적 결기 아닌가요?"라고 원헌이
        묻자 선생님이 이렇게 말했다. "그건 어려운 일이긴 한데, 그게
        윤리적 결기인지는 잘 모르겠네."

14.3    "선비가 안락한 생활을 염두에 둔다면 선비 되기에는 모자라."

14.4    "도리가 지켜지는 나라에서는 말도 당차게 행동도 당차게 하고,
        도리가 지켜지지 않는 나라에서는 행동은 당차게 하되 말은
        공손해야 해."

14.5    "덕이 있는 자는 반드시 말을 제대로 하지만, 말을 제대로 한다고
        해서 반드시 덕이 있는 것은 아냐. 윤리적 결기가 있는 자는
        반드시 용기가 있지만, 용기가 있다고 해서 반드시 윤리적 결기가
        있는 것은 아냐."

14.6    노나라 대부 남궁괄(南宮适)이 "예(羿)는 명사수였고 오(奡)는
        땅 위에서 배를 밀고 갈 만큼 힘이 셌지만 둘 다 제명에 죽지
        못한 반면, 우(禹)와 직(稷)은 농사꾼에 불과했지만 천하를
        다스렸다"면서 궁금해했다. 하지만 선생님은 대답이 없었다.
        남궁괄이 나가고 나자 선생님이 이렇게 말했다. "저 사람 군자로군.
        저 사람은 덕을 높이 받들어."

14.7    "군자에게 윤리적 결기가 없는 경우는 있지만, 소인에게 윤리적
        결기가 있은 적은 없어."

"좋아하는 것을 열심히 하지 않을 수 있나? 충심이 있다면     14.8
알려주지 않고 숨기고 있을 수 있나?"

"정(鄭)나라의 외교문서는 대부 비심(裨諶)이 초안을 잡고, 대부     14.9
세숙(世叔)이 검토를 하고, 외교를 전담한 대부 자우(子羽)가
가다듬어 꾸미고, 대부 자산(子産)이 깔끔하게 마무리하더군."

정나라 대부 자산에 관해 누가 질문하자 선생님이 이렇게     14.10
말했다. "좋은 일 많이 한 사람이지." 촉나라 귀족 자서(子西)에
대해서 묻자 선생님이 "그 사람 이야기는 꺼내지도 말어"라고
했다. 제(齊)나라 대부 관중(管仲)에 대해서 묻자 이렇게 말했다.
"인물이지. 병(騈)이라는 고을을 백(伯)씨로부터 빼앗아 차지했는데
300가구나 되는 마을 사람들이 가난하게 살면서도 평생 원망하는
이가 없었지."

"가난해도 남을 원망하지 않기는 어려워. 부유하면서도 교만하지     14.11
않는 것이야 쉽지."

선생님이 노나라 대부 맹공작(孟公綽)에 대해서 이렇게 말했다.     14.12
"맹공작은 진(晉)나라 조씨나 위씨 집안 살림을 총괄하는 일은
잘하겠지만, 등(滕)나라나 설(薛)나라의 대부가 될 수는 없어."

완벽한 사람은 어떤 사람인지 자로가 묻자 선생님이 이렇게     14.13
말했다. "장무중(臧武仲)의 지혜, 맹공작(孟公綽)의 초연함,
변장자(卞莊子)의 용기, 그리고 염구(冉求)의 재주에다가 문물
제도에 관한 세련된 교양을 겸비하면 완벽한 사람이겠지. 하지만
요즘 세상의 완벽한 사람은 그럴 필요야 없겠지. 이득을 챙기기
전에 옳은 것이 무엇인지 생각하고, 위기가 닥치면 목숨을 기꺼이
바치고, 오래된 약속도 늘 잊지 않으면 이 또한 완벽한 사람이지."

14.14    선생님이 노나라 대부 공숙문자(公叔文子)에 대해서 그 비서
공명가(公明賈)에게 이렇게 물어보았다. "공숙 선생께서는 말씀도
없고, 웃지도 않고, 아무것도 챙겨가지 않는다는 말이 돌던데, 진짜
그런가요?"
공명가: "그건 잘못된 소문입니다. 공숙 선생께서는 적절한 때에
비로소 말씀하시기 때문에 사람들이 그분 말씀을 싫어하지 않고,
모두가 즐거울 때 비로소 웃으시기 때문에 사람들이 그분 웃음을
싫어하지 않고, 옳은 경우에 비로소 챙겨가시기 때문에 사람들이
그분이 챙겨가는 것을 싫어하지 않습니다."
선생님: "그래요? 정말 그런 거에요?"

14.15    선생님이 노나라 대부 장무중(臧武仲)에 대해 이렇게 말했다.
"장무중은 방(防) 지방을 이용하여 자신의 후사가 끊기지 않도록
노나라 군주에게 요구했는데, 군주를 협박하지 않았다는 말도
있지만, 나는 그 말을 못 믿겠어."[60]

14.16    "진(晉) 문공은 간사하고 올바르지 못했고, 제(齊) 환공은 올바르고
간사하지 않았어."

14.17    "제나라 환공이 공자 규(糾)를 죽게 했을 때 소홀은 죽음으로
저항했는데 관중은 죽지 않았어요. 윤리적 결기가 없었던 것
아닌가요?"라고 자로가 물으니 선생님이 이렇게 답했다. "환공이
아홉 제후국을 규합하는 일을 전쟁 한 번 안 치르고 성사시킨 것은
관중의 능력이었어. 그만한 윤리적 결기가 어디 있겠니. 그만한
윤리적 결기면 된 거지."

"관중은 윤리적 결기가 없는 자 아닌가요? 제 환공이 공자 규를
죽게 했을 때, 관중은 자살하기는커녕 환공 밑에서 벼슬을
했잖아요"라고 자공이 물으니 선생님이 이렇게 답했다. "관중은
환공을 보좌하여 여러 제후국의 패권을 차지하고 천하를
바로잡았어. 오늘날까지도 사람들은 그 혜택을 누리고 있어.
관중이 없었어 봐, 오랑캐들이 우리를 지금 지배하고 있을 거야.
필부들처럼 소갈머리 없이 자결했어 봐, 그 시체가 시궁창에
뒹굴어도 아무도 알아보지 못했을 것 아니겠나."

14.18

노나라 대부 공숙문자는 자기의 가신이었던 선(僎)을 대부로
천거하여 그와 나란히 노나라 군주의 신하로 봉직했다. 선생님이
이 소식을 듣고 "과연 교양 있는 분이군"이라고 했다.

14.19

선생님이 위(衛)나라 군주 영공(靈公)의 무도함에 대해서
이야기하자, 계강자가 "그런데도 어째서 쫓겨나지 않았지요?"라고
했다. 이에 선생님이 이렇게 말했다. "중숙어(仲叔圉)가 손님
접대를 담당했고, 축타(祝鮀)가 종묘에 바치는 제사를 담당했고,
왕손가(王孫賈)가 군대를 담당했습니다. 이러하니 어찌
쫓겨나겠습니까?"

14.20

"자기가 하는 말에 대해서 부끄러움이 없으면, 말한 대로
실천하기가 어려울 것이야."

14.21

14.22     제(齊)나라 대부 진성자가 자기 군주 간공(簡公)을 살해했다.
공자가 목욕재계하고 노(魯)나라 조정에 가서 애공(哀公)에게
보고했다.
공자: "진항(陳恆, 진성자의 이름)이 자기 군주를 살해했습니다.
그를 토벌해 주십시오."
애공: "세 대부들에게 보고하게."
공자: "저는 대부들을 수행하는 처지이므로 감히 보고하지 않을 수
없는데, 임금께서도 '세 대부들에게 보고하라' 하시는군요."
선생님이 세 권세가에 가서 보고하자 세 권세가는 모두 안 된다고
했다. 그러자 공자는 "저는 대부들을 수행하는 처지이므로 감히
보고하지 않을 수 없었습니다"라고 했다.

14.23     군주를 섬기는 것에 대해 자로가 물으니 선생님이 이렇게 말했다.
"속이면 안 돼. 차라리 거역해."

14.24     "군자는 고상한 일을 잘해내고, 소인은 저속한 일을 잘해내지."

14.25     "옛사람들이 배운 이유는 자기를 위한 것이었지만, 요즘 사람들이
배우는 이유는 남에게 뻐기려는 것이지."

14.26     위(衛)나라 대부 거백옥(蘧伯玉)이 공자에게 사람을 보냈다. 공자가
그 사람과 마주 앉아, "대부께서는 어떻게 지내시나요"라고 묻자
그 사람이 "대부께서는 잘못을 줄이고자 하시지만 잘 안 되고
있습니다"라고 했다. 그 사람이 나가고 나자 선생님이 이렇게
말했다. "훌륭한 사신이야, 훌륭한 사신이라구."

14.27     "자신의 관할이 아닌 사안에 대해 이러쿵저러쿵하지 마."

증자가 이렇게 말했다. "군자는 주제넘는 행위를 안 하려 조심한다."

14.28

"군자는 말이 행동을 넘어서는 것을 부끄러워하지."

14.29

"군자의 도리는 세 가지인데, 나는 하지 못하겠더라구. 윤리적 결기가 있는 자는 고민하지 않고, 지혜로운 자는 현혹되지 않고, 용기 있는 자는 두려워하지 않아"라고 선생님이 말하니 자공이 "선생님 자신에 관한 이야기네요"라고 했다.

14.30

자공은 다른 사람들과 비교(하여 누가 더 나은지 가리려)하는 성향이 있었다. 선생님이 이렇게 말했다. "사(賜, 자공)는 뛰어난가 봐? 난 그럴 여유가 없는데."

14.31

"사람들이 자기를 몰라줄까 걱정하지 말고, 자기 능력이 모자랄까 걱정해."

14.32

"속임수에 대처한답시고 지레짐작으로 상대를 불신하지 마. 하지만 사태를 미리 깨닫는다면 뛰어난 거지!"

14.33

미생묘(微生畝)가 공자에게 "구(丘, 공자의 이름)는 뭐 하러 이렇게 여기저기를 기웃거리니? 말재주나 부리고 다니는 거 아냐?"라고 했다. 그러자 공자가 "말재주 부리는 것은 아니고요, 꽉 막힌 고루함을 제가 질색해서 그렇습니다"라고 했다.

14.34

"천리마는 힘이 세다는 뜻이 아니라, 훌륭한 품성이 있다는 뜻이야."

14.35

14.36 "원한으로 나를 대하는 자에게 덕(德)으로 갚아주는 것은
어떤가요?"라고 누가 묻자 선생님이 이렇게 말했다. "덕(德)으로
나를 대하는 자에게는 그럼 뭘로 갚아줄려고? 원한으로 나를
대하는 자는 똑바르게 갚아주고, 덕으로 나를 대하는 자를 덕으로
갚아줘야지."

14.37 "나를 알아주는 사람이 아무도 없네"라고 선생님이 말했다.
자공: "어째 선생님을 알아주는 사람이 없다고 하십니까?"
선생님: "하늘을 원망하지 않고, 사람을 탓하지 않아. 보잘것없이
배움을 시작했지만 고상한 것을 이뤄내고자 해. 하늘이 나를
알아주겠지!"

14.38 공백료(公伯寮)가 계씨에게 자로를 모함했다. 노나라 대부
자복경백(子服景伯)이 이 내막을 알려주면서 "계씨가 공백료
때문에 자로를 의심하고 있지만, 내 세력을 동원하면 공백료의
시체가 저잣거리나 조정에 내걸리도록 할 수 있소"라고 했다.
그러자 선생님이 이렇게 말했다. "올바른 도리가 행해지는 것도
운명이고, 도리가 내팽개쳐지는 것도 운명입니다. 공백료가 운명에
무슨 영향을 줄 수 있겠습니까?"

14.39 "뛰어난 자는 세상을 개벽하고, 그 다음은 영토를 개척하고, 그
다음은 제도의 구색을 갖추고, 그 다음은 이론과 설명의 기틀을
마련해."

14.40 "이런 일을 한 사람은 일곱 명이지."

자로가 석문(石門)이라는 곳에서 묵게 되었다. 그곳 문지기가
"어디서 왔소?"라고 묻자 자로가 "공선생님 제자입니다"라고
답했다. 그러자 문지기가 "불가능한 줄 알면서도 해보려는 그 사람
말인가요?"라고 했다.

14.41

선생님이 위(衛)나라에서 편경을 연주하고 있었다. 삼태기를 메고
공자 거처의 문 앞을 지나가던 사람이 "수심이 그득하네, 편경
소리에"라고 했다가 얼마 후에 이렇게 말했다. "구질구질하네.
땡땡거리는 소리가. 아무도 안 알아주면 그만두면 그뿐이지. '물이
깊으면 옷 입은 채 건너고, 물이 얕으면 옷을 걷고 건너지'라는
노래도 있잖아." 그러자 선생님이 "그렇네. 대꾸할 말이 없네"라고
했다.

14.42

자장이 "옛 문헌에 보면, '고종(高宗)이 상을 당했을 때 삼 년간
말을 하지 않았다'는 구절이 있는데, 이게 무슨 뜻인가요?"라고
하자 선생님이 이렇게 말했다. "하필 고종뿐이겠느냐? 옛날의
통치자들은 모두 그랬지. 군주가 사망하면 모든 관료들은
재상에게 업무를 보고하고 그의 지시에 따라 업무를 수행하게
되는데 이 기간이 삼 년이라는 것이지."

14.43

"윗사람들이 예법을 좋아하면 백성을 부리기가 쉬워져."

14.44

14.45  자로가 군자에 대해 물었다.

선생님: "자신을 가다듬고, 삼가는 마음을 가져야 해."

자로: "그게 다예요?"

선생님: "자신을 가다듬고 남들을 편안하게 해야 해."

자로: "그게 다예요?"

선생님: "자신을 가다듬고 백성을 모두 편안하게 해야 해. 자신을 가다듬고 백성을 모두 편안하게 하는 것은 요 임금과 순 임금도 이루기 어려웠던 거야."


14.46  오랜 친구 원양(原壤)이 다리를 쩍 벌리고 앉아 기다리고 있었다. 선생님이 원양에게 "어려서는 불손했고, 커서도 뭘 했는지 모르겠고, 늙어도 죽지를 않으니, 이런 게 민폐지!"라면서 작대기로 정강이를 살짝 쳤다.


14.47  궐(闕)이라는 마을의 어린애가 어른들의 심부름을 하고 있었다. "잘 배우는가 보죠?"라고 누가 묻자 선생님이 이렇게 말했다. "내가 보니 걔는 어른들 자리에 앉고, 어른들과 나란히 걷더군. 잘 배우려는 애가 아니라, 서두르는 애야."

이 편에는 제나라 환공(14.16)과 그를 도와 제나라가 패권국가가 되
도록 하는 데 기여한 관중(管仲)에 대한 흥미로운 구절이 수록되어
있다(14.10, 14.17, 14.18). 관중은 공자보다 대략 170년 전에 활동한
사람이었지만 워낙 유명한 인물이어서 공자와 그 제자들이 관심을
갖고 논했다. 공자는 관중에 대해 복합적인 태도를 보인다.

　　우선, 공자는 관중이 제후의 관저에나 걸맞는 건물 장식과 물
품을 자신의 사저에서 사용함으로써 의전 예법을 어겼다고 지적한
다. 제후를 보좌하는 신하에 불과했던 관중이 제후의 의전을 함부
로 채택하는 이런 행태를 두고 공자는 "관중은 그릇이 작다"고 부
정적인 평가를 내린다(3.22).

　　하지만, 공자가 관중을 전반적으로 비난하는 것은 아니다. 오
히려 공자는 관중을 높이 평가했다. 어떤 사람이 관중에 대해서 묻
자, 공자는 이렇게 대답했다(14.10):

> 인물이지. 병(騈)이라는 고을을 백(伯)씨로부터 빼앗아
>
> 차지했는데 300가구나 되는 마을 사람들이 가난하게 살면서도
>
> 평생 원망하는 이가 없었지.

기존의 수령이던 백(伯)씨로부터 고을을 '빼앗아(奪)' 차지했다고
묘사한 것으로 보아, 고을 수령의 교체 과정이 자연스럽지 않았음
을 짐작할 수 있다. 그런 상황인데도 300가구나 되는 고을 사람들
에게 원망이 생기지 않도록 훌륭하게 대처했다는 것이다. 게다가
고을 사람들이 가난하게 살면서도 원망을 하지 않았다는 점은 관
중의 정치적 수완을 더욱 돋보이게 한다. "가난해도 남을 원망하지
않기는 어렵다(貧而無怨難)"는 공자의 말(14.11)이 바로 이어 수록
되어 있는 이유도 이 점을 더욱 강조하기 위해서일 것이다.

　　고을 수령으로서의 수완뿐 아니라, 윤리적 결기에 대해서도



제
14
편

제
자
원
헌
의

질
문

공자는 더욱 분명하게 관중을 칭송한다. 제(齊)나라의 귀족인 소백(小白)과 규(糾)는 제나라 군주 양공(襄公)의 동생들이었다. 관중은 원래 규를 보좌하고 있었다. 양공이 죽은 후 제나라 군주 자리를 놓고 규와 소백 간에 전쟁이 벌어졌을 때 관중은 소백을 살해하려 했으나 실패했다. 규는 결국 아우인 소백에게 패배하여 이웃 나라로 도망했다. 형을 축출하고 권력을 잡아 제나라 군주 환공(桓公)으로 즉위한 소백은 이웃 나라를 압박하여 규가 살해되도록 했다. 규가 이렇게 죽자 관중과 함께 규를 모시던 소홀(召忽)은 규와 운명을 같이하고자 자결했다. 하지만, 관중은 오랜 친구 포숙아의 추천으로 제 환공 소백의 재상으로 기용되었고, 제나라가 여러 제후국들을 아우르는 패권 국가가 되는 데 결정적으로 기여했다.

　　이 편에는 관중의 이런 이력과 관련해 자로와 자공이 관중의 윤리성을 의심하고 있었음을 보여주는 구절이 연달아 나온다(14.17, 14.18):

자로가 이렇게 말했다. "제나라 환공이 공자 규를 죽게 했을 때 소홀은 죽음으로 저항했는데 관중은 죽지 않았어요. 윤리적 결기가 없었던 것 아닌가요?"

자공이 이렇게 말했다. "관중은 윤리적 결기가 없는 자 아닌가요? 제 환공이 공자 규를 죽게 했을 때, 관중은 자살하기는커녕 환공 밑에서 벼슬을 했잖아요."

공자는 윤리적 결기를 편협하게 이해해서는 안 된다는 점을 강조하면서 이렇게 대답한다:

환공이 아홉 제후국을 규합하는 일을 전쟁 한 번 안 치르고 성사시킨 것은 관중의 능력이었어. 그만한 윤리적 결기가 어디 있겠니. 그만한 윤리적 결기면 된 거지.

주목받는 정치인에 대한 '윤리성 공방'은 흔히 벌어지는 일이다. 하지만, 공자는 관중과 같은 정치인의 윤리성과 필부의 협량한 윤리성을 다르게 볼 필요가 있다는 입장이다. 정치인을 평가함에 있어 윤리성 문제를 놓고 지엽말단적 논란에 매몰되는 것은 옳지 않다. 물론, 결과가 좋기만 하면 모든 것이 정당화된다거나, 부패해도 유능하면 그만이라는 주장을 공자가 내세우는 것은 아니다. 공자는 환공이 올바른(正) 군주였다고 평가하고 있다는 사실을 주목해야 한다(14.16). 비록 집권 과정에서는 형을 축출하는 데 그치지 않고 이웃 나라로 도망한 형을 기어코 제거한 환공이지만, 통치자로서의 환공에 대한 평가는 그것과는 별개임을 보여준다. 공자는 올바른 군주를 보좌하여 큰 업적을 이룬 관중이 높이 평가되어야 한다고 보고 있다. 인간이 지녀야 할 반듯한 마음가짐, 즉, 윤리적 결기는 공자의 가르침을 떠받드는 중요한 주춧돌이지만, 단순한 흑백 논리로 단정 짓거나 절대적이고 무조건적으로 내세울 수 있는 도그마가 아니다. 사안의 경중을 종합적으로 살피고, 상황과 처지를 두루 감안하는 균형 감각이 필요하다.

공자는 의전 예법을 함부로 어기는 관중에 대해 "그릇이 작다"고 혹평을 하기도 했다. 하지만, 정치인으로서 관중이 이루어 낸 엄청난 업적을 보지 못하고 협량한 윤리성 기준을 현미경처럼 들이대며 티끌이 있느니, 자결을 했어야 하느니하며 갑론을박하는 윤리적 결벽주의에 매몰되는 것은 옳지 않다는 입장을 분명히 한다. 윤리적 결기를 좋아하되 배우기를 좋아하지 않으면 어리석은 짓을 하게 된다는 공자의 가르침(17.8)을 깊이 새길 필요가 있다.

241

이 편에 수록된 다음 구절(14.39)에 대한 기존 번역은 옳지 않다고 생각한다.

子曰 賢者辟世 其次辟地 其次辟色 其次辟言

고금의 모든 주석가들은 '辟'을 피한다는 뜻이라고 보고 (그래서 '피'라고 읽고) 이 구절을 "뛰어난 사람(賢者)은 세상을 피하고, 그 다음은 땅(나라)을 피하고, 그 다음은 안색을 피하고, 그 다음은 말을 피한다"고 번역해 왔다. 조금이라도 사태가 어지럽거나 험악하게 되면 재빨리 피하는 것이 뛰어난 사람의 현명한 선택이라고 공자가 가르쳤다는 것이다. 이런 번역과 해석은 공자를 비겁한 도망자로 규정하는 것이며, 명백히 부당하다. 어지러운 나라를 피해서 잘 다스려지는 곳으로 이주함으로써 안락하게 사는 것이 제일이라는 생각은 자기가 속한 공동체 구성원들에 대한 연대감도 없고, 기울어진 나라를 바로잡겠다는 사명감도 없고, 억압적인 정부 하에서 사람들이 겪는 고통에 대한 감수성도 없는 자들의 머리 속에나 맴도는 것이다. 기존 해석은 그저 내 한 몸 안전하게 피신하여 세상을 등지고 편안하게 살아보겠다는 이기적이고 몰염치한 발상이거나, 모든 공적 가치를 깡그리 부정하는 염세적 해석이다. 공자가 도피로 일관했다는 오해를 유도하는 기존 번역은 폐기되어야 한다.

무엇보다도 기존 번역은 '辟'이라는 글자가 땅(土地)이나 경작지(田野)와 관련되어 사용될 때는 개간, 개척한다는 뜻임(이때는 이 글자를 '벽'이라 읽는다)을 무시한 것이다. 예를 들어, '辟土地(벽토지)'는 토지를 개간하고 개척한다는 뜻이지 땅에서 도피한다는 뜻이 아니다.[61] 게다가 시종일관 도피로 일관한다면, 굳이 '순서'를 거론하는 이유도 설명하기는 어려울 것이다. 세상이건, 땅이건, 안색이건 신속하게 도피하면 그만이지, 세상에서부터 먼저 도피하고, '그 다음(其次)'은 땅, '그 다음'은 안색, '그 다음'은 말에서 도피한다는 것은 납득이 가지 않는다. 게다가, '세상'에서 도피하고 나면 더 이상 어디로 도피할 것이며, '그 다음'에 도피할 무엇이 남겠는가?

'그 다음'이라는 말을 도피의 순서가 아니라 재능의 우열을 가리키는 것으로 보아, 가장 뛰어나고 현명한 사람은 세상에서 도피하고, 그 다음으로 뛰어난 사람은 땅에서 도피한다는 식으로 학식과 재주의 우열에 따라 도피의 대상이 다르다는 해석도 가능하긴 하겠지만, 이런 해석 역시 세상을 등지고 도망하는 것을 가장 우월한 사람이 하는 선택이라고 본다는 점에서 염세주의적 해석이다.

이 구절에 나오는 '辟'이라는 글자는 피한다는 뜻이 아니다. 개벽하고, 개척하고, 열어내고, 발달시킨다는 뜻이다. 공자가 한 말은 "뛰어난 자는 세상을 개벽하고, 그 다음은 영토를 개척하고, 그 다음은 제도의 구색을 갖추고, 그 다음은 이론의 기틀을 마련한다"는 뜻이다. 세상을 개벽한다(辟世)는 말은 정복 전쟁이나 역성 혁명을 통하여 새로운 왕조, 새로운 세상이 열리도록 한다는 뜻이고, 그 다음의 과제는 토지를 개간하는 등 물질적 기반을 개척하는 것이고(辟地), 물질적 기반이 마련되고 나면 그 다음 단계로서 제도적 구색이 갖춰질 수 있고(辟色), 이론과 설명을 가다듬고 개발하는 것(辟言)은 가장 나중에 이루어지는 것이 순서라는 뜻이다.

뛰어난 사람은 세상, 지역, 분위기, 언사로부터 피할 궁리나 한다는 기존의 해석은 "위험한 나라에는 가지 말고, 어지러운 나라에는 머물지 말라(危邦不入 亂邦不居). 도리가 지켜지는 세상에서는 드러나야 하고, 무도한 세상에서는 드러나지 않아야 한다(天下有道則見 無道則隱)"는 공자의 말(8.13)을 정확하게 이해하지 못한 채로 과도한 의미를 부여한 나머지, 공자가 한 다른 여러 말을 모조리 무시한 잘못된 해석이다.

나라가 어지럽고 험악하게 될 때 어떻게 처신해야 하는지를 설명한 공자의 말은 여럿 있다. 도리가 지켜지는 나라에서는 말도



질문 | 제자 원헌의 | 제14편

당차게 하고 행동도 당차게 해야 하지만(危言危行), 도리가 지켜지지 않는 나라에서는 말은 조심하되 행동은 당차게(危行言孫) 해야 한다는 공자의 가르침은 바로 이 편에 수록되어 있다(14.4). 행동을 당차게 한다(危行)는 말은 도망간다는 뜻이 아니다. 위험을 무릅쓰고라도 과감하고 굳세게 행동한다는 뜻이다. "말은 공손해야 한다(言孫)", 즉, 말조심은 해야 한다는 설명도 어지럽고 험악한 나라에서 도피하지 않기 때문에 필요한 조언이다. 험악 무도한 세상에서 아예 도피하여 은둔자의 삶을 사는 경우라면 오히려 말조심할 필요가 없다. 세상을 등지고 은거하여 막말을 마구 해대는(隱居放言) 해방된 삶의 대표적 사례로 공자가 소개하는 우중(虞仲), 이일(夷逸)의 경우를 보더라도(18.8) 알 수 있다. 아예 세상을 등지고 사는 마당에 말을 공손히(言孫) 하고 말고 할 이유가 어디 있겠는가? 나라가 제대로 굴러가는지(邦有道) 나라 꼴이 엉망이 되어 무도하게 되는지(邦無道) 아랑곳 않고 안전한 곳으로 피하여 저 혼자 잘 먹고 잘사는 궁리나 하는 것은 "부끄러운 짓"이라는 것이 공자의 생각이다(14.1).

"어지러운 나라에는 머물지 말라(亂邦不居)"는 공자의 말도 그 나라를 피해서 안전한 나라로 도망가라는 뜻이 아니다. 그런 나라에서 위세를 부리며 높은 자리에 머물지 말라는 뜻에 더 가깝다. 이어지는 같은 구절에서 공자는 무도한 나라에서 돈이 많고 지위가 높으면 그건 부끄러운 것(邦無道 富且貴焉 恥也)이라고 부연 설명하고 있다(8.13). "무도한 세상에서는 드러나지 않아야 한다(無道則隱)"는 공자의 말도 그런 세상으로부터 도피하라는 뜻이 아니다. 무도하고 험악한 세상에서는 위세를 부리지 말고 살아가야 한다는 뜻이다. 숨죽이고 아무 일도 하지 말라는 뜻이 아니다. 행동은 과감하게 하되(危行) 말은 순하게 하라(言孫)는 뜻이다(14.4).

나라의 존립이 위협받는 험악한 위기가 닥칠 경우, 공자는 도피를 권한 것이 아니다. 오히려 목숨을 기꺼이 바치라(見危授命), 올바른 도리는 죽음을 무릅쓰고 지키라(守死善道)는 것이 공자와 그 제자의 거듭된 가르침이다(8.13, 14.13, 19.1). 세상이 험악해지고 나라가 무도하게 될 기미가 보이기만 하면 피할 생각부터 하라는 것은 공자의 가르침이 아니라, 해석자들이 오랫동안 품어 온 잘못된 생각이다.

의지가 굳은 선비, 윤리적 결기가 있는 사람은 "살기 위해 윤리적 결기를 해치는 것이 아니라 오히려 목숨을 바쳐 윤리적 결기를 완성한다"는 공자의 가르침(15.8)은 아랑곳 않고, 해석자 자신의 성향에 맞는 한마디 말("위험한 나라에는 가지 말고, 어지러운 나라에는 머물지 말라")에만 과도한 관심과 부정확한 의미를 부여하고, 바로 같은 구절(8.13)에서 공자가 강조한 "바른 도리는 죽음을 무릅쓰고 지켜내야 한다"는 말은 애써 외면하는 태도는 올바른 해석 방법이 아니다. 죽음을 무릅쓰고 올바른 도리를 지키려는 사람은 피할 궁리나 하는 비겁한 사람이 아니다. 공자는 세상이나 사람을 피하고 도망가는 소극적, 염세적 삶을 권한 사람이 아니다.

이어지는 "作者七人矣"라는 구절(14.40)에 대해서도 과거의 해석자들은 '작자(作者)'를 '피하는 행위를 한 자'라고 해석하고, 어지럽고 험악한 세상을 피하여 도망간 사람이 일곱 명(또는 七人은 十人을 잘못 적은 것)이라면서 백이(伯夷), 숙제(叔齊), 장저(長沮), 걸익(桀溺) 등 제18편에 등장하는 이런저런 인물들을 꼽아왔다. 하지만, 험악한 세상에 맞서 싸우기보다는 도망과 도피로 일관한 자의 숫자는 일곱에 그치는 것이 아니라 셀 수 없이 많을 것이다. '作者'는 도망한 자라는 뜻이 아니다. 세상을 개벽하고 물질적 기반을 마련하고 제도와 문화의 구색을 갖추고 이론의 기틀을 마련하는 엄청난 일을 한 자(作者)라는 뜻이다. 인간 세상의 물질적, 정신적 기틀을 마련한 자는 그 수가 많지 않다는 것이 공자의 생각이다. 공자는 자신은 그런 엄청난 일을 한 자가 아니고, 이미 만들어지고 존재하는 내용을 전할 뿐(述而不作)이라고 스스로의 임무와 역할을 규정한 적이 있다(7.1).

'辟'이라는 글자를 둘러싼 해석 논란은 또 다른 구절에도 존재한다. 공자와 자로가 함께 가던 중 밭을 갈고 있던 두 사람에게 자로가 길을 물었으나 그들 중 한 사람(걸익)이 이렇게 대꾸했다는 내용이다(18.6):

> "온 세상 모든 것이 이렇게 도도하게 흘러가는데
> 누가 그걸 바꿀 수 있겠소? 그리고 辟人하는 선비를
> 따라다니기보다는 辟世하는 선비를 따라다니는 것이 더 낫지
> 않겠소?"라고 하면서 계속 밭을 갈았다.
> (滔滔者天下皆是也 而誰以易之 且而與其從辟人之士也
> 豈若從辟世之士哉 耰而不輟)

고금의 모든 주석가들은 이 구절에 나오는 '辟' 역시도 '피한다'는 뜻으로 해석해 왔다. '사람을 피하는 선비(辟人之士)'가 공자라고 전제하고, 그런 공자를 따라다니기보다는 아예 세상을 피하는 선비(辟世之士)를 따라다니는 것이 더 낫지 않겠느냐고 걸익이 자로에게 권했다는 것이 기존 해석이다.

그러나 이런 해석은 같은 구절의 앞 부분에 적혀 있는 내용과 당장에 충돌한다. "도도하게 흘러가는 세상 만사를 누가 바꿀 수 있겠느냐"는 회의적이고 냉소적인 걸익의 말은 세상을 조금이라도 바꿔보려는 공자의 끊임없는 노력이 부질없다는 뜻이다. 즉, 걸익은 공자가 세상을 개선하려 노력하는 사람이라는 점을 이미 인정한다. 세상을 개선하려 노력하는 공자를 두고 "사람을 피하는 선비"라고 불렀을 가능성은 높지 않다. "사람을 피하는 선비"는 세상을 바꾸려는 노력을 포기한 자이지, 세상을 바꿔보려 애를 쓰는 자가 아니다.

나아가, '사람(人)'을 피하는 데 그치는 것이 아니라 아예 '세상(世)'을 피하는 선비가 어디엔가 있다면, 자로가 되었건 누가 되었건 어떤 이를 제자로 받아들여 사제 관계를 맺을 가능성도 애초에 없을 것이다. 사람뿐 아니라 아예 세상을 피하는 마당에 굳이 사람

과의 관계를 맺을 이유는 없기 때문이다. 따라서 그런 자를 "따라다닌다(從)", 즉, 제자로서 일행을 이루어 수행한다는 것부터가 어불성설에 가깝다.

공자가 "사람을 피하는 선비"라는 오해에 터잡은 잘못된 번역은 이 구절 끝 부분에서 공자가 하는 말과도 모순된다. 공자는 사회 참여와 개혁의 노력을 결코 포기할 수 없다는 자신의 입장을 이렇게 피력한다(18.6):

> 새와 짐승들과 무리지어 살 수는 없잖아.
>
> 내가 이 사람들과 함께하지 않으면 누구와 함께 하겠니?
>
> 온 세상에 올바른 도리가 행해진다면야
>
> 내가 관여해서 바꿀 일은 없겠지.
>
> **(鳥獸不可與同群 吾非斯人之徒與而誰與 天下有道 丘不與易也)**

현실 참여와 제도 개선을 위한 자신의 결의를 이처럼 거듭 재확인하는 공자를 두고 "사람을 피하는 선비"라고 오해하는 것은 부당하기 짝이 없다. 공자가 "사람을 피하는 선비"였다면, "이 사람들과 함께하겠다"는 태도를 보이지도 않았을 것이다.

제14편에 수록된 다른 두 구절도 공자가 사람을 피해다니는 소극적, 도피적 인물이 아니라는 점을 분명히 보여준다. 사회 개혁을 위해 끊임없이 노력하는 공자는 "불가능한 줄 알면서도 해보려는 그 사람"이라고 묘사된다(14.41). 남들이 보기에는 불가능해 보이는 일일지라도 공자는 개선과 개혁을 위한 노력을 아끼지 않았다는 뜻이다. 제도와 사회를 변혁하려는 공자의 거듭된 노력은 냉소적 목격자가 보기에는 심지어 "구질구질하네 (…) 아무도 안 알아주면 그만두면 그뿐인 것을"이라는 탄식과 조롱의 대상이 될 만큼이나 끈질기다(14.42).[62] 공자를 "사람을 피하는 선비"라고 매도하는 해석은 이 모든 구절들과도 충돌하는 그릇된 번역이다.

위에 인용한 구절(18.6)에서 걸익이 자로에게 한 말은 "사람을 깨우치려는 선비(辟人之士)를 따라다니기보다는 세상을 [뒤집어엎고] 개벽하는 선비(辟世之士)를 따라다니는 것이 더 낫지 않겠소?"라고 번역하는 것이 옳다. '벽인지사(辟人之士)'는 사람들의 안목을 열고(開) 깨우치는(明) 일을 하는 공자를 지칭하는 말이다. 다음 구절(13.9)은 공자가 '사람을 깨우치려는 선비'임을 분명히 보여준다.

> 선생님이 위(衛)나라를 방문할 때 염유가 수행했다.
> 선생님: "인구가 아주 많네!"
> 염유: "인구가 이미 이렇게 많은데 뭘 더 할 수 있나요?"
> 선생님: "잘살게 해야지."
> 염유: "잘살게 한 다음에는 뭘 더 할 수 있나요?"
> 선생님: "잘 가르쳐야지."

걸익이 자로에게 한 말을 풀어 설명하자면, "공자는 사람을 가르치고 깨우쳐 열어 세상이 점진적으로 개선되기를 희망하고 있지만 그것은 너무나 요원하다. 그런 공자를 따라다니기보다는 차라리 세상을 일거에 뒤집어엎고 새로운 세계를 (천지개벽하듯) 열어제끼는 벽세지사(辟世之士), 즉, 반란군의 장수를 찾아나서는 게 더 낫지 않겠는가"라는 것이다. 활달하고 거침없는 자로의 성향상 매력적으로 들릴 수 있는 말이긴 하지만, 냉소로 가득한 걸익의 이 말을 전해 들은 공자는 착잡한 심정에서 "그래도 내가 이들과 함께하지 않으면 누구와 함께하겠니"라고 되뇌이며 '교육을 통한 점진적 개혁'을 지향하는 자신의 입장을 재확인한다.

15.

위나라 군주 영공

15.1  위(衛)나라 군주 영공(靈公)이 병력 배치에 대하여 물으니 공자가
이렇게 대답했다. "제사 지내는 일은 제가 공부한 바 있지만
군대와 병력에 관한 일은 제가 아직 배우지 못했습니다." 그
다음날 공자 일행은 마침내 위나라를 떠났다.

공자 일행이 진(陳)나라에서 〔적대 세력에 포위 당한 채〕 양식이
떨어져 수행원들은 병이 나고 모두들 늘어져 있었다. 자로가 성난
얼굴로 "군자도 곤궁한가 봅니다"라고 하자, 선생님이 이렇게
말했다. "군자는 곤궁해도 지킬 건 지켜. 소인은 곤궁하면 함부로
행동하지."

15.2  선생님이 "사(賜, 자공)야, 넌 내가 많이 배워 많이 아는
사람이라고 생각하니?"라고 물었다.
자공: "그렇습니다. 안 그런가요?"
선생님: "안 그래. 난 하나로 다 꿰뚫을 뿐이야."

15.3  "유(由, 자로)야, 미덕(德)이 뭔지를 아는 사람은 드물어."

15.4  "움직이지 않고도 통치한 자는 바로 순(舜) 임금 아니겠니. 순
임금이 뭘 했겠니? 공손히 스스로를 올바르게 하고 자기 위치를
지키셨을 뿐이지."

자장이 일을 잘해내려면 어떻게 해야 하는지 묻자 선생님이 이렇게 말했다. "말은 충직하고 믿음직해야 하고, 행동은 정성을 다하고 삼가는 마음이 있어야 해. 그러면 먼 변방 국가에 가더라도 잘해낼 수 있지. 말이 충직하지도 믿음직하지도 않고 행동에 정성을 다하지도 않고 삼가는 마음도 없다면 큰 고을에서건 작은 동네에서건 일이 잘될 수 있겠어? 일어서서는 말에 멍에가 매어졌는지 확인하고, 수레에 앉으면 멍에가 수레 채에 묶여 있는지 확인해야 해. 그런 다음에 출발할 수 있지." 자장이 허리띠에 이 말을 적어두었다.

15.5

"사어(史魚)는 올곧았지. 나라가 제대로일 때도 화살처럼 꼿꼿하고, 나라가 엉망일 때도 화살처럼 꼿꼿했어. 거백옥(蘧伯玉)은 군자야. 나라가 제대로일 때는 관직에 나섰고, 나라가 엉망일 때는 자리에서 물러나 그만둘 수 있었어."

15.6

"대화가 될 법한 사람인데도 말을 걸지 않으면 사람을 잃어버리는 것이고, 대화가 안 되는 사람인데도 말을 거는 것은 말을 허비하는 것이지. 지혜로운 사람은 사람을 잃어버리지도 않고 말을 허비하지도 않아."

15.7

"의지가 굳은 선비, 윤리적 결기가 있는 사람은 살기 위해 윤리적 결기를 해치지 않아. 오히려 목숨을 바쳐 윤리적 결기를 완성하지."

15.8

자공이 윤리적 결기에 대해서 물으니 선생님이 이렇게 말했다. "숙련공이 일을 잘하려면 반드시 자기 연장부터 먼저 다듬어 둬야 해. 어느 나라에 머물건 간에 그 나라 대부(大夫)들 중 뛰어난 자들을 잘 모시고, 그 나라 공직자(士) 중 윤리적 결기가 있는 자들과 친분을 쌓아 두도록 해."

15.9

15.10 안연이 나라를 다스리는 것에 대해 물으니 선생님이 이렇게 말했다. "하(夏)나라의 역법(曆法)을 사용하고, 은(殷)나라의 수레를 타고, 복식은 주(周)나라의 것을 따르고, 음악은 소무(韶舞)가 좋지. 정(鄭)나라 노래는 금지하고 말재주 좋은 사람은 멀리해. 정나라 노래는 퇴폐적이고, 말재주 좋은 사람은 위험해."

15.11 "나중 일에 대한 고려가 없으면 반드시 걱정거리가 곧 닥쳐오게 돼."

15.12 "에휴, 미덕(德)을 여자만큼 좋아하는 사람을 난 아직 못 봤어."

15.13 "장문중(臧文仲)은 벼슬을 훔친 자 아닌가? 유하혜(柳下惠)가 뛰어난 줄 알면서도 그를 추천하지 않았어."

15.14 "자신을 더 많이 책망하고 남에게 책임을 덜 물으면 원망을 덜 사게 되지."

15.15 "'어떻게 해야 하지, 어떻게 해야 하지'라며 묻지 않는 자는 난 어떻게 해야 할지 모르겠어."

15.16 "하루 종일 모여 앉아 늘어 놓는 말은 옳지도 않고 잔머리 굴리기나 좋아하는 것들은 곤란하기 그지없지!"

15.17 "군자는 옳음을 바탕으로 하여, 예법에 맞게 행동하고, 공손하게 나서서, 믿음직스럽게 이루어내지. 이게 군자야!"

15.18 "군자는 자신의 능력이 모자라는 것을 마음 아파하지, 사람들이 자신을 몰라주는 것을 마음 아파하지 않아."

"군자가 죽을 때까지도 천거되지 못하면 매우 마음 아프겠지." 15.19

"군자는 자신에게서 원인을 찾고, 소인은 남에게서 원인을 찾아." 15.20

"군자는 자긍심이 있지만 다투지는 않고, 여러 명이 모여도
패거리를 짓지는 않아." 15.21

"군자는 말만 듣고 사람을 기용하지 않고, 사람만 보고 그 말을
무시하지 않아." 15.22

"평생 실천해야 할 한마디 말이 있을까요?"라고 자공이 묻자
선생님이 이렇게 말했다. "남을 헤아리는 것이야. 내가 원하지 않는
것을 남에게 가하면 안 되지." 15.23

"내가 남들에 대해서 누구를 헐뜯고 누구를 칭찬하겠니? 칭찬하는
자가 있다면 내가 시험해 봤기 때문이지. 하(夏), 은(殷), 주(周)
삼대에서 올곧은 도리가 행해졌던 건 백성들 덕분이지." 15.24

"사관(史官)이 의심스런 내용은 기록하지 않는 것처럼 나도
의심스런 사안에 대해선 판단을 보류했었고, 말 주인이 자기 말을
남이 타보도록 하듯이 (제자들을 이런저런 자리에 추천) 했었지.
이제는 그럴 일도 없어." 15.25

"교묘한 말은 덕을 그르치고, 작은 일도 참아내지 못하면 큰일을
도모할 때 그르치게 돼." 15.26

"여러 사람이 미워하더라도 반드시 잘 살펴보고 판단해야 하고,
여러 사람이 좋아하더라도 반드시 잘 살펴보고 판단해야 해." 15.27

15.28  "사람이 도리를 크게 펼칠 수 있는 것이지, 도리가 사람을 크게
만드는 것은 아니야."

15.29  "잘못이 있는데도 고치지 않는 것, 바로 이게 잘못이야."

15.30  "전에 나는 하루 종일 먹지도 않고 밤에 자지도 않고 생각에
골몰했던 적이 있었는데, 아무 이득이 없었어. 배우는 것만 못해."

15.31  "군자는 올바른 도리를 도모하는 것이지 밥 먹을 궁리를 하지는
않아. 농사를 짓다 보면 굶을 수도 있고, 배우다 보면 일자리가
생길 수도 있어. 하지만 군자는 올바른 도리를 고민할 뿐,
가난해질까 봐 고민하지는 않아."

15.32  "자리에 오를 지식이 있더라도 윤리적 결기로 그것을 지켜낼 수
없다면 비록 그 자리를 얻는다 해도 반드시 잃게 돼. 자리에 오를
지식이 있고, 윤리적 결기로 그것을 지켜낼 수 있더라도 장중하게
처신하지 않으면 백성이 공경하지 않게 돼. 자리에 오를 지식이
있고, 윤리적 결기로 그것을 지켜내고, 장중하게 처신하더라도
예법에 따라 움직이지 않으면 훌륭하지는 않아."

15.33  "군자는 사소한 내용은 몰라도 큰일을 맡을 수 있어. 소인은
큰일을 맡을 수는 없지만 사소한 내용은 잘 알아."

15.34  "백성들은 윤리적 결기를 물이나 불보다 더 어려워해. 물이나 불에
사람들이 들어갔다가 죽은 경우는 내가 봤지만, 윤리적 결기를
실천하다 죽은 경우는 아직 못 봤어."

"윤리적 결기가 있다면 사단 병력이 몰려와도 물러서지 않겠지."  15.35

"군자는 올곧지만 속 좁지는 않아."  15.36

"임금을 섬길 때는 삼가는 마음으로 업무를 최우선으로 해야 하고  15.37
녹봉에 우선 순위를 두면 안 돼."

"가르침에 차별이 있을 수는 없어."  15.38

"추구하는 길이 같지 않으면 일을 함께 도모하지 마."  15.39

"외교 서신은 그 뜻이 전달되면 돼."  15.40

앞을 못 보는 음악가 면(冕)이 선생님을 방문하여 계단에  15.41
다다르자, 선생님은 "계단입니다"라고 했고, 좌석에 다다르자,
"좌석입니다"라고 했고, 자리에 앉자, "누구가 여기에 있고,
누구가 여기에 있습니다"라고 했다. 음악가 면이 나간 후 자장이
"음악가와 말씀을 나눌 때는 이렇게 하는 게 도리인가요?"라고
묻자 선생님이 "그래, 이게 원래 음악가를 모시는 도리야"라고
했다.

이 편에는 거백옥이라는 인물이 어떻게 처신했는지를 언급하는 구절이 있다. 나라에 도리가 행해질 때는 관직에 나섰고, 나라가 엉망일 때는 자리에서 물러나 그만둘 줄 알았으니 군자라 할 만하다는 것이다(15.6). 나라가 제대로 굴러갈 때는 똑똑했고, 나라가 엉망일 때는 바보처럼 행동했다는 위나라 대부 영무자도 거백옥과 비슷한 자세를 가진 사람이라고 볼 수 있다(5.20). "기용되면 활약하고 해임되면 사라지는(用之則行 舍之則藏)" 자세, "도리가 지켜지는 세상에서는 드러나고, 무도한 세상에서는 드러나지 않는(有道則見 無道則隱)" 처신을 공자는 높이 평가한다(7.10, 8.13).

올바른 도리로 군주를 모시고, 그러지 못할 상황이 오면 그만두는 신하야말로 훌륭한 신하라는 설명도 있다(11.23). "능력을 발휘하여 벼슬을 하되, 할 수 없는 상황이 오면 그만두라"는 옛말을 소개하는 구절도 있다(16.1). 이 모든 구절들은 '나설 때와 물러날 때'를 잘 아는 것이 중요하다는 뜻을 담고 있다. 자신의 신념, 가치관과 정책 목표, 자신의 업무 수행 방식 등이 더 이상 폭넓은 지지를 받지 못하는 상황이 되었는데도 자리에 연연하는 것은 옳지 않을 뿐 아니라, 치욕스러운 결말을 자초하게 된다. 이 구절들은 공직에 뜻을 두고 공동체를 개선하려는 열의와 신념으로 현실 참여와 제도 개혁에 전념하려는 선비들이 지녀야 할 바람직한 자세를 설명하는 것이다.

세상을 등지고, 사람을 피하고, 제도 개선이나 현실 참여에 대해 냉소적이고 염세적인 입장을 유지하며 초야에 은둔하여 자신만이 아는 오묘한 진리를 추구하는 도인(道人)이나 은자(隱者)의 삶으로 일관하라는 뜻이 결코 아니다. 현실 참여를 거부하고 은거(隱居)하는 삶을 추구하는 것에 대해서 공자는 그런 태도가 관념적으로야 나름의 가치가 있을지 몰라도, 실제로 무슨 도움이 되는지 알기는 어렵다는 입장을 취한다(16.11):

숨어 지내면서 뜻하는 바를 추구하고 정의가 실현되도록 하여 올바른 도리가 이루어지게 한다는 이야기는 들어봤지만 난 아직 그런 사람을 본 적은 없어.

세상을 등지고 살다 죽은 백이(伯夷)와 숙제(叔齊), 은거의 삶을 산 우중(虞仲)과 이일(夷逸)에 대해서 공자는 그들의 선택이 나름의 이유가 있었고, 그들이 처한 상황상 불가피했던 점도 있었다고 인정한다. 그러나 공자는 "나는 이들과는 다르다"는 입장을 분명히 했다(18.8).

　공직에 머물며 임무를 수행할 수 없는 상황이 오면 미련 없이 물러나야 하겠지만, 기회가 주어지면 반드시 공직을 맡아 공동체를 위해 자신이 가진 능력을 발휘하여 헌신해야 한다는 것이 공자의 가르침이다.

## 백성(民)들의 윤리적 결기

이 편에 수록된 구절 중, 윤리적 결기에 관한 다음 세 구절들 간의 관계는 보충 설명이 필요하다.

　의지가 굳은 선비(志士), 윤리적 결기가 있는 사람(仁人)은 살기 위해 윤리적 결기를 해치지 않아. 오히려 목숨을 바쳐 윤리적 결기를 완성하지. (15.8)

　백성(民)들은 윤리적 결기를 물이나 불보다 더 어려워해. 물이나 불에 사람들이 들어갔다가 죽은 경우는 내가 봤지만(水火 吾見蹈而死者矣), 윤리적 결기를 실천하다 죽은 경우는 아직 못 봤어(未見蹈仁而死者也). (15.34)

　윤리적 결기가 있다면 사단 병력이 몰려와도 물러서지 않겠지.

‘백성(民)’은 윤리적 선도 세력이나 정치적 지배 세력이 아니다. 백성은 인구의 대다수를 가리키는 말이다. 논어에서 백성은 능동적 존재가 아니라, 정부나 정치 지도자들이 어떻게 하느냐에 따라 거기에 반응하는 수동적 존재로 묘사된다.

정치 지도자들이 선하고 정의로우면, 백성도 선하게 되고 정부에 복종하게 되지만(12.19, 13.4, 2.19), 나라가 제대로 통치되지 않고 형벌권이 부당하게 행사되면 백성들은 빠져나가기나 하고 부끄러움을 모르게 된다(2.3). 무능하거나 의롭지 않은 정부에 대해서 백성들은 (수단과 방법을 가리지 않고 빠져나가는 등) 사실상 불복(不服)하고(2.19), 정부가 의전 예법을 잘 활용하여 장중한 모습을 연출하면 백성들은 정부를 존경하게 된다는 것이다(2.20, 13.4, 15.32).

정부가 백성들에게 사랑을 베풀고 적절히 이끌면 충심을 다해 열심히 일하기도 하지만(2.20), 적절하게(中) 그리고 한결같이(庸) 행동하는 미덕을 백성에게 기대할 수는 없다(6.27)는 것이 공자의 생각이다. 정부의 정책을 따르게 할 수는 있지만, 알고 이해하는 주체적, 능동적, 선도적 역할을 기대할 수는 없다는 것(8.9)이 공자가 ‘백성’에 대해서 내리는 현실적이고 냉정한 평가다.

위에 인용된 세 구절 중, 두 번째 구절(15.34)은 수동적 존재인 백성에게 높은 수준의 윤리적 실천을 기대하기는 어렵다는 현실적 한계를 지적하는 구절이다. 백성들이 물이나 불을 무릅쓰고 행동하다가 죽는 경우는 있으나, 윤리적 결기를 실천하다 죽는 경우는 아직 본 적이 없다는 내용이다. 공자의 세계관에서는 소수의 윤리적 선도 세력(仁人)과 ‘백성(民)’이 구분되어 있다. 공자는 윤리적 선도 세력을 이루는 ‘의지가 굳은 선비(志士)’가 자신을 희생하여 백성들에게 영감을 주고 백성들을 이끌어 간다고 본다. 백성들이 일제히 자기 목숨을 바쳐 윤리적 결기를 실천할 것이라고 기대하는 것은 물론 비현실적이다. 심지어 '군자'라고 칭송받는 사람들도 윤리적 결기가 있기는 어려울 수 있다는 점을 공자는 솔직히 인정한다(14.7). 사단 병력이 들이닥쳐도 물러서지 않는 기백으로 자신의 목숨을 바쳐 윤리적 결기를 완성하는 윤리적 선도 세력과는 달리, 인구의 대다수를 이루는 백성은 풀과 같아서 지도자의 정책과 명령에 수동적으로 반응하는 존재이며, 바람이 불면 풀은 눕게 마련이라는 것이 현실 정치의 한복판에서 오랜 세월을 보낸 공자의 생각이다(12.19).

16.

노나라 권세가 계씨

노(魯)나라 권세가 계씨(계환자, 季桓子)가 전유(顓臾) 지방을
정벌하려 하였다. 염유와 자로가 선생님을 뵙고 "계씨가 전유에서
일을 벌이려 합니다"라고 했다.

공자: "구(求, 염유)야, 이건 네 잘못 아니냐? 전유 지방은 일찍이
주나라 왕이 동몽(東蒙)산의 제주(祭主)에게 책봉한 곳이고
노나라 내부에 위치하긴 하지만 주나라의 직할 지역인데 어떻게
정벌한다는 것이지?"
염유: "계씨가 원하는 것일 뿐, 저희 두 신하는 원하지 않습니다."
공자: "주나라의 대부 주임(周任)이 한 말 중에 '능력을 발휘하여
벼슬을 하되, 할 수 없는 상황이 오면 그만두라'는 말이 있지.
위태로운데도 잡아주지 않고, 넘어졌는데도 일으켜 주지 않으면
신하를 거느리는 게 무슨 소용이 있겠니? 게다가 네 말도 틀렸어.
호랑이나 코뿔소가 우리에서 뛰쳐나오거나 거북이나 옥이 상자
속에서 훼손되면 그건 누구 잘못이겠니?"

염유: "사실 전유는 성곽이 튼튼하고 비(費) 고을 부근에 있어서
지금 취하지 않으면 나중에 반드시 자손들의 우환이 될 것입니다."
공자: "구(求)야, '하고 싶다'고 말하지 않고 '해야만 한다'면서
말을 꾸며대는 것을 군자는 싫어해. 나라나 가문을 거느리는 자는
물자가 모자랄까 염려하는 것이 아니라 공평하게 나눠지지 않을까
염려하고, 가난을 염려하는 것이 아니라 불안을 염려한다고 나는
들었어. 대체로 고르게 분배되면 가난이 없고, 화합하면 모자람도
없으며, 평안하면 어느 한쪽으로 치우치지 않아.

이렇기 때문에 자고로 먼 곳 사람들이 복종하지 않으면 자기
스스로의 문화와 미덕을 가다듬어 그들이 오도록 하고, 이미
온 사람들은 평안하게 해야 해. 그런데 지금 너희 둘이 계씨를
보좌하면서 먼 곳 사람들이 복종하지도 않고, 오게 하지도 못하며,

나라가 나눠지고 무너지고 쪼개져도 그것을 지켜내지 못하면서
나라 안의 어느 지방에서 전쟁을 벌이려 하고 있어.
내가 보기엔 계씨의 근심거리가 전유 땅에 있는 것이 아니라 자기
담장 안에 있는 것 같아."

공자가 이렇게 말했다. "세상이 제대로 통치될 때는 제도와 문화
그리고 전쟁을 천자가 결정하고, 세상이 엉망으로 되면 제도와
문화, 전쟁을 제후가 결정하게 돼.

제후가 이런 문제를 결정하는 판이 되면 대개는 열 세대가량
지나면 망하지 않는 경우가 드물어. 권세가들이 이런 문제를
결정하게 되면 다섯 세대가 지나면 망하지 않는 경우가 드물고,
보좌하는 신하가 나라의 명령권을 쥐게 되면 세 세대가 지나면
망하지 않는 경우는 드물지.

세상이 제대로 통치되면 권세가들이 정치 실권을 쥘 수
없고, 세상이 제대로 통치되면 일반인들이 정치에 대해
이러쿵저러쿵하지 않아."

공자가 이렇게 말했다. "봉록이 노나라 군주로부터 나오지 않게
된 지가 다섯 대에 이르고, 나라의 통치가 대부들 손에 놓인 지 네
대째가 되어 가. 그래서 계손, 숙손, 맹손 집안의 자손들은 모두
쇠약해져 있어."

공자가 이렇게 말했다. "이로운 친구 관계가 셋 있고, 해로운 친구
관계가 셋 있어. 정직한 친구, 약속은 반드시 지키는 친구, 유식한
친구를 사귀는 것은 이롭지. 위선적인 친구, 미꾸라지 같은 친구,
말만 번드르르한 친구를 사귀는 것은 해로워."

16.2

16.3

16.4



제 16 편 | 노나라 | 권세가 계씨

16.5 공자가 이렇게 말했다. "이로운 즐거움이 셋 있고, 해로운 즐거움이 셋 있어. 제도와 문화의 절도에서 즐거움을 찾고, 올바른 도리와 인간의 선함에서 즐거움을 찾고, 뛰어난 여러 사람들과 친교를 맺는 데서 즐거움을 찾는 것은 이롭지. 무절제한 쾌락에서 즐거움을 찾고, 방탕하게 노는 데서 즐거움을 찾고, 연회에서 즐거움을 찾는 것은 해로워."

16.6 공자가 이렇게 말했다. "군자를 모실 때 저지를 수 있는 세 가지 잘못이 있어. 말할 때가 되지 않았는데도 말하면 조급한 것이고, 말할 때가 되었는데도 말 안 하면 숨는 것이고, 안색을 살피지도 않고 말하면 앞을 못 보는 것이지."

16.7 공자가 이렇게 말했다. "군자는 세 가지 경계해야 할 것이 있어. 어릴 때에는 혈기가 아직 자리를 잡지 않았기 때문에 육체적 욕망으로 쏠리지 않도록 경계하고, 장성해서는 혈기가 뻗치고 강인하기 때문에 투쟁으로 쏠리지 않도록 경계하고, 늙어서는 혈기가 쇠약해졌기 때문에 안주하는 쪽으로 쏠리지 않도록 경계해야 해."

16.8 공자가 이렇게 말했다. "군자는 세 가지 두려워하는 것이 있어. 하늘이 명한 바를 두려워하고, 위대한 사람을 두려워하고, 성인의 말씀을 두려워해. 소인은 하늘이 명한 바를 알지 못하기 때문에 무서운 줄 모르고, 위대한 사람을 업신여기고, 성인의 말씀을 조롱거리로 삼아."

16.9 공자가 이렇게 말했다. "태어나면서부터 아는 자는 상급이고, 배워서 아는 자는 그 다음이고, 어려움을 겪고 배우는 자는 그 다음이고, 어려움을 겪고도 배우지 않는 자는 백성들 중에도 최하급이지."

공자가 이렇게 말했다. "군자는 아홉 가지에 유념해. 분명하게                 16.10
보고, 총명하게 듣고, 온화한 기색과 공손한 면모를 유지하고, 말은
충직하게 하고, 일 처리는 삼가는 마음으로 하며, 의문스러우면
질문하고, 분노가 초래하는 문제점을 인식하고, 눈앞에 이득이
보일 때는 무엇이 옳은지를 생각해."


공자가 이렇게 말했다. "좋은 것을 보면 거기에 이르고자 노력하고                 16.11
나쁜 것을 보면 끓는 물에 담긴 손을 빼듯하는 사람을 나는 본
적이 있고, 그런 말을 들은 적도 있어. 숨어 지내면서 뜻하는 바를
추구하고 정의가 실현되도록 하여 올바른 도리가 이루어지게
한다는 이야기는 들어봤지만 난 아직 그런 사람을 본 적은 없어."


제(齊)나라 군주 경공(景公)은 말이 4000필이나 있었지만                 16.12
죽는 날에 백성은 그의 덕을 칭송하지 않았고, 백이와 숙제는
수양산에서 굶어죽었지만 백성은 오늘날까지도 그들을 칭송하고
있다. 이게 바로 그 경우 아닐까?

진항(陳亢)이 공자의 아들 백어(伯魚)에게 "선생님으로부터 특이한 내용을 배운 게 있는지요?"라고 물었다.

백어: "없어요. 전에 혼자 서 계시다가 제가 종종걸음으로 정원을 가로질러 가는데 저에게 '시(詩)를 공부했니?'라고 하셨어요. 제가 '아뇨'라고 답하자, '시를 공부하지 않으면 할 말이 없어져'라고 하시길래 저는 물러나서 시를 공부했어요. 다른 날 또 혼자 서 계시다가 제가 종종걸음으로 정원을 가로질러 가는데 저에게 '예(禮)를 공부했니?'라고 하셨어요. 제가 '아뇨'라고 답하자, '예법을 공부하지 않으면 입지를 마련할 수가 없어'라고 하시길래 저는 물러나서 예법을 공부했어요. 이 두가지 외에는 없어요."

진항이 물러나와 기쁘게 말했다. "질문을 하나 해서 세 가지 답을 들었어. 시가 뭔지를 배웠고, 예법이 뭔지를 배웠고, 군자는 자기 자식과 거리를 둔다는 점을 배웠어."[63]



군주가 그 아내를 부를 때는 '부인(夫人)'이라 하고, 부인은 스스로를 '어린 아이(小童)'라고 부른다. 나라 사람들은 군주의 아내를 '군부인(君夫人)'이라 부르고, 다른 나라 사람들에게는 '저희 작은 군주(寡小君)'라고 칭한다. 다른 나라 사람들이 말할 때는 '군부인'이라 부른다.

이 편 첫 구절은 염유와 자로가 노나라 권세가 계씨(계환자)의 가신으로 일하던 시기에 있었던 일에 관한 것이다. 다산은 이 대화가 노나라 정공9년-10년간(기원전 501-500년간)에 있었던 것으로 추측한다.[64]

공자는 염유와 자로가 잘못된 정무적 판단을 하고 있다고 책망하고 있다. 공자는 이들이 계씨의 그릇된 판단을 방지하지 못하고 대체로 계씨가 원하는 방향으로 보좌하고 있다는 점을 들어, 이들이 '훌륭한 신하'는 아니고, '곁에 두면 좋은 신하'일 뿐이라고 평가한다(11.23). 훌륭한 신하라면 자기가 모시는 상관의 잘못된 판단을 지적하고, 옳지 않은 결정을 막기 위해 할 수 있는 모든 일을 해야 하며 그래도 막지 못할 상황이면 그만둬야 한다는 것이 공자의 생각이다(16.1).

계씨의 가신으로 일하게 된 염유의 일 처리에 대해서 공자가 거듭 실망했음을 보여주는 구절들은 논어의 다른 편에도 수록되어 있다. 권력 실세에 불과한 계씨가 마치 제후라도 된 듯 태산에 가서 여(旅) 제사를 지내는 사태를 염유가 말리지 못한 점을 공자는 못마땅해했고(3.6), 염유가 공공의 이익을 위해 봉사하기보다는 계씨 일가의 사적 이익을 위해 일하는 건 아닌지 의심하기도 했다(13.14). 더욱이 염유가 세금을 과하게 징수하여 계씨를 배불리는 행위를 하자, 공자는 마침내 "걔는 내 문하생이 아냐. 애들아, 북을 울려 저자를 쳐라"고 까지 했다(11.16). 그러나 계환자의 아들 계강자가 염유를 가신으로 채용할지를 고민하며 공자에게 염유가 쓸만한 사람인가 묻자, 공자는 "염유는 온갖 재주가 있습니다. 나라 일을 수행하는 데 무슨 어려움이 있겠습니까"라면서 적극 추천하는 모습을 보인다(6.6).

자로는 계환자의 가신으로 있는 동안 동문이자 후배인 자고(子羔)를 추천하여 비(費) 고을의 행정을 맡도록 했는데, 공자는 자로의 이런 결정을 못마땅해했다. 공자는 자고가 비 고을의 행정 책임을 맡을 만한 역량과 경험이 부족하다고 생각했던 것 같다(11.24). 공자가 높이 평가하는 제자 민자건은 계환자가 비 고을의 행정을 맡기려 하자 정중하지만 단호하게 사양한 바 있다(6.7).

## 편찬상의 특이점

이 편에 수록된 구절에는 세 가지를 나열하는 형식을 취하는 것들이 유난히 많다. 이로운 친구 세 부류, 해로운 친구 세 부류(16.4), 이로운 즐거움 세 가지, 해로운 즐거움 세 가지(16.5), 군자를 모실 때 저지를 수 있는 세 가지 잘못(16.6), 군자가 경계해야 할 세 가지(16.7), 군자가 두려워하는 세 가지(16.8), 하나의 질문으로 얻은 세 가지 대답(16.13) 등이 그런 것들이다.

또한, 논어의 다른 편에서는 "子曰"이라는 문구로 시작하여 공자의 말이 제시되는데, 유독 이 편에서는 "孔子曰"이라는 표현이 사용된다. 그리고 이 편의 마지막, 영부인의 호칭에 관한 예법은 논어에 수록될 성격이라고 보기는 어려운 구절인데, 어떤 연유로 포함되었는지 알기는 어렵다.

이러한 편찬상의 여러 특이함 때문에 이 편이 제(齊)나라 사람들이 전한 논어(齊 論語)에서 온 것일 수 있다고 추측하기도 한다.

# 17.

반란을 일으킨 양화

17.1     양화(陽貨)가 공자를 만나보고 싶어했으나 만나주지 않자
돼지고기를 선물로 보냈다. 공자는 양화가 없는 때를 골라 선물에
대한 감사 인사를 하러 갔으나 길에서 그를 맞닥뜨리게 되었다.[65]
양화: “이리 와 보세요, 내가 할 말이 있어요. 보물을 자기 품에
간직하고서 나라는 혼미하게 되도록 내버려두는 것이 과연 윤리적
결기라고 할 수 있겠소? 그건 아니잖소. 나라 일에 종사하고
싶어하면서도 자꾸 그 적절한 때를 놓친다면, 지혜롭다고 할 수
있겠소? 그건 아니잖소. 시간은 자꾸 흘러가고 있어요. 세월이
우리를 기다려주지는 않아요.”
공자: “알겠어요, 나도 곧 역할을 맡을게요.”

17.2     “인간 본성이야 서로 비슷하겠지만, 실제로 행하는 바가 다르기
때문에 서로 달라지게 돼.”

17.3     “가장 지혜로운 자와 가장 어리석은 자들은 바뀌지 않아.”

17.4     선생님이 무성(武城)에 있는 제자들을 방문하셨을 때 악기와 노래
소리가 들려오기에 흡족한 기분에 미소를 띠며 이렇게 말했다. “닭
잡는 데 어째서 소 잡는 칼을 쓰냐?”
자유(子游): “일찌기 저는 선생님께서 ‘군자가 올바른 도리를
배우면 사람을 사랑하게 되고, 소인이 올바른 도리를 배우면
부리기 쉬워진다’고 하시는 것을 들었습니다.”
선생님: “얘들아, 자유 말이 맞아. 조금 전에 내가 한 말은 그저
웃자고 한 것일 뿐이야.”[66]

〔비(費) 고을의 읍재(邑宰)였던〕 공산불요(公山弗擾)가 비(費)    17.5
고을을 근거지로 삼아 반란을 일으키고 선생님을 초빙하자
선생님이 응하려 했다. 자로가 불쾌한 심정으로 "갈 데가 없으면
그만두시지 하필 공산씨에게 갑니까?"라고 하자 선생님이 이렇게
말했다. "나를 부른 사람이 하릴없이 불렀겠니? 날 기용하는 자가
있으면 그곳을 동방의 주(周)나라로 만들 거야."

자장이 윤리적 걸기에 대해 공자에게 물었다.    17.6
공자: "어디를 가더라도 다섯 가지를 잘해낼 수 있으면 그것이
윤리적 걸기야."
자장이 그게 무슨 뜻인지 물었다.
공자: "공손해야 하고, 관대해야 하며, 믿음직해야 하고,
부지런해야 하며, 너그럽게 베풀어야 해. 공손하게 처신해야
남들이 깔보지 않게 되고, 관대해야 많은 사람들이 좋아하게 되며,
믿음직해야 사람들이 너를 믿고 일을 맡기게 되고, 부지런해야
실적을 올릴 수 있고, 너그럽게 베풀어야 남을 부릴 수 있어."

〔진(晉)나라 대부 조간자(趙簡子)의 가신이었다가 반란을 일으킨〕    17.7
필힐(佛肹)이 선생님을 초청하자 선생님이 응하려 했다.
자로: "예전에 선생님이 '자기가 몸소 나쁜 짓을 하는 자에게
군자가 드나들지는 않는다'고 말하는 것을 들었습니다. 필힐은
중모(中牟)를 근거지로 삼아 반란을 일으켰는데 선생님이 그리
가신다니, 이게 뭡니까?"
선생님: "그래, 그런 말 한 적 있어. 하지만, 갈아도 얇아지지
않으면 단단하다고 해야 하지 않겠니? 더럽혀도 검게 물들지
않으면 희다고 해야 하지 않겠니? 내가 무슨 조롱박이야?
달려있기만 하고 아무도 안 먹는 조롱박 말이야."

271

17.8 선생님이 "유(由, 자로)야, 너 육언육폐(六言六蔽)라고
들어봤니?"라고 했다.
자로: "아뇨."
선생님: "여기 앉아 봐, 내가 설명해 줄게. 윤리적 결기를 좋아하되
배우기를 좋아하지 않으면 우매한 짓을 하게 되고,
지식을 좋아하되 배우기를 좋아하지 않으면 방탕하게 되고,
신의를 좋아하되 배우기를 좋아하지 않으면 도적질을 하게 되고,
정직을 좋아하되 배우기를 좋아하지 않으면 올가미에 옥죄이게
되고, 용기를 좋아하되 배우기를 좋아하지 않으면 반란을
일으키게 되고, 강인함을 좋아하되 배우기를 좋아하지 않으면
함부로 행동하게 돼."

17.9 "너희들 어째서 시(詩, 옛 노래)를 공부하지 않니? 시를 알아야
제대로 느낄 수 있고, 제대로 볼 수 있으며, 제대로 어울릴 수
있고, 제대로 원망할 수도 있어. 가깝게는 부모를 제대로 모실
수 있고, 멀게는 임금을 제대로 섬길 수도 있어. 새와 동물, 풀과
나무의 이름도 많이 알 수 있어."

17.10 선생님이 자기 아들 백어(伯魚)에게 이렇게 말했다. "너
주남(周南)과 소남(召南)을 공부했니? 주남과 소남을 공부하지
않으면 그저 벽을 마주하고 서 있는 것 같을 걸?"

17.11 "예법, 예법 그러는데, 내가 옥이나 비단 이야기하는 줄 아니?
음악, 음악 그러는데, 내가 종이나 북 이야기하는 줄 아니?"

17.12 "겉으로는 위엄 있는 기색을 보이지만 속은 물러빠진 자는
소인(小人)과 마찬가지야. 벽에 개구멍을 뚫어 몰래 드나드는
도둑놈 비슷하다고 해야겠지?"

"마을 유지들이야말로 덕을 해치는 자들이지."

17.13

"올바른 가르침을 들었다고 아무 데서나 그걸 늘어놓는다면
미덕을 내다버리는 격이지."

17.14

"저속한 것들! 저런 자들과 함께 공직을 수행하고 임금을 섬길
수 있을까? 아직 자리를 차지하지 못하면 자리를 차지하는
데 골몰하고, 자리를 차지하고 나면 그 자리를 잃지 않는 데
골몰하고, 필사적으로 자리를 잃지 않으려고 못할 것이 없는
자들이라구."

17.15

"옛날에는 세 부류의 사람들이 문제였는데 요즘에는 그런
사람들이 없어진 것 같기도 해. 옛날에 함부로 설치던 자들은
파격이라도 있었지만 요즘 함부로 설치는 것들은 방탕해. 옛날에
콧대 높았던 자들은 염치라도 있었지만 요즘 콧대 높은 것들은
화만 내고 사나워. 옛날의 어리석은 이들은 우직하기라도 했지만,
요즘 어리석은 것들은 사기나 치고 있지."

17.16

"다정하게 꾸며낸 말과 온화하게 지어낸 태도에는 윤리적 결기가
거의 없어."

17.17

"자주색이 붉은색을 밀어내고 그 자리를 차지하는 이 세태가 싫고,
정(鄭)나라의 퇴폐적인 노래가 우아한 음악을 어지럽히는 것이
싫고, 말재주나 부리는 것들이 나라 질서를 뒤집어엎는 것이 싫어."

17.18

17.19  선생님이 "난 말하지 말아야겠다"고 했다.

자공: "선생님이 설명을 안 하시면 저희들이 어떻게 선생님 뜻을 이어나갈 수 있겠습니까?"

선생님: "하늘이 무슨 말을 하더냐? 사계절이 진행되고 온갖 것들이 태어나지만 하늘이 무슨 말을 하더냐?"

17.20  유비(孺悲)가 사람을 보내 공자와 만나기를 청했으나 공자는 아프다면서 만나주지 않았다. 유비가 보낸 사람이 문을 나서자 공자는 거문고를 타며 노래를 불러 그 사람 귀에 들리도록 했다.

17.21  재아가 이렇게 물었다. "삼년상은 너무 깁니다. 군자가 삼 년간 예법을 행하지 않으면 예법이 반드시 붕괴되고, 삼 년간 음악을 행하지 않으면 음악이 반드시 붕괴됩니다. 묵은 곡식이 없어지고 햇곡식이 여무는 것도, 계절에 따라 불길을 새롭게 지피는 것도 일 년 주기로 되지 않습니까?"

선생님: "쌀밥 먹고 비단옷 입으니 좋더냐?"

재아: "좋습디다."

선생님: "좋으면 그렇게 해. 군자가 상중에 있을 때는 맛난 음식을 먹어도 맛을 모르고 음악을 들어도 즐겁지 않고, 좋은 집에 있어도 마음이 편치 않아. 그래서 안 하는 거야. 너는 그게 좋으면 그렇게 해."

재아가 나가자 선생님이 이렇게 말했다. "재아는 못돼 먹었어. 어린애가 태어나면 삼 년이 지난 후에야 부모 품을 벗어날 수 있어. 그래서 삼년상이 어딜 가든 일반적으로 행해지지. 재아도 자기 부모로부터 적어도 삼 년은 사랑받았을 것 아니겠나?"

"하루 종일 배부르게 먹어대며 아무 데도 마음을 쓰지 않으면    17.22
곤란하지. 장기나 바둑도 없니? 그거라도 하는 것이 차라리
낫겠어."

"군자는 용기를 숭상하지요?"라고 자로가 묻자 선생님이 이렇게    17.23
말했다. "군자는 정의를 최상으로 받들지. 군자가 용기는 있는데
정의롭지 않으면 난을 일으키게 되고, 소인이 용기는 있는데
정의롭지 않으면 도둑질을 하게 돼."

"군자도 증오하는 바가 있나요?"라고 자공이 물었다.    17.24
선생님: "증오하는 게 있지. 사람들의 나쁜 점을 들춰내서 떠드는
자를 증오하고, 저질스럽게 살면서 고상한 사람을 비방하는 자를
증오하고, 용감하기만 하고 무례한 자를 증오하고, 과감하기만
하고 꽉 막힌 사람을 증오하지. 너도 증오하는 것이 있니?"
자공: "변죽만 울려대면서 자기가 뭘 안다고 여기는 자, 불손하게
굴면서 그것이 용기라고 여기는 자, 고자질이나 하면서 그것이
정직이라고 여기는 자를 증오합니다."

"여자와 소인배는 돌보기 어려워. 가까이하면 불손하게 굴고,    17.25
멀리하면 원망해."

"나이 사십이 되어서도 남에게 미움을 산다면 그걸로 끝이지."    17.26

양화(陽貨)는 노나라 권세가 계평자를 보좌하던 가신(家臣)이었으나 계평자가 죽자 그 아들 계환자를 감금하고 자기 세력을 규합하여 노나라의 세 권세가(계씨, 숙씨, 맹씨)를 몰아내려 시도했던 자이다. 그러나 세 권세가들이 연합하여 양화를 제압하였고 노나라에서 축출된 양화는 진나라로 가서 대부 조간자(趙簡子)에게 의탁하게 된다.[67]

이 편에는 양화 및 그와 함께 반란을 일으켰던 공산불요(公山弗擾), 진나라 대부 조간자의 가신이었다가 반란을 일으킨 필힐(佛肸)과 관련된 구절들이 수록되어 있다. 공자는 제후의 제도적 권위를 무시하고 위세를 부리던 노나라의 세 권세가를 부정적으로 평가하고 신랄히 비난하는 입장이었다(3.1, 3.2, 3.6). 세 권세가를 몰아내려는 양화는 권세가들을 비판하는 공자를 영입하여 자신의 입지를 강화하고자 희망했다. 하지만 공자는 양화를 선뜻 지지할 수는 없었다는 점이 이 편 첫 구절에 드러난다. 자신의 상관이 죽자 그 아들을 감금하는 노골적 반란으로 권력을 차지한 양화를 공자가 공공연히 지지하기는 어려웠을 것이다. 양화는 공자를 만나고자 했으나 공자는 양화를 피하다가 어쩔 수 없이 대면하게 되었고, 그때 둘 간에 오고 간 대화가 이 편 첫 구절에 수록되어 있다(17.1).

한편, 비(費) 고을의 행정을 담당하다가 양화와 함께 반란을 일으킨 공산불요가 공자를 초청하자 공자는 이 초청에는 응하려 했고(17.5), 진나라 대부 조간자의 가신으로 중모(中牟) 지방의 행정을 담당하다가 이 지역을 세력 기반으로 삼아 반란을 일으킨 필힐이 공자를 초청하자 공자는 이 초청에도 응하려 했다(17.7).

이처럼 공자는 반란(畔)을 일으킨 세력의 부름에도 적극적으로 응하려는 태도를 보인 적이 있다는 사실을 논어를 편찬한 이들은 기록으로 남겨두고자 했던 것 같다. 윤리적 결벽주의와 고지식한 명분에 사로잡혀 외통수에 빠지거나 운신의 폭을 좁히는 것이 아니라, 사태와 상황과 인물에 따라 어떤 경우에는 영입 제의를 완곡히 거절하기도 하지만, 어떤 경우에는 적극적으로 그들의 영입 제의에 응하려 했던 이가 공자다. "그래도 된다는 것도 없고, 그러면 안 된다는 것도 없다(無可無不可)"는 공자의 입장(18.8)이 이 구절들에서 잘 드러나고 있다.[68] 물론, 공자의 정치적 의도를 의심하고 경계하는 비판적인 자들은 그가 반란을 부추기고 반란 세력과 함께하는 불온하고 위험한 인물이라고 여겼을 것이다[69]

이 편에 수록된 구절들은 공자가 자기 생각을 고집한 사람이 아니라는 점을 보여주기도 한다. 공산불요나 필힐의 초대에 응하려는 공자의 판단에 대해서 자로는 공자의 판단이 옳지 않다는 입장을 강력히 피력했고, 결국 공자는 자로의 견해를 받아들여 초대에 응하지 않았다. 양화, 공산불요, 필힐 등 '반란 세력'과 관련된 이 구절들은 기존 질서를 파괴하는 반란이 때로는 사회 개혁의 실마리가 될 가능성도 없지 않다는 점과 사회 개혁을 열망하며 현실 참여에 적극적인 공자의 성향을 보여준다.

## 습(習)의 의미

이 편의 두 번째 구절은 다음과 같다(17.2).

> 인간 본성이야 서로 비슷하겠지만, 실제로 행하는 바가 다르기 때문에 서로 달라지게 돼.(**性相近也 習相遠也**)

習이 행동과 실천을 뜻한다는 점은 이 구절에 나오는 "習相遠"이란 표현에 대한 신주(新注)와 고주(古注)의 일관된 설명에서도 드러난다. 주희는 선함을 몸소 행하면 선하게 되고 악함을 몸소 행하면 악하게 된다(習於善則善, 習於惡則惡)고 하면서 사람 간의 차이는 이렇게 생기기 시작한다고 설명한다. 기원전 2세기의 유학자 공안국도 "군자는 몸소 행하는 바를 신중히 한다(君子愼所習)"고 설명하는데 이 또한 습(習)이 몸소 행한다, 실천한다는 뜻임을 보여준다. 11세기 유학자 형병도 사람들이 비슷한 본성을 가지고 태어나지만, 바깥 세상에 반응하여 행동으로 나아갈 때 선량한 행위를 하는 자는 군자가 되고 나쁜 행위를 하는 자는 소인이 된다면서(若習於善則為君子 若習於惡則為小人), 인간의 본성은 몸소 행하는 행동과 실천을 통하여 완성된다(習以性成)고 설명한다.

7.28에 등장하는 호(互)라는 고을 사람들의 나쁜 행태를 묘사하는 주희의 설명(互鄉, 鄉名. 其人習於不善) 또한 '習'이 '몸소 행하는 행동/실천'이라는 사실을 보여준다.

1.1와 1.4에 등장하는 습(習)역시, 행동과 실천을 뜻한다. "時習之"는 배운 것을 '적절한 때에 실천한다'는 뜻이고, "傳不習乎"는 배우고 가르친 것을 '실천 안 하는지'라는 뜻이다.

## 시를 배워야 하는 이유

이 편에는 시(詩)에 대한 공자의 설명이 담긴 구절들이 있다. 시는 오래전부터 여러 지방에서 전해져 오던 노래와 궁중에서 불리던 노래의 가사를 뜻하며, 공자는 이들 중 약 300편을 엄선하여 편찬한 것으로 전해진다. 이 문헌이 나중에 《시경(詩經)》이라 불리게 된다.

공자가 그 아들 백어에게 시를 공부하도록 권유했다는 사실은 다른 편에 수록된 구절에도 나온다(16.13). 이 편에서는 공자가 백어에게 주남(周南)과 소남(召南)에 수록된 옛 노래를 공부해야 사물을 보는 안목이 넓어져서 (막다른 벽에 도달한 사람처럼 꽉 막힌) 답답한 사람이 안 된다고 조언해 주는 구절이 있다(17.10). 주남과 소남은 《시경》의 첫 부분에 수록된 옛 노래 가사들이다. 시를 알아야 제대로 느낄 수 있고, 제대로 볼 수 있으며, 제대로 어울릴 수 있고, 제대로 원망할 수도 있다는 공자의 말은 시에 대한 가장 종합적인 설명이라고 할 수 있다(17.9).

시는 음악과 함께 노래로 부르는 것이다. 공자는 노나라의 음악 총감독 지(摯)의 지휘로 연주된 관저(關雎, 주남 편 첫머리에 수록된 시)의 마지막 장이 벅찬 감동으로 귓전을 맴돈다고 묘사하고(8.15), 관저는 "즐거움이 심하지도 않고, 애틋함이 과하지도 않다"고 평가한다(3.20).

## 공자가 싫어하고 미워했던 것들

지역 주민들이 떠받드는 마을의 '어르신들'(鄕原)에 대하여 공자는 매우 강렬한 반감을 표시하고 있다. 공자는 이들이 지역의 여론을 장악하고 잘못된 시류에 영합하여 억압적인 마을 분위기를 형성하는 나쁜 세력이라고 보는 것이다(17.13).

그 바로 앞에 배치된 구절에서도 "겉으로는 위엄 있는 기색을 보이지만 속은 물러빠진 자"에 대한 이야기가 나오는데(17.12), 마을 유지 행세를 하는 자들이 흔히 이런 인물이라는 것이 공자의 생각이었던 것 같다. 저속한 것들(17.15), 함부로 설치는 자, 자부심이 과한 자, 어리석은 자(17.16), 말재주나 부리는 자(17.18), 남의 약점을 공격하는 것을 일삼는 자, 용감하기만 하고 무례한 자, 과감하기만 하고 꽉 막힌 자(17.24) 등에 대해 공자는 반감과 증오를 표한다. 이런 자들이 판을 치는 세상에 대한 분노와 실망감에 사로잡혀 "난 그만 말해야겠다"고 하는 모습도 이 편에 묘사되어 있다(17.19).

이 편 끝부분에는 공자가 여자와 소인배를 함께 싸잡아 취급하며 "가까이하면 불손하게 굴고, 멀리하면 원망한다"면서 여자와 소인배는 돌보기 어렵다고 말하는 구절이 있다(17.25). 이 구절은 공자의 시대적 한계를 노출한다. 어떤 해석 방법을 동원하더라도 이런 생각을 정당화하기는 어려울 것이다. 공자의 여러 다른 가르침은 후세의 귀감이 되고 사람들에게 영감을 줄 수 있지만, 이 구절은 후세의 독자들이 반면교사로 삼아야 할 구절이라고 생각한다.

금서의 귀환 논어

어지러운 세상

18.1　〔은(殷)나라가 폭압적 군주의 그릇된 통치로 쇠망의 길에
접어들었을 때〕미자(微子)는 나라를 떠났고, 기자(箕子)는 감옥에
갇혀 노예가 되었고, 비간(比干)은 간언을 하다 죽임을 당했다.
공자가 이렇게 말했다. “은나라에는 제대로 된 사람이 셋 있었어.”

18.2　유하혜(柳下惠)는 형사재판관으로 일하다 세 번이나 파면되었다.
어떤 이가 “이 정도면 노(魯)나라를 아예 떠나실 만도
한테요?”라고 묻자 그는 이렇게 대답했다. “올바른 도리를 굽히지
않고 상관을 모시다 보면 세 번쯤은 파면되지 않겠습니까? 올바른
도리를 굽히고 상관을 모시면 굳이 고국을 떠나야 할 필요는
없겠지요.”

18.3　제(齊)나라 군주 경공(景公)이 공자의 대우와 관련하여 “계씨처럼
대우할 수는 없고, 계씨와 맹씨 중간 정도로 대우해 드리겠소”라고
했다가 “나는 이미 늙어서 당신을 기용할 수가 없소”라고 했다.
공자는 제나라를 떠났다.

18.4　제나라 사람들이 여자 가무단을 보내자 노나라 권세가 계환자가
이들을 맞아들이고 사흘 동안이나 조회를 열지 않았다. 공자는
노나라를 떠났다.

18.5　초(楚)나라의 어떤 미치광이가 노래를 부르며 공자 앞을
지나가면서 “봉황이야, 봉황이야! 미덕은 어찌 이리도 쇠퇴했는지.
지나간 일이야 이래라저래라할 수 없지만 앞으로의 일은
쫓아갈 수 있겠지. 아서라, 아서. 요즘 시절 정치에 몸담으면
위험하지”라고 했다. 공자가 수레에서 내려 말을 붙어 보려 했으나
그가 종종 걸음으로 공자를 피해서 말을 붙어 볼 수 없었다.

장저(長沮)와 걸익(桀溺)이 짝을 지어 밭을 갈고 있었다. 공자 일행이 그곳을 지나던 중 선생님의 부탁으로 자로가 그들에게 다가가 나루터가 어디 있는지 물어보았다.

장저: "수레 고삐를 쥐고 있는 저자는 누구요?"
자로: "공구(孔丘)입니다."
장저: "노나라 공구란 말이요?"
자로: "그렇습니다."
장저: "그럼 나루터쯤은 알 텐데."

자로가 이번에는 걸익에게 물었다.

걸익: "당신은 누구요?"
자로: "저는 중유(仲由)입니다."
걸익: "노나라 공구의 일행이오?"
자로: "그렇습니다."
걸익: "온 세상 모든 것이 이렇게 도도하게 흘러가는데 누가 그걸 바꿀 수 있겠소? 또한 당신도 사람을 깨우치려는 선비를 따라다니기보다는 세상을 개벽하는 선비를 따라다니는 것이 차라리 더 낫지 않겠소?"

그러고는 그들은 밭을 계속 갈았다. 자로가 와서 이 내용을 보고하자 선생님이 착잡한 심정으로 이렇게 말했다. "새와 짐승들과 무리지어 살 수는 없잖아. 내가 이 사람들과 함께하지 않으면 누구와 함께 하겠니? 온 세상에 올바른 도리가 행해진다면야 내가 관여해서 바꿀 일은 없겠지."



제<br>18<br>편 | 어<br>지<br>러<br>운 | 세<br>상

18.7　자로가 공자를 수행하던 중 뒤에 처지게 되었다. 지팡이에
대바구니를 매달아 들고가는 어떤 노인을 길에서 만난 자로가
"저희 선생님을 혹시 보셨습니까?"라고 물었다.

노인: "손발을 움직여 일하지도 않고 오곡도 분간 못하는 자를
누가 선생님으로 모시지?"

노인은 지팡이를 꽂아놓고 풀을 벴다. 자로는 두손을 모으고
옆에 서 있었다. 노인은 그날 저녁 자로를 재워주면서 닭을 잡고
기장밥을 지어 먹이고 자기의 두 아들도 소개했다. 다음날 자로가
공자 일행과 합류하여 이 일을 보고하니 선생님이 "숨어지내는
분이군"이라며 자로에게 다시 가서 만나보도록 했다. 자로가 그
집에 다시 가 보니 노인은 이미 집에 없었다.

자로가 (혼잣말로) 이렇게 말했다. "공직을 안 맡는 것은 옳지
않아. 어른과 아이의 구분을 없앨 수 없는 것과 같이 임금과
신하 간의 구분을 어떻게 없앨 수 있겠어? 자기 한 몸 깨끗하게
유지하려 한다면 가장 중요한 인륜 질서를 어지럽히게 돼. 군자가
공직을 맡는 것은 옳은 일을 실천하려는 것이야. 도(道)를 이루지
못할 수 있다는 것은 이미 알고 있어."

세상의 평가 기준을 벗어난 사람들로는 백이(伯夷), 숙제(叔齊), 우중(虞仲), 이일(夷逸), 주장(朱張), 유하혜(柳下惠)와 소련(少連)을 들 수 있다.

18.8

선생님이 이렇게 말했다. "뜻을 굽히지 않고 몸도 더럽히지 않은 이들이 바로 백이(伯夷), 숙제(叔齊)아니겠나! 한편 유하혜(柳下惠)와 소련(少連)은 뜻도 굽혔고 몸도 더럽혔지만 말은 바르게 했고 행동도 사려깊었지. 우중(虞仲)과 이일(夷逸)은 은둔생활을 하면서 막말을 해댔지만 자기 신변은 깨끗하게 유지했고 은둔생활을 하기로 한 결정도 상황상 불가피했지. 그런데 난 이 사람들과는 달라. 그래도 된다는 것도 없고, 그러면 안 된다는 것도 없어."

노나라의 음악 총감독 지(摯)는 제나라로 갔고, 식사 때 음악을 연주하던 간(干)은 초나라로 갔고, 료(繚)는 채(蔡)나라로 갔고, 결(缺)은 진(秦)나라로 갔다. 북을 치는 방숙(方叔)은 황하 쪽으로, 작은 북을 연주하던 무(武)는 양자강 쪽으로 갔으며, 음악 보조 감독 양(陽)과 편경을 치던 양(襄)은 바다 건너 갔다.

18.9

주공이 그 아들 백금(伯禽)을 노나라 군주로 책봉하고 이렇게 말했다. "군자는 친족과의 관계가 해이해지지 않도록 하고, 대신들이 기용되지 않아 원망을 품는 일이 없도록 한다. 오랜 벗은 큰 잘못이 없는 한 버리지 않으며, 한 사람이 모든 능력을 가지기를 기대하지 않는다."

18.10

주(周)나라에는 선비가 여덟 있었으니, 백달(伯達), 백괄(伯适), 중돌(仲突), 중홀(仲忽), 숙야(叔夜), 숙하(叔夏), 계수(季隨)와 계와(季騧)가 그들이다.

18.11

이 편의 여러 구절에는 나라의 정세가 어지러운 상황이 되었을 때 어떤 선택을 하는 것이 올바른지에 대한 고민이 담겨있다.

은(殷)나라 말기의 폭력적인 정부 하에서 망명을 선택한 미자(微子), 투옥된 기자(箕子), 저항하다 살해된 비간(比干)을 나열하며, 이들 셋 모두가 윤리적 결기가 있었다고 높이 평가하는 구절이 첫머리에 제시된다(18.1). 정세가 여의치 않아 더 이상 자기 뜻을 펼치기 어려운 상황에서 공자가 제나라를 떠나거나 노나라를 떠나는 상황이 묘사되기도 하고, 노나라의 음악을 담당하던 여러 인재들이 결국 뿔뿔이 흩어져 다른 나라로 갔다는 이야기도 나온다(18.3, 18.4, 18.9). 이 구절들에 과도한 의미를 부여한 나머지, 공자가 마치 세상을 피하고 사람을 피하는 것으로 오해한 해석들이 있다. 그런 해석은 설득력이 없다는 점은 이미 설명했다(제14편).

공자 일행이 제나라를 떠나거나(18.3) 노나라를 떠나는(18.4) 상황은 신변의 위협이나 불이익을 피하여 도망하는 상황이라기보다는, 그 나라에서는 더 이상 자신들이 기용되어 뜻을 펼쳐 볼 수 있는 가망이 없다고 판단하여 다른 나라로 가서 더 나은 기회를 모색하고자 했음을 보여준다. 세상을 피하거나 사람을 피하는 상황이 전혀 아니라, 현실 정치에 참여하여 제도 개혁의 이상을 실현할 수 있는 기회를 보다 적극적으로 찾아 나서는 모습을 보여주는 것이다.

이 편에는 초나라 광인 접여가 "요즘 시절 정치에 몸담으면 위험하지"라는 경고성 발언을 공자에게 하는 구절이 있다(18.5). 비슷한 구절이 도가 계열 문헌에도 수록되어 있다(莊子, 人間世). 그러나 논어에 제시된 공자의 입장은 현실 세계를 등지고 은둔하여 자연과 함께하는 도인(道人)이나 은자(隱者)의 삶을 추구하자는 것이 아니다. 오히려 공자와 그 제자들의 사회 참여 의지를 분명히 보여주는 두 구절이 이 편에 수록되어 있다. 그 첫 구절은 공자 스스

로 "내가 이 사람들과 함께하지 않으면 누구와 함께 하겠니?"라며
현실 참여와 사회 개혁 의지를 다지는 내용이다(18.6). 둘째 구절에
서는 자로의 입을 빌어 "자기 한 몸 깨끗하게 유지하려 [세상을 등
지고 은자의 삶을 살겠다고] 한다면 가장 중요한 인륜 질서를 어지
럽히게 된다"는 입장을 피력한다(18.7).

　　공자가 사회 개혁 및 현실 참여에 뜻을 두었고 패배주의와 냉
소주의를 단호히 거부했음을 더욱 분명히 보여주는 구절도 있다.
뜻을 굽히지 않고 몸을 더럽히지 않기 위해 스스로 목숨을 끊거나
(백이, 숙제) 세상을 등지고 은둔하기로 선택한 자들(우중, 이일)을
나열한 다음, "그런데 난 이 사람들과는 달라"라고 공자가 자기 입
장을 선언하는 대목이다(18.8). 공자는 은둔자의 삶에 대해 관념적
으로는 의미가 있을지 모르겠으나, 그런 사례를 자신이 실제로 목
격한 바는 없다고 했다(16.11):

> 숨어 지내면서 뜻하는 바를 추구하고 정의가 실현되도록 하여
> 올바른 도리가 이루어지게 한다는 이야기는 들어봤지만 난 아직
> 그런 사람을 본 적은 없어.
> **(隱居以求其志 行義以達其道 吾聞其語矣 未見其人也)**

논어를 편찬한 이는 이 구절에 바로 뒤이어, "백이와 숙제는 수양산
에서 굶어죽었지만 백성들은 오늘날까지도 그들을 칭송하고 있다"
면서, "이게 바로 그런 경우 아닐까?"라고 부가 설명한다(16.12). 백
이, 숙제는 공자보다 수백 년 앞선 인물들이다. 은둔의 삶을 산 옛
인물들에 관한 '이야기(語)'는 공자도 물론 들었을 터지만, 공자는
자신이 사는 시대에는 "아직 그런 사람을 본 적이 없다"고 한다. 은
둔의 삶을 살면서 실제로 사회 정의 실현에 기여한다는 것은 현실
성이 희박한 공허한 관념에 불과하다는 것이 공자의 입장이다.



세상 ｜ 어지러운 ｜ 제18편

뜻도 굽히고 몸도 더럽히며 어떻게 해서든 현실과 타협하여 공직을 오랫동안 수행하며 자신의 능력을 발휘한 유하혜(柳下惠)에 관한 구절들이 여럿 있다(18.2, 18.8, 15.13). 이것 역시 공자가 추구하는 바는 아니다. 공자는 "나는 이들과는 다르다(我則異於是)"며 분명히 선을 긋는다(18.8). 올바른 도리와 윤리를 지키려는 노력은 아예 포기하고 현실과 타협하여 효율만을 추구하는 것은 공자의 입장이 아니다.

올바른 도리는 죽음을 무릅쓰고라도 지켜야 하며(守死善道 8.13), 군자는 아무리 급하고 아무리 위험해도 윤리적 결기를 어겨서는 안 되며(4.5), 올바른 길을 가겠다는 굳은 의지를 가져야 하며(志於道 7.6), 늘 올바른 길을 택해 나아가도록 힘써야 한다(就有道 而正焉 1.14)는 가르침은 논어를 지탱하는 굳건한 초석이다.

19.

제
자
들
의

말

19.1 자장(子張)이 이렇게 말했다. "선비로서 위기가 닥치면 목숨을
바치고, 이득이 눈에 보이면 옳은 것이 무엇인지를 생각하고,
제사는 삼가는 마음으로 모시고, 장례식에는 슬픈 마음으로
임한다면 괜찮을 것이다."

19.2 자장: "미덕을 지녔지만 그릇이 크지도 않고, 올바른 도리를 믿긴
하지만 돈독하지도 않으면 이도 저도 아닌 것이다."

19.3 자하(子夏)의 제자가 친구 사귀는 것에 대해 자장에게 물었다.
자장: "자하는 뭐라 하던가?"
자하의 제자: "'사귈 만한 자는 사귀고, 그렇지 못한 자는 거부해.'
라고 하시던데요."
자장: "내가 아는 바와는 다르군. 군자는 뛰어난 자를 높이 받들고,
모든 이들을 포용하며, 착한 사람을 칭찬하고, 모자란 사람을
불쌍히 여긴다. 내가 뛰어나다면 사람들을 포용하지 못할 부분이
어디 있겠는가? 내가 뛰어나지 못하다면 사람들이 장차 나를
거부할 텐데 내가 사람들을 어떻게 거부한단 말인가?"

19.4 자하가 이렇게 말했다. "사소한 일에도 반드시 볼 만한 것이
있겠지만 멀리 가야 하는 자가 진흙탕에 발이 빠지는 것을
두려워하듯이 군자는 사소한 일에 발을 들여놓지 않는다."

19.5 자하: "자기가 갖추지 못한 것이 뭔지를 매일 깨닫고 자기가 해낼
수 있는 것이 뭔지를 매달 잊지 않으면 배우기를 좋아한다고 할 수
있다."

19.6 자하: "널리 배우고 의지를 돈독히 하고, 절실하게 회의(懷疑)하고
치열하게 사고하라. 윤리적 결기는 그 속에 있을 수 있다."

자하: "각종 기술자들은 작업장에서 자신이 맡은 일을 해내고,
군자는 배움을 통해 올바른 도리에 도달한다."

19.7

자하: "소인이 잘못을 저지르면 반드시 꾸며대기 마련이다."

19.8

자하: "군자는 세 번 바뀌는데, 멀리서 바라보면 위엄이 있고,
가까이 접하면 온화하고, 그 말을 들어보면 엄정하다."

19.9

자하: "군자는 신임을 얻은 후에야 백성을 노역에 투입한다.
신임을 얻기 전에 그렇게 하면, 백성들은 자신들이 학대당한다고
여기게 된다. 군자는 또한 신임을 얻은 후에야 간언을 하는데,
신임을 얻기 전에 그렇게 하면 상대방은 자기가 비방당한다고
여기기 때문이다."

19.10

자하: "큰 가치를 어겨서는 안 되지만, 사소한 가치는 어느 정도
들쭉날쭉할 수 있다."

19.11

"자하의 문하생들은 물 뿌리고 빗자루질을 하거나, 손님을
응대하거나, 들어오고 나가는 예절은 잘 지키지만 그런 것은
지엽말단의 일일 뿐이고, 근본이 갖춰지지 않았으니 어떻게
하지?"라고 자유(子游)가 말했다.
자하가 이 말을 전해 듣고 이렇게 말했다. "아! 말이 지나치군.
군자의 도리 중 무엇을 먼저 가르치고 무엇을 나중으로 미뤄둘
수 있겠나. 초목의 경우와 같이 구획별로 나눠 심어 구별이 되는
것이지. 군자의 도리를 추구하는 자가 어떻게 남을 헐뜯을 수가
있겠나. 성자가 아닌 다음에야 처음부터 끝까지 한결같을 수는
없지 않겠나."

19.12

19.13 자하: "맡은 일을 잘하려면 배워야 하고, 잘 배우려면 일을 맡아
해야 한다."

19.14 자유가 이렇게 말했다. "장례식은 슬픔에 도달하는 것에 그쳐야
한다"

19.15 자유: "내 친구 자장은 어려운 일을 해낼 수 있긴 하지만 윤리적
결기는 아직 없다."

19.16 증자가 이렇게 말했다. "자장은 워낙 위풍당당한지라 윤리적
결기를 함께 실천하기는 어렵다."

19.17 증자: "사람이 자기 모든 것을 바치지는 않지만 부모님의 장례를
위해서는 반드시 그래야 한다고 선생님이 말씀하시는 것을
들었다."

19.18 증자: "노나라 대부 맹장자(孟莊子)의 효행은 다른 사람들도 능히
도달할 수 있는 것이지만, 아버지가 거느리던 신하들을 교체하지
않고, 아버지가 채택한 정책을 변경하지 않는 것은 하기 어려운
것이라고 선생님이 말씀하시는 것을 들었다."

19.19 노나라 권세가 맹씨가 양부(陽膚)를 형사재판관에 임명하자
양부는 증자에게 조언을 구했다. 증자가 이렇게 말했다.
"윗사람들은 올바른 도리를 잃었고, 백성이 흩어진 지는 오래다.
백성이 처한 상황을 알게 되면 슬퍼하고 불쌍히 여겨야지
기뻐해서는 안 된다."

자공(子貢)이 이렇게 말했다. "은(殷)나라 주(紂)왕 그 자신의
부도덕함이 이렇게 심하지는 않았다. 이래서 군자는 저 아래에
머물기를 싫어하는데 온 세상의 악이 모두 그리로 모여들기
때문이다."



자공: "군자가 저지르는 잘못은 마치 일식이나 월식과 같다.
잘못을 저지르면 모두가 지켜보고, 개선하면 모두가 우러러본다."



위(衛)나라 대부 공손조(公孫朝)가 "중니(仲尼, 공자를 높여 부르는
말)께서는 누구로부터 배웠는지요?"라고 묻자 자공이 이렇게
말했다. "문왕과 무왕의 올바른 도리가 아직 땅에 떨어지지 않았고
사람들에게 있습니다. 뛰어난 사람들은 그 중요한 것을 알고
있고, 뛰어나지 못한 사람들도 그 사소한 것은 알고 있습니다.
문왕과 무왕의 도리를 간직하지 않은 자는 아마 없을 것입니다.
누구에게서건 선생님께서 안 배울 수가 있겠습니까? 그러니
정해진 어떤 스승이 어디 있겠습니까?"



노나라 대부 숙손무숙(叔孫武叔)이 조정에서 대부들에게 "자공이
중니보다 뛰어나다"고 했다. 노나라  대부 자복경백(子服景伯)이
이 말을 자공에게 전하자 자공이 이렇게 말했다. "궁궐의 담장에
비유하자면 저의 담장은 어깨 높이라서 담장 안의 훌륭한
건물들이 훤히 보입니다. 선생님의 담장은 여러 길이나 되기
때문에 문 안으로 들어가보지 않은 사람은 담장 안에 있는 종묘의
아름다움이나 백관의 호화로움을 볼 수가 없습니다. 그 문 안에
들어가 본 사람이 적으니 숙손 대부께서 그렇게 말씀하실 만도
하지요."

19.24 숙손무숙이 중니를 헐뜯는 말을 하자 자공이 이렇게 말했다. "그래 봤자 소용이 없어요. 중니는 헐뜯을 수가 없어요. 다른 사람들은 뛰어나본들 고만고만한 언덕 수준이기 때문에 그 위에 오를 수 있지만, 중니는 해와 달과 같아서 그 위에 오를 수가 없어요. 아무리 잘라내려 해 본들, 그런다고 해나 달에 무슨 상처가 되겠습니까? 그저 자기 분수를 모른다는 점만이 드러나는 것이죠."

19.25 진자금(陳子禽)이 자공에게 "겸손하시네요, 중니가 어떻게 당신보다 뛰어나겠습니까?"라고 하자 자공이 이렇게 말했다. "군자는 말 한마디로 유식한 사람으로 될 수도 있고 무식한 사람으로 될 수도 있으니 말은 신중하게 하지 않을 수 없소. 선생님을 따라잡을 수 없는 것은 마치 계단으로 하늘을 오를 수 없는 것과 같소. 선생님을 기용한 곳은, 일으켜 세우니 일어나고, 이끄니 잘되고, 편안히해주니 몰려오고, 활력을 얻어 화평하게 됐다고 할 수 있소. 살아계실 때 영예로웠고, 돌아가시니 슬플 따름이오. 어떻게 그분을 따라잡을 수 있겠소?"

이 편에는 공자의 주요 제자들이 한 말을 담은 구절들이 수록되어 있다. 첫 구절은 '자장(子張)'으로 시작한다. 하지만 어쩌면 자하(子夏)가 이 편의 주인공이라고 볼 여지도 있다. 자하의 말을 담은 구절이 특히 많을 뿐 아니라, 자장이나 자유(子游)가 자하의 제자들과 나눈 이야기를 수록한 구절들(19.3, 19.12)은 자하의 입장을 옹호하거나 해명하면서 자장과 자유의 다소 오만한 태도를 노출시키기도 한다. 이 편을 편찬하는 과정에서 자하의 제자들이 주로 기여했을 가능성도 없지 않다.

숫자를 세어 보자면, 자장과 자유의 말을 담은 구절들이 각각 세 개씩 있고(19.1, 19.2, 19.3은 자장, 19.12, 19.14, 19.15은 자유), 증자(曾子)의 말을 담은 구절은 넷이며(19.16-19.19), 자공의 말을 담은 구절은 여섯(19.20-19.25), 자하의 말을 담은 구절은 열 한개이다(19.3-19.13).

## 공자의 마지막을 함께한 자공

하지만 이 편의 '진짜 주인공'은 마지막에 나온다. 공자의 마지막을 함께한 자공이다. 이 편 끝부분에 수록된 네 구절은 공자를 예찬하고 변호하는 자공의 언변을 보여주는 구절들이다. 자공은 화기롭고 유쾌한 성품이었고(11.12), 뛰어난 말솜씨가 있었다(11.2). 하지만, 공자는 자공의 화려한 수사와 입담을 경계하고, 자공의 절제와 성찰을 촉구하는 조언을 이렇게 해주기도 했다(2.13):

> 자공(子貢)이 군자에 대해 질문하자 선생님이 이렇게 말했다.
> "행동이 앞서고 말은 나중에 하는 사람이지."

공자가 자공의 과장된 언변을 여러차례 꾸짖었다는 기록은 다른

문헌에도 있다.[70] 경쟁심이 강한 자공은 누가 더 뛰어난지를 유난히
궁금히 여기는 모습을 보이는데, 공자는 자공의 이런 태도를 비꼬
거나 신랄하게 질책하기도 했다(5.3, 5.8, 5.11, 11.15, 14.31). 남보다
앞서가려는 이기적이고 자기중심적인 생각을 품지 않도록 공자는
자공에게 이런 조언도 했다(6.28):


> 윤리적 결기는 말이야, 자기가 성공하고 싶으면 남도 성공하게
> 하고, 자기가 잘하고 싶은 것이 있으면 남도 잘하도록 하는
> 것이야.

공자와 자공 간의 돈독하고 친밀한 관계는 역사가 사마천이 상세히
기록하여 전해 오고 있다. 연로한 공자가 병이 들어 임종이 가까웠
을 때 자공이 공자를 방문했다. 지팡이를 짚고 나온 공자가 눈물을
흘리며 "너 왜 이렇게 늦게 왔니?"라고 하면서 자공을 맞이했다. 이
마지막 만남에서 공자는 자공에게 자신의 죽음을 예감하는 꿈 이야
기를 들려준다. 꿈에서 자신이 은(殷)나라 예법에 따라 차려진 제사
상을 받는 모습을 보았다는 것이다. 자기 선조는 은나라 출신이라
는 공자의 고백이다. 그런 후 7일 뒤 공자가 73세를 일기로 사망했
다. 공자가 죽은 후 제자들이 삼년상을 마치고 각자 돌아간 뒤에도
자공은 혼자 공자의 무덤에 남아서 3년을 더 지냈다는 이야기도 사
마천의 《사기(史記)》 공자세가(孔子世家) 편에 기록되어 있다.
　　이 편 마지막 네 구절은 자공이 공자의 가르침을 옹호하고 적
극 홍보하는 내용이다. 공자가 죽은 후 그의 가르침이 잊혀지지 않
고 후대에 전해지는 데 현실적으로 크게 기여한 자는 자공임을 짐
작하게 한다.

20.

하늘이 내린 복록이 영원하도록

요(堯) 임금이 이렇게 말했다. "자, 순(舜)아! 하늘의 운수가 네게 머물고 있으니 마땅히 네가 그 중앙에 자리하거라. 온 세상의 곤궁함을 돌보고 하늘이 내린 복록이 영원하도록 하거라." 순(舜) 임금도 〔나중에〕 이렇게 우(禹) 임금에게 명했다.

〔하(夏)나라의 마지막 왕 걸(桀)을 정벌한 은나라 탕(湯)왕이〕 이렇게 말했다. "저 이(履, 탕왕의 이름)는 검은 수컷 소를 잡아 바치고 거룩한 하늘의 상제(上帝)께 분명히 아룁니다. 죄를 지은 자를 용서할 수는 없습니다. 상제의 신하가 그 죄를 가려 덮을 수는 없고, 신하를 간택하는 것은 상제의 마음에 달려있습니다. 저에게 죄가 있다면 그것은 여러 백성과는 무관한 일이고, 여러 백성에게 죄가 있다면 그 죄는 저에게 있습니다."

주(周)나라의 왕실은 대대적으로 봉토를 하사하여 훌륭한 사람들이 부유하게 되었다. 〔은나라의 마지막 왕 수(受)를 정벌하면서, 주 무왕 발(發)은 이렇게 말했다.〕 "비록 친족으로 둘러싸여 있어도 윤리적 결기가 있는 자의 보좌를 받는 것만은 못하고 백성에게 잘못이 있으면 그건 내 잘못이다."

〔주나라에 와서는〕 저울과 도량형을 제대로 관리하고, 법규와 기준을 잘 살피고, 없어진 관직을 복원시키고, 모든 지방의 행정이 제대로 되도록 했다. 멸망한 나라가 다시 일어나고 단절된 세대가 다시 이어지고 숨어 흩어졌던 인재가 다시 기용되니 온 세상 백성들의 마음이 되돌아 왔다. 백성의 후생과 제사와 장례를 중히 여겼다.

관대하면 많은 사람들이 따르고, 믿음직하면 백성들이 일을 맡기고, 부지런하면 실적을 올리고, 공평하면 백성들이 기뻐한다.

"어떻게 하면 정치에 몸담을 수 있습니까?"라고 자장이 공자에게 20.2
물었다.

선생님: "다섯 가지 훌륭한 것을 함양하고 네 가지 나쁜 짓을
멀리하면 정치에 몸담을 수 있지."

자장: "다섯 가지 훌륭한 것이 뭔가요?"

선생님: "군자는 베풀되 낭비하지 않고, 노력하되 원망하지 않고,
의욕적이되 탐욕스럽지 않고, 느긋하되 교만하지 않고, 위엄이
있되 사납지 않아야 해."

자장: "베풀되 낭비하지 않는다는 게 무슨 말이지요?"

선생님: "백성들이 이롭게 여기는 것으로 백성들을 이롭게 하면
베풀되 낭비하지 않는 게 아닐까? 노력할 만한 것을 골라서
노력하면 무슨 원망이 생기겠니? 윤리적 결기를 원해서 윤리적
결기를 이루면 그게 어찌 탐욕이겠니? 군자는 사람이 많든 적든,
나이가 젊든 많든, 감히 거만하게 굴지 않으니 이것 역시 느긋하되
교만하지 않은 것 아닐까? 군자는 복장을 바르게 하고 높은 곳을
우러러보며 위엄을 유지해서 사람들이 두려운 마음으로 그를
바라보게 되니 이것 역시 위엄이 있되 사납지 않은 것 아닐까?"

자장: "네 가지 나쁜 짓은 뭔가요?"

선생님: "가르치지 않고 죽이는 것은 잔학하고, 미리 주의를
주지 않고 결과물을 탓하는 것은 사나운 것이고, 명령은 뒤늦게
내리고 기한을 재촉하는 것은 민폐가 되며, 어차피 사람들에게
나눠 줘야하는 재물에 대해 쩨쩨하게 구는 것은 하급 관리나 하는
짓이지."

---

"운명을 모르면 군자가 될 수 없고, 예법을 모르면 입지를 마련할 20.3
수 없고, 말귀를 못 알아들으면 사람을 파악할 수가 없어."



영원하도록 | 복록이 | 하늘이 내린 | 제20편

이 편은 앞서 나온 여러 편들과는 매우 다른 구성과 내용으로 이루어져 있다.

## 변화무쌍한 천명(天命)

길게 적혀있는 첫 구절은 전설적 존재인 요, 순 임금에서 시작하여 은(殷)나라를 거쳐 주(周)나라로 이어져 온 통치 권력의 정통성을 부각시키는 내용이다. 은나라는 상(商)족을 중심으로 한 부족 연합 국가이기 때문에 상(商)나라로 부르기도 한다. 태초부터 주나라에 이르기까지의 왕조 변천 과정이 하늘의 명(天命)에 근거한 것이고 인간 세상 위에 존재하는 최고 권위자인 상제(上帝)의 뜻에 따른 것이라고 제시하는 이 구절은 주나라 왕실 행사 때 연주되던 노래 가사의 내용과 일치하는 부분이 있다:

> 슬기로운 문왕이시어, 경건하기 그지없네
> 하늘의 명(天命)은 크나크고,
> 상(商)나라의 자손들에게 있었네
> 상나라의 자손들은 무수히 많았지만
> 상제(上帝)께서 명을 내려 이들이
> 주나라에 복속되도록 하셨네
> 주나라에 복속되도록 했으니, 하늘의 명은
> 변화무쌍하다네(天命靡常).
> [⋯]
> 하늘의 명을 유지하는 것은 쉽지 않으니(命之不易)
> 그것이 그대에게서 끝나지 않도록 해야 하네(無遏爾躬)[71]

궁중에서 왕이 듣는 가운데 부르는 이 노래의 핵심 내용은 과거 은나라 사례를 잘 보고 거울로 삼으라는 것이다(宜鑒于殷). 은나라는 하늘의 명을 받아 한때 번성했지만, 백성을 제대로 돌보지 않고 통치를 제대로 하지 않으니까 하늘이 은나라에게 주어졌던 명(命)을 거두어 주나라에게 주었다는 것이다.

하늘의 명은 이처럼 변화무쌍하니(天命靡常), 지금 누리고 있는 천명을 잘 보존하도록 정신 바짝 차리고 제대로 통치해야 한다는 뜻을 담고 있는 노래다. 어디로 갈지 모르는 하늘의 명을 계속 유지하는 일은 쉽지 않다. 하늘이 내린 복록(福祿)이 그대의 잘못으로 끝나버리는 일이 없도록(無遏爾躬) 조심하라는 엄중한 경고를 담은 노래다.

## 폭정의 결말

통치자는 백성의 후생을 돌봐야 하고 백성에게 폭정을 저지르는 통치자는 결국 응징을 받아 정벌되고 새로운 왕조가 시작된다는 생각은 상서(尙書) 또는 서경(書經)이라 불리는 옛 문헌에 거듭 나타난다. 예를 들어, 하(夏)나라의 마지막 왕 걸(桀)이 폭정을 자행한 끝에 은(殷)나라의 시조인 탕(湯)에 의해 정벌되었다고 하는데, 하나라가 패망하고 은나라가 시작되는 과정에 대한 정당화 논리는 옛 문헌에 다음과 같이 등장한다:

[탕이 걸을 정벌하기 전에 행한 연설]
"내가 감히 난을 일으키려는 것이 아니라, 하(夏)나라의 죄가
많아 하늘의 명에 따라 그를 벌하여 죽이려는 것이다."[72]

이렇게 시작한 은나라도 나중에는 그릇된 왕이 저지르는 폭정에 시달리게 된다. 은나라 마지막 왕 수(受)가 패륜적인 통치를 자행한 끝에 주(周)나라 무왕 발(發)에 의해 정벌되고 그럼으로써 은이 패망하고 주나라가 시작되는 과정에 대한 정당화 논리도 옛 문헌



영원하도록 | 복록이 | 하늘이 내린 | 제20편

에 비슷하게 나타난다.

> [목야 벌판에서 發(주 무왕)이 한 연설]
> "은나라의 왕 수(受)는 사방에서 온갖 죄인들을 발탁하고
> 기용하여 높은 벼슬을 주고 백성들에게 포악 잔인한 짓을
> 하도록 하고 은나라 여러 도읍에서 나쁜 짓을 저지르고 있으니
> 이제 나는 하늘을 공경하는 마음으로 하늘이 내리는 벌을
> 이들에게 주고자 한다."[73]

나라가 제대로 다스려지지 않아 사방에서 범죄가 저질러지게 되면 그 책임은 통치자가 져야 하지만, 통치자가 저지르는 범죄에 대해선 백성에게 그 책임을 물을 수는 없다는 생각 역시 옛 문헌에 반복된다.[74] 이 편의 첫 구절은 이러한 역사적 사례들을 요약한 다음, 주나라에 와서는 이상적 통치가 제대로 이루어져서 백성들이 안정을 찾고 민심이 회복되었다고 평가한다.

## 편찬자가 재사용한 구절들

이 편 첫 구절 마지막 부분에는 자장과 공자가 윤리적 결기에 대하여 나눈 대화(17.6)의 일부를 반복한 글귀가 추가되어 있다(관대함, 믿음직함, 부지런함 등에 관한 내용). 주나라의 이상적 통치는 관대함, 믿음직함, 부지런함, 공평함이 통치자에게 있었기 때문이라는 편찬자의 생각이 바탕에 깔려 있다.

　이 편의 둘째 구절은 정치에 몸담으려면 어떤 덕목을 길러야 하는지에 관한 것인데, 논어의 다른 구절에 이미 등장한 표현들(勞而不怨, 泰而不驕, 威而不猛, 求仁而得仁)이 맥락을 달리하여 재편성되어 등장한다.[75]

　이 편의 마지막 구절은 비록 공자의 입을 빌긴 했으나, 아마도

논어에 수록된 내용을 한줄로 요약하고자 하는 편찬자의 생각이 반영된 것으로 보인다. 운명(命), 예법(禮), 말(言)에 대한 짤막한 마무리 발언이 수록되어 있다. 예법을 모르면 입지를 마련할 수 없다는 내용(不知禮 無以立也)은 8.8(立於禮), 16.13(不學禮 無以立)에 이미 나온 것이다.

후기

논어를 이미 (여러 번) 읽어 본 독자들도 많을 것이다. 이 책을 통해서 논어를 처음 접한 독자도 있을 것이다. 어느 경우건, 나의 번역이 독자들에게 '새로운 기쁨'을 줄 수 있었기를 바란다. 논어에 수록된 공자의 말은 시간이 갈수록 울림이 커지고 두고두고 가슴에 와닿는 것이 많다. 사람마다 좋아하는 시 구절이 다르듯 논어에서도 각자가 큰 감명을 받은 구절이 다를 것이다. 나는 다음 두 구절을 특히 좋아한다. 그 첫째는 공자가 싫어했던 사람들에 관한 것이다(3.26).

> 높은 자리를 차지하고 있으면서 관대하지 못하고, 짐짓 예법을
> 지킨다면서 불경스럽게 행동하고, 상을 당해서도 슬픔이 없는
> 것들을 내가 어떻게 눈뜨고 봐줄 수 있겠니?

거만하면서 남에 대한 배려가 없는 자들, 위선적인 자들, 감정이 아예 메마른 자들의 순서로 나열되는 세 부류에 대해서는 반감의 강도가 점점 강렬해지는 느낌도 있다. 이런 인간이 돼서는 안 되겠다고 다짐하게 만드는 구절이다.

또 다른 구절은 안연과 자로가 공자와 이야기를 나누는 광경이다. 공자는 이 두 수제자에게 '자네들이 원하는 세상이 무엇인지'를 묻는다. 자로는 공산주의적인 이상과 포부를 밝힌다. "수레와 말, 가벼운 털옷 등을 친구와 공유하고 그걸 돌려받을 때 낡아 해져 있어도 괘념치 않는 그런 세상"을 원한다고 한다. 안연은 최상의 윤리적 경지를 꿈꾼다. "자신의 선량함을 자랑하지 않고 자신의 노고를 드러내지 않는 그런 세상"을 원한다고 한다. "선생님은 원하시는게 뭐예요?"라는 질문에 공자는 이렇게 답한다(5.25):

> 어르신들 편안하게 모시고, 친구 간에 신의 지키고, 어린애들
> 보듬어 안아주기를 원하지.
> **(老者安之 朋友信之 少者懷之)**

너무나 인간적인 공자의 면모가 잘 드러나는 구절이라고 생각한다. 화려한 수사, 현란한 이론, 거창한 청사진을 모조리 걷어 내고 삶의 핵심을 파고드는 공자의 스타일이 바로 이런 것이다.

논어의 다른 여러 구절도 뭉클한 감동, 웃음이 터져 나오는 재미가 있고 아름다운 정서와 함께 힘찬 윤리적 가르침을 담고 있다. 독자들도 모두 자신이 좋아하는 구절, 오래오래 자신과 함께하며 용기를 주기도 하고, 엄중한 경계를 주기도 하는 구절을 발견하고 사랑하게 되기를 바란다.

공자에 대해서는 예찬과 비난이 함께 존재한다. 하지만 비난의 상당 부분은 번역 오류에 기인한 것이라고 생각한다. 사태가 조금이라도 험악해지면, 당당하게 맞서기보다는 세상을, 나라를, 또는 사람을 피하고 도망할 궁리나 하는 것이 현자(賢者)의 자세라는 식으로 제시되어 온 잘못된 번역은 공자를 비겁한 위선자로 만들기에 충분하다. 여기 제시된 새로운 번역이 이런 불행한 사태를 조금이나마 개선하는 데 도움이 되기를 희망한다.

공자가 원하던 세상은 이루어졌을까? 오랜 세월 동안 공자는 집권 세력이 앞장서서 성인 군자로 떠받들어 온 인물이다. 하지만 이런 식으로 권위를 누리고 숭배받기를 공자가 원했던 것은 아니라고 생각한다. 다른 한편으로, 공자는 이상향을 꿈꿨던 사람도 아니다. 자신의 가르침이 보다 나은 세상을 위해 조금이라도 유용하게 사용되기를 바라던 이였다고 생각한다. 더 많은 사람들이 인간다운 삶을 살 수 있도록 정부와 공권력이 그 권한을 선량하게 사용하도록 촉구하고, 불의와 부정의가 판치는 험악한 시대가 왔을 때에는 과감한 용기와 맹렬한 윤리적 결기로 올바른 선택을 하는 사람들이 나타나 준다면, 아니, 내가 그렇게 한다면 공자가 원하던 세상은 이미 우리 곁에 가까이 있지 않을까?

1 시(詩)는 여러 지역의 민요 가사와 궁중에서 연주된 노래 가사 등을 모아둔 것을 말한다. 나중에 이 문헌은 "시경(詩經)"이라 불리게 된다. 자공이 여기서 인용하는 시구(如切 如磋 如琢 如磨)는 시경의 衛風, 淇奧에 나온다. 옥돌을 보석으로 가공하는 과정을 묘사하며 연인의 아름다운 모습을 상상하는 부분이다. 원재료를 바위에서 "잘라내고, 깍아내고, 갈아내고, 광을 내고" 하는 과정을 통해 아름다운 보석이 탄생한다는 것이다.

2 습(習)이 '몸소 행하는 실천'이라는 뜻으로 논어에 사용되고 있다는 점은 "習相遠"이라는 표현(17.2)에 대한 설명 참조(제17편).

3 荀子, 勸學 (學惡乎始 惡乎終? 曰, 其數則始乎誦經 終乎讀禮).

4 史記, 孔子世家 (孔子以詩書禮樂教).

5 師與商也孰賢(11.15) 자장과 자하 중 누가 더 뛰어난가요? 為之猶賢乎已(17.22) 그거라도 하는 게 더 낫다. 子貢賢於仲尼(19.23) 자공이 중니보다 더 뛰어나다. 仲尼豈賢於子乎(19.25) 중니가 어떻게 당신보다 더 뛰어나겠습니까?

6 賢賢易色과 비슷하게 해석되어 온 吾未見好德如好色者也라는 구절(9.17, 15.12)에 대해서는 제9편 해설 참조.

7 좌구명(左丘明)은 공자와 같은 시기의 노나라 사람으로서 좌전(春秋左氏傳), 국어(国語) 등을 편찬한 인물로 알려져 있다.

8 孟子, 告子上.

9 제2편의 여섯 구절에서 孝가 언급된다(2.5, 2.6, 2.7, 2.8, 2.20, 2.21). 제1편에서는 세 구절에서 孝가 언급되었다(1.2, 1.6, 1.11). 그 외에는 총 다섯 군데에서 孝가 거론된다(4.20, 8.21, 11.4, 13.20, 19.18).

10 4.20에도 비슷한 내용이 있다.

11 "옛 문헌(書)"은 나중에 "상서(尙書)" 또는 "서경(書經)"이라고 불리게 된다. 자장이 거론한 구절(三年不言)은 周書, 無逸篇에 나오는 말이다. 사마천도 은나라 고종이 부친의 사망 후에 즉위하였으나 부친을 보좌하던 재상의 의견에 따라 정사를 결정하면서 3년간 자신의 의견을 내세우지 않고(三年不言) 나라의 분위기를 관찰하였다(以觀國風)고 기록하고 있다. 史記, 殷本紀.

12 논어고금주(論語古今註), 이지형 역주(2010), 제1권, 121면.

13 한비자는 人主之孝(통치자가 모든 백성을 효로써 받드는 것)와 匹夫之孝(일반인이 자기 부모를 효로써 받드는 것)를 구분하면서, 군주가 모든 백성을 효로써 받들지 않고, 그저 자기 가족에 대한 효에만 골몰할 경우 나라가 위태로워진다고 경계한다. 韓非子, 亡徵.

14 史記, 魯周公世家 참조.

15 尚書, 虞書, 舜典. 詩經, 小雅, 北山之什, 楚茨, 桑扈之什, 賓之初筵 등.

16 周禮, 春官宗伯
   (國有大故 , 則旅上帝及四望).

17 黃展岳, 古代人牲人殉通论(2004),
   김용성 옮김, 중국의 사람을 죽여 바친
   제사와 순장 (2011), 179면.

18 墨子, 節葬下.

19 論語集注, 學而 1.12 (天理之節文, 人事
   之儀則).

20 김병환, "공자 이전의 仁개념 연구",
   동양철학, 제20집 (2003). 신정근,
   사람다움의 발견 (이학사, 2005).

21 詩經, 齊風, 盧令. "흰칠한 모습이
   아름답다"는 표현(美且仁)은 詩經, 鄭
   風, 叔于田에도 나온다.

22 中庸, 禮記(樂記), 荀子(不苟, 非十二
   子), 韓非子(孤憤, 安危, 內儲說, 八說),
   管子(法法, 參患, 乘馬數), 說苑(敬慎,
   脩文), 淮南子(天文訓, 道應訓, 氾論
   訓), 春秋繁露(五刑相生) 등에 그러한
   용례가 발견된다.

23 董仲舒, 春秋繁露, 必仁且知. 동중서는
   한때 정부의 실정을 비판하는 글을
   썼다가 가까스로 사형을 면한 경험이
   있다는 사실은 史記, 儒林列傳에
   기록되어 있다.

24 논어 11.25에 등장하는
   '加之以師旅'라는 표현은 군사적으로
   포위되기까지 하는 상황을 묘사하는
   것이다. 주희는 '二千五百人爲師, 五百
   人爲旅'라는 설명을 제시한다. 《說文》
   二千五百人爲師. 《周禮·地官》五旅爲
   師.

25 이런 용례는 荀子, 君子편에도
   발견된다(先祖當賢, 後子孫必顯).

26 2.13, 5.3, 5.11, 11.15, 14.31.

27 공자가 제자들의 취업을 돕기 위해
   그들의 능력을 최대한 좋게 말해주려
   했다는 점은 6.6에도 나타난다.

28 仁者樂如山之安固,
   自然不動, 而萬物生焉.

29 자공은 자신을 "아름다운 옥"이라고
   스스로 묘사하고(9.12), 안연을
   칭찬하지만 자기도 "하나를
   들으면 둘을 안다"며 자기 자랑을
   끼워넣고(5.8), 자신은 공자에 턱없이
   못 미친다며 겸손하게 말하면서도,
   자신을 궁궐에 비유하여 낮은
   담장 안의 "훌륭한 건물들이 훤히
   보인다"면서 자기 자랑을 곁들이고
   있다(19.23).

30 공자가 무성을 방문하여 제자들과
   나눈 대화는 17.4에도 있다.

31 이 구절을 이렇게 의역하게 된 이유는
   뒤에 나오는 해설에서 설명한다.

32 사마천의 평가가 그런 내용이다. 史記,
   仲尼弟子列傳 (不食汙君之祿).

33 시경(詩經), 소아(小雅) 편에 수록된
   소민(小旻)이라는 옛 노래는 "감히
   맨주먹으로 호랑이를 때려잡으려
   하지 않고, 감히 맨몸으로 강을
   건너려하지 않는(不敢暴虎 不敢馮
   河)" 조심스러운 자세를 거론한다.
   공자는 신중히 계획하고 조심스럽게
   실행하는 자세가 자로에게
   필요하다는 점을 일깨워주고 있다.

34 환태는 공자의 제자 사마우의
   친형인데, 공자를 살해하려
   시도했으나 공자는 살아 남았다. 이
   구절은 죽을 고비를 넘긴 공자의
   소회를 담은 것이다.

35 논어고금주(論語古今註), 제2권, 157-
   167면.

36 孟子, 梁惠王下, 盡心上. 荀子, 脩
   身 등. 보다 상세한 논의는 杜忠
   誥, "《論語》「自行束脩」義理新疏 -
   從「脩」與「修」之形義糾葛談起", 鵝湖月
   刊, 제45권, 제10기 (2020) 참조.

37 萬章下. 같은 구절이 滕文公下에도
   있다.

38 春秋繁露, 玉杯.

39 史記, 孔子世家, 滑稽列傳
   (六藝於治一也 禮以節人, 樂以發和, 書
   以道事, 詩以達意, 易以神化, 春秋以
   義).

40 周禮, 地官司徒. 후한 말 학자인
   서간(徐幹; 170-217)도 대체로 같은
   내용을 그대로 반복한다. 中論, 治學
   (教以六德 曰 智仁聖義中和, 教以六行
   曰 孝友睦婣任恤, 教以六藝 曰 禮樂射
   御書數).

41 孝經, 開宗明義 (立身行道, 揚名於後
   世, 以顯父母, 孝之終也).

42 6.6에는 "구는 온갖 재주가
   있습니다(求也藝)"는 표현이
   있고, 14.13에서도 "염구의
   재주(冉求之藝)"가 거론된다.

43 논어고금주(論語古今註), 제2권,
   351면.

44 黃帝內經, 靈樞經, 本神
   (心有所憶謂之意; 意之所存謂之志).

45 荀子, 解蔽.

46 같은 구절이 15.12에도 있다.

47 위나라 하안(何晏, 193-249), 북송
   형병(邢昺, 932-1010)의 주석이
   이런 내용이다(論語注疏). 다산
   정약용도 이 구절에 대한 여러 주석을
   두루 살펴본 후 이렇게 해석한다.
   논어고금주(論語古今註), 제3권, 111-
   123면.

48 孟子, 公孫丑上, 告子上.

49 물론, 공자는 이처럼 겉으로 보이는
   예법(이 경우, 혼인 예법)의 준수
   여부를 고지식하게 따지고 드는 자의
   태도를 비꼬면서 냉소적 반응을
   보인다: "난 행운아로군. [내가 예법에
   관해서] 조금이라도 잘못 말하면
   사람들이 반드시 알아차려."(7.30)

50 立身行道, 揚名於後世, 以顯父母,
   孝之終也 (孝經, 開宗明義)

51 尙書, 康誥.

52 尙書, 呂刑 (士制百姓于刑之中 以教祗
   德 … 故乃明于刑之中, 率乂于民棐彝).

53 周禮, 秋官司寇; 易經, 豐旅, 象傳.

54 이승환, "유가는 법치에 반대했는가?
   - 선진 유가와 법가의 법사상
   비교연구", 철학과 현실, 제13호 (1992)
   279면도 이 점을 지적한다 ("유가의
   … 통치 이념이 결코 법에 반대하는
   법배제주의가 아니며, 또 법의 효과인
   형을 배제하려는 형배제주의도
   아님을 알 수 있다.")

55  左傳, 哀公四年(부함 주민들이
증(繒)나라로 나가지 못하게 사방에
성을 쌓고 걸어 잠갔다고 기록되어
있다; 致方城之外於繒關)

56  史記, 孔子世家에는 제(齊)나라
경공(景公)이 죽은 다음 해(기원전
489)에 공자가 채(蔡)로부터
섭(葉)으로 갔는데 거기서 섭공을
만난 것으로 기록되어 있다.

57  尙書, 康誥 (怨不在大亦不在小 惠不惠
懋不懋)

58  오규 소라이도 "배우면 고지식하지
않게 된다(學則不固)"는 구절(1.8)을
인용하면서 섭공이 정직을
고지식하게 잘못 이해한 것이라고
본다. 논어징(論語徵), 임옥균, 임태홍,
함현찬 옮김 (2010), 제3권, 85면.

59  孟子, 盡心上, 萬章上.

60  장무중은 노나라 권세가 계씨와
사이가 나빠져 노나라에서 탈출해
변방에 있는 방(防)이라는 고을을
차지한 뒤 노나라 조정에 자신의
후사가 끊기지 않도록 해달라고
청원했다. 노나라 조정은 그 청원을
거절하면 장무중이 방 지방을 근거로
난을 일으킬 것을 염려해 그 요청을
받아들였다고 한다.

61  國語, 越語下 (田野開辟 府倉實 民眾
殷). 孟子, 梁惠王 (欲辟土地), 告子下
(我能為君辟土地 充府庫). 墨子, 公孟
(廣辟土地).

62  이 구절(14.42)에는 "물이 깊으면 옷
입은 채 건너고, 물이 얕으면 옷을
걷고 건너지(深則厲 淺則揭)"라는 옛
노래 가사의 일부가 등장한다(詩經,
國風, 邶風, 匏有苦葉). 이 노래
가사가 뜻하는 바가 무엇인지 당장
분명하지는 않으나, 자기가 처한
상황에 맞게 대처하는 것이 좋고,
아예 불가능하거나 무의미한 일을
벌이는 것은 좋지 않다는 뜻인 것
같다. 얕은 물을 건널 때는 옷을 걷고
건너면 옷이 젖지 않게 되지만, 깊은
물을 건너는 상황이라면 옷을 걷어
본들 소용이 없으니 차라리 옷을 입은
채로 건너는 것이 현명한 선택이라는
것이다.

63  孔子家語, 七十二弟子解에서는
진항(陳亢)의 자(字)가
자금(子禽)이라는 설명이 있고,
주희도 이 설명을 받아들인다.
1.10에는 子禽이 등장하고,
16.13에는 陳亢이, 19.25에는 陳子禽이
등장하는데, 이 셋이 동일인이라는
것이다.

64  논어고금주(論語古今注), 제4권,
459면.

65  양화는 노나라 권세가 계씨 집안의
가신으로 있다가 계환자(季桓子)를
잡아 가두고 권력을 잠시 차지한 바
있는데, 이 구절은 이 때를 배경으로
한 것이다.

66 자유는 이때 무성의 행정을 담당하는
   읍재(邑宰)로 있었다(6.12 참조).
   자유는 공자의 농담에 대해 불쾌감을
   표시했고, 공자는 자신의 농담이
   과했음을 인정하는 진솔한 광경이다.
67 春秋左傳, 定公7年-9年.
68 좀 더 상세한 논의는 곽신환, "공자의
   聞道와 行道 意志", 유교사상연구
   제38집(2009) 참조.
69 공자와 동시대 인물이었던 제나라의
   재상 안영이 그렇게 생각했다는 점은
   여러 문헌에서 확인된다. 晏子春秋, 外
   篇下. 史記, 孔子世家. 墨子, 非儒下.
70 史記, 仲尼弟子列傳(子貢利口巧辭, 孔
   子常黜其辯). 孔子家語, 七十二弟子
   解에도 같은 내용이 있다(有口才著名,
   孔子每詘其辯).
71 詩, 大雅, 文王之什, 文王
72 尙書, 湯誓
73 尙書, 牧誓
74 尙書, 湯誥(너희들이 사는 온갖
   장소에서 범죄가 저질러지면 그
   잘못은 나에게 있지만, 내가 죄를 짓는
   것은 너희들의 잘못이 아니다.)
   泰誓(백성에게 잘못이 있다면 그
   잘못은 나에게 있다). 이 두 문헌
   (湯誥, 泰誓)은 논어보다 나중에
   편찬된 것으로 알려져 있다.
75 4.18(勞而不怨), 13.26(泰而不驕),
   7.37(威而不猛), 7.14(求仁而得仁).